dumont taschenbücher

Burchard Brentjes, geboren 1929 in Halle, studierte Geschichte, Archäologie und Ökonomie. 1975–80 Professor für Archäologie Vorderasiens, seither Professor für orientalische Archäologie. Zahlreiche Fach- und populärwissenschaftliche Publikationen.

Islamische Traditionen in Nordafrika und Südspanien

DuMont Buchverlag Köln

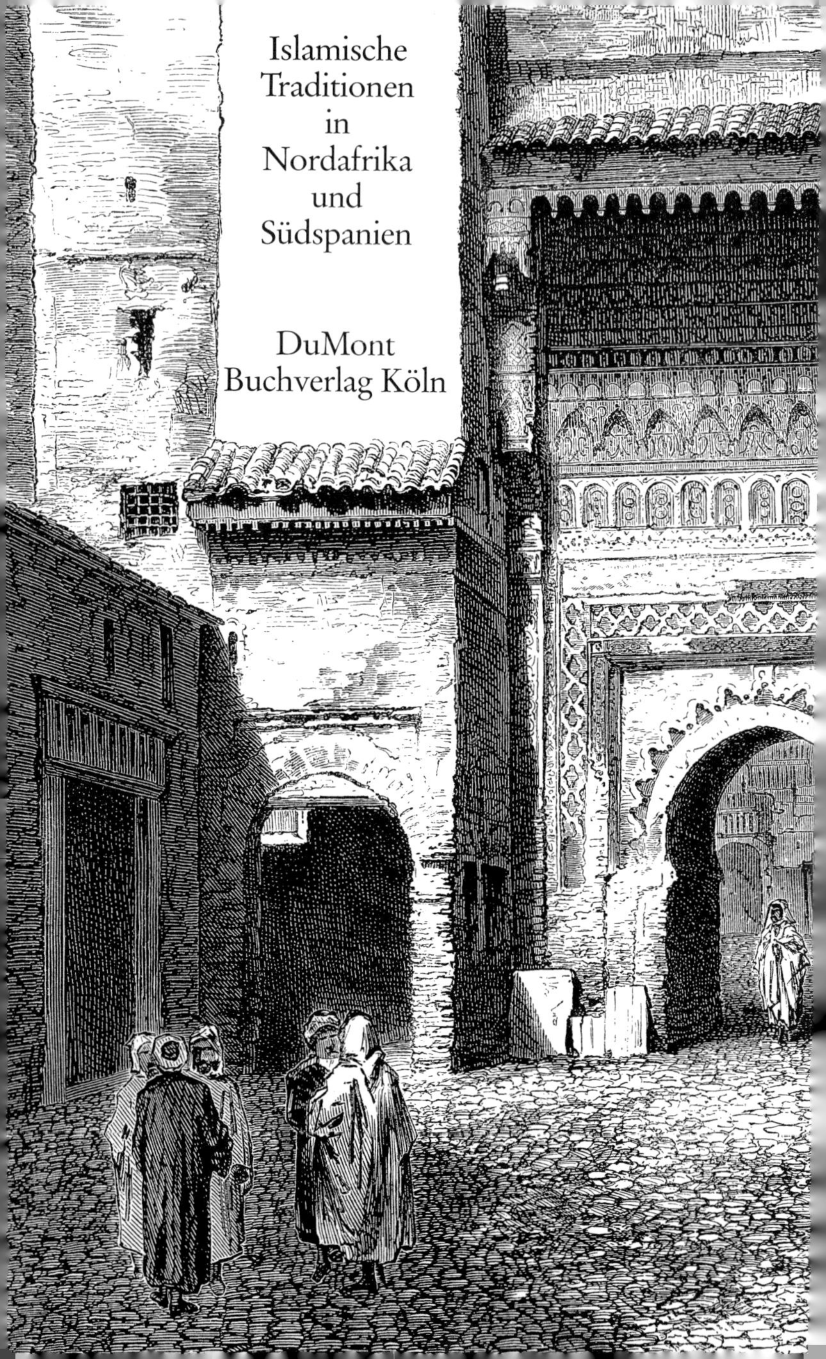

Burchard Brentjes

Die Kunst der Mauren

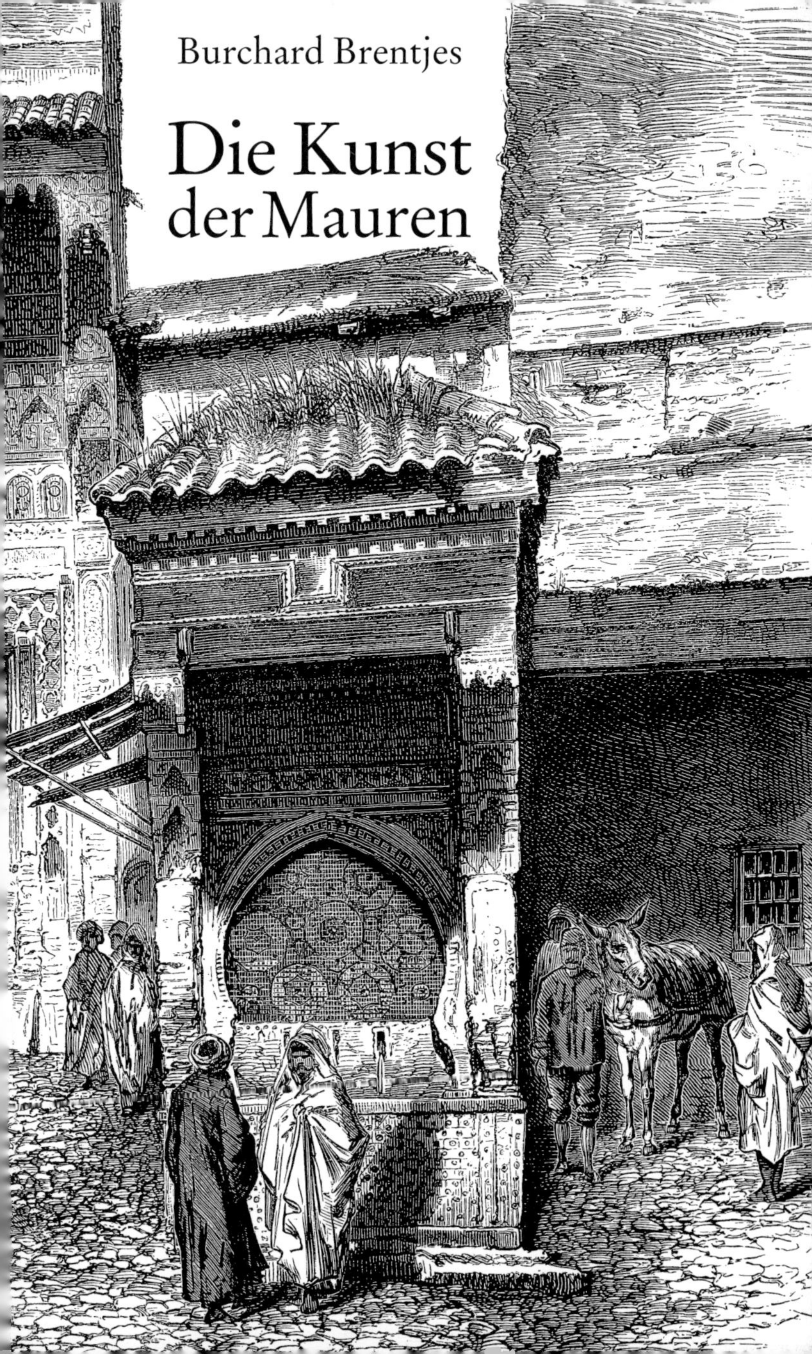

Titelbild: Blick von der Sala de las Dos Hermanas durch die Sala de los Ajimeces in den Mirador de Lindaraja, Alhambra zu Granada, Spanien

Frontispiz: Place Nejjarin mit gleichnamigem Brunnen und Tor in Fès. Holzstich von 1878 nach einem Gemälde von Victor Eeckhout

Die Deutsche Bibliothek – CIP-Einheitsaufnahme

Brentjes, Burchard:
Die Kunst der Mauren: islamische Traditionen in Nordafrika
und Südspanien / Burchard Brentjes. – Erstveröff. –
Köln: DuMont, 1992
(DuMont-Taschenbücher; 272)
ISBN 3-7701-2720-X
NE: GT

Erstveröffentlichung

Satz, Druck und buchbinderische Verarbeitung: Boss-Druck, Kleve

Printed in Germany ISBN 3-7701-2720-X

Inhalt

Einleitung

Das Bild der Mauren in Europa

Im Herzen Berlins steht ein Bauwerk fremdartiger Prägung, die ›Neue Synagoge‹ (Abb. 1), deren Kuppel und heute weitgehend restaurierte Dekoration an den Orient erinnern, an die Moscheen und Mausoleen Spaniens und Nordafrikas. Ihre Architekten Eduard Knoblauch und Friedrich August Stüler folgten mit diesem Werk einer Stimmung in den jüdischen Gemeinden Deutschlands, die nach 1850, aus dem Ghetto befreit, ein historisch begründetes Selbstbewußtsein entwickelten und auf die Kunsttradition jener Gebiete zurückgriffen, die die letzte Blütezeit jüdischer Kultur gesehen hatten: auf das maurische Spanien. Sie ließen sich von Leipzig bis Hamburg Gemeindehäuser errichten, die auch äußerlich von der Sonderstellung, der orientalischen Tradition, künden sollten, und sie folgten doch nur einer Zeitströmung, die 1780 mit dem Bau eines ›Café Turc‹ in Paris begonnen hatte und mit dem ›maurischen Kaffee‹ des Grand-Hotels am Berliner Alexanderplatz oder dem ›maurischen‹ Lichthof der Kaiserhallen, einer Bierhalle in Berlin, endete.

Europa schickte sich an, die Welt zu erobern, und prunkte mit den Formen und Reichtümern des Orients, sei es als Bad in der Dresdener Albrechtsburg, als ›maurische Villa‹ in Stuttgart (Abb. 2, 4) oder als Glasschale der Gebrüder Brocard im ›maurischen‹ Stil.

Wer waren die ›Mauren‹, deren Kultur man – wie so vielen anderen, etwa der chinesischen, der türkischen oder der indischen – Formen und Farben entlieh?

Ihr Name ist aus der Antike auf uns gekommen und galt den Römern als Bezeichnung für die Bewohner des Gebietes vom heutigen Zentralalgerien bis zum Atlantik, das sie *Mauretania* nannten.

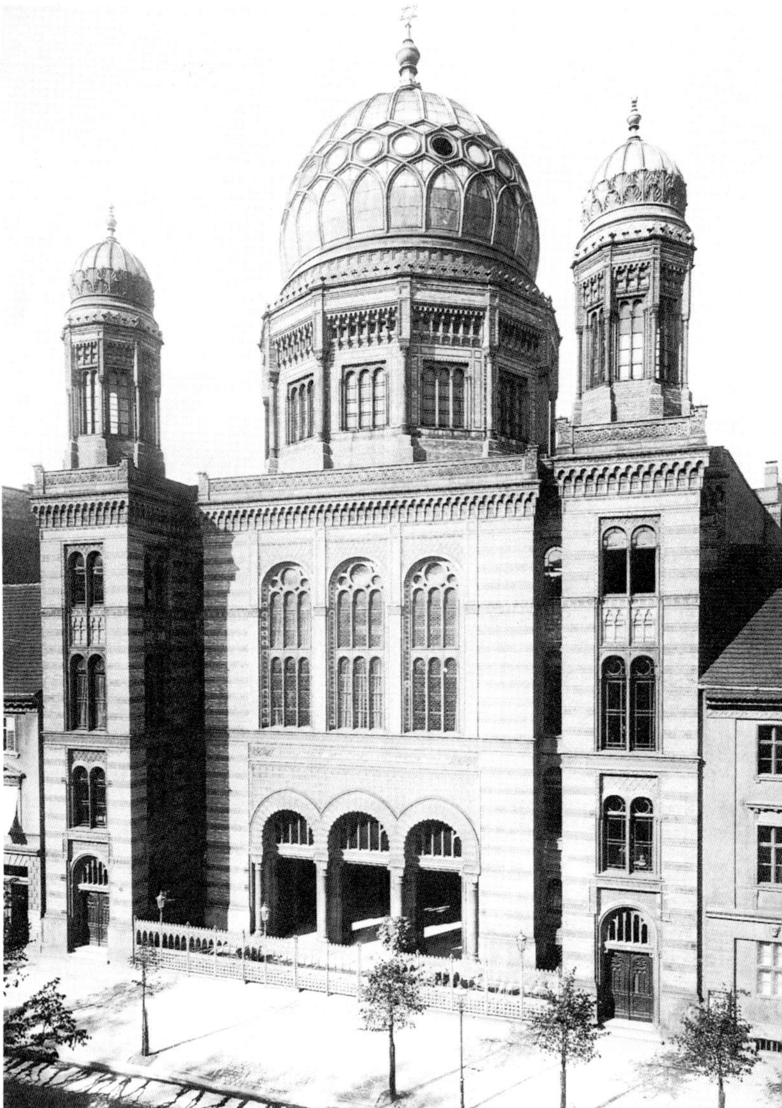

1 ›Neue Synagoge‹ (1859–66) in der Oranienburger Straße, Berlin (aus: Hans Licht, Architekten der Gegenwart, 1892)

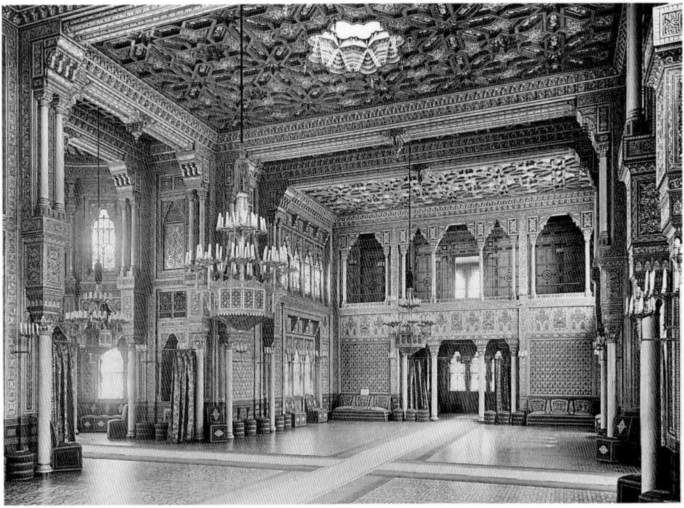

2 ›Maurischer‹ Festsaal in der Wilhelma, Stuttgart-Bad Cannstatt (1842–46), Photographie von 1932

Die Mauren waren Angehörige der Berbervölker Nordwestafrikas. Ihr Name blieb auch nach dem Untergang Roms unter den romanischsprachigen Bewohnern Spaniens in Gebrauch, als *Moro* und verächtlich als *Morisco* (›kleiner Maure‹), eine Bezeichnung, aus der das deutsche Wort ›Mohr‹ wurde.

Gewiß hatten die Mauren, bevor Rom sie regierte, eigene Kulturen hervorgebracht. Mit der Einbeziehung in das Römische Imperium aber wurden ihre Fürsten und Grundherren zu ›guten Römern‹. Latein sprach man bis tief in die Berge Marokkos, und fast die Hälfte aller Städte des Imperiums lag in Nordafrika. Als sich später das Christentum verbreitete, lebte mancher Kirchenvater, etwa der berühmte Augustinus, im ›Maurenland‹.

Aber weder das altmaurische Erbe noch die provinzialrömischen Traditionen bestimmten die nach romantischen Formen suchenden Europäer des 19. Jh., sie zu kopieren. Es war vielmehr der lange vergessene Glanz der Alhambra von Granada, der nach den Wirren der Französischen Revolution und der napoleonischen Kriege entdeckt wurde und von England aus in ganz Europa legendären Ruf gewann.

Als es sich anschickte, das Morgenland zu unterwerfen, entwickelte Europa ein völlig neues Orientbild. Zuvor war der Nahe Osten lange Zeit nur mehr die unter feindlichem Joch stöhnende Heimat des Heilands gewesen, die durch Kreuzzüge befreit und erlöst werden sollte. Dann kam die ›Türkengefahr‹, als osmanische Heere zweimal vor Wien erschienen, türkische Sturmtruppen bereits in Süditalien landeten und islamische Korsaren das Mittelmeer beherrschten. Das Orientbild des 16. und 17. Jh. war vom mächtigen Großherrn in Stambul und seinen Elitetruppen, den Janitscharen, bestimmt. Erst das 18. Jh. eines Louis XV. und der Maria Theresia betrachtete sich als dem Osten gleichwertig und begann, ihn in Trachten und Sitten zu kopieren. Aber sowohl die Eroberungen der Briten in Hindustan wie der Sieg Napoleons bei den Pyramiden ließen den Orient als das zwar romantische Gebiet ehemaligen Glanzes, jedoch auch als das ›zu unterwerfende Weib‹ erscheinen, das dem europäischen Herrn der Welt zu gehorchen habe. An die Stelle des mächtigen Sultans trat, wie in den Gemälden Ingres', die nackte Odaliske, den gefürchteten Janitscharen ersetzte der Sklave (Abb. 3) und die Furcht vor den Türken die Romantik erotisch ausgemalter Haremsszenen.

Zugleich entdeckte Europa den Osten wissenschaftlich wie literarisch. Die Übersetzungen indischer Dramen bewegten die deutsche Romantik, und selbst Schiller war zutiefst beeindruckt vom Humanismus der »Bhagavad Gita«. Dieser gesellschaftlichen Stimmung Europas entsprang die Wiederentdeckung der Alhambra durch die Werke Richard Fords und James Cavanah Murphys. Vor allem »The Arabian Antiquities of Spain« (1815) aus der Feder Murphys waren weit verbreitet. Murphy, 1802 bis 1809 auf Spanien-Reise, griff spanische Vorarbeiten auf, in denen schon 1780 die Burg der letzten islamischen Emire oberhalb Granadas studiert und publiziert worden war. Victor Hugo ließ sich von ihm zu dem Gedicht »Granada« anregen, und Owen Jones und Jules Goury lieferten mit ihrem Werk »Plans, Elevations, Sections and Details of the Alhambra« (1842 und 1845) Vorlagen für Architekten, Designer, Keramiker und Tapetenzeichner. In England entstanden ›maurische‹ Gartenpaläste, und in London kopierte man den Löwenhof der Alhambra.

Das Abendland erschloß sich in der Folge schrittweise die große Vergangenheit des spanischen Islam. Es vergingen jedoch noch viele Jahrzehnte, ehe die bedeutende Rolle, die der westliche Islam für die

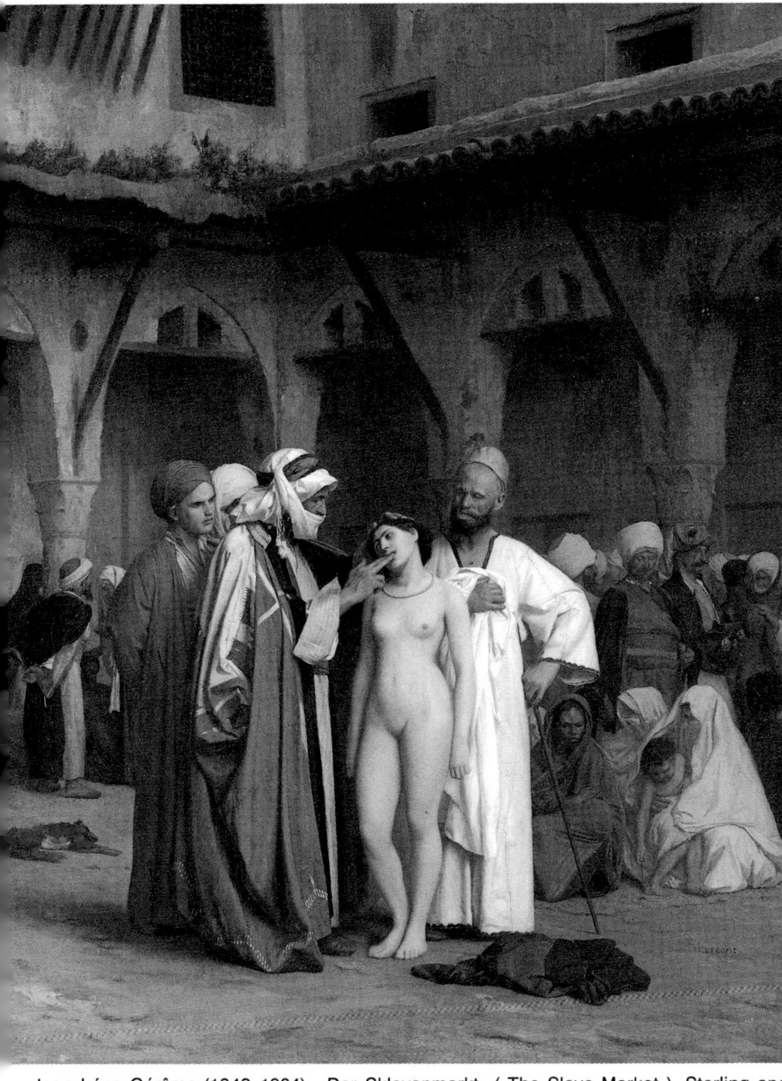

Jean Léon Gérôme (1842–1904), »Der Sklavenmarkt« (»The Slave Market«), Sterling and Francine Clark Art Institute, Williamstown

Entwicklung Europas gespielt hatte, ins Bewußtsein rückte. Heutzutage, im Rahmen eines sich enger zusammenschließenden Europa, gewinnt das Wissen um die Traditionen des maurischen Kulturbereichs an Bedeutung – sowohl für das Selbstverständnis des ›Europäers‹ als auch für seine Haltung zu den Kulturen des Orients und – übrigens auch denen – Amerikas, da viele Elemente der lateinamerikanischen Kulturtraditionen nicht zuletzt im maurischen Erbe wurzeln.

Europa und die islamische Welt

Als im Jahre 710 die ersten muslimischen Verbände die Meerenge von Gibraltar überwanden und binnen weniger Jahre fast ganz Spanien unter die Herrschaft des Kalifen im fernen Damaskus fiel, hatten die Araber in Afrika, Syrien und Palästina große Teile des Byzantinischen Reiches übernommen, das nur mit Mühe das Kernland Kleinasien, dazu den Balkan sowie Teile Italiens behaupten konnte. Im Osten traten die Araber an die Stelle der persischen Schahinschahs. So beherrschten sie zur Zeit der Eroberung Spaniens ein gewaltiges Imperium, das vom Atlantik bis zum Altai und zum Indus reichte, den geographischen Raum zwischen den alten Hochkulturen Indiens, Chinas und dem Mittelmeer. Die mediterrane Welt hatte im Verfall der Antike und durch die Völkerwanderung viel von ihrem alten Glanz eingebüßt. Rom, inzwischen weithin eine Ruinenstadt, hatte seine Stellung an Byzanz verloren. Die meisten europäischen Provinzen waren in die Hände von Germanen- und Slawenvölkern gefallen, und von der antiken Hochkultur waren nur Spuren geblieben. Die Einwanderer hatten die ansässige Bevölkerung teils verdrängt, teils unterworfen und sich selbst als Bauern angesiedelt. Allmählich wandelten sich ihre Stammesverbände unter gewählten Führern in von erblichen Grundherren beherrschte feudale Gemeinden. Nur wenige Residenzen und Hafenorte bewahrten städtische Züge. Der Sklavenhandel blühte bis in das 10. und 11. Jh. im Frankenreich, dem größten Nachfolgestaat im ehemaligen Westreich der Römer. Die sich um Bischofssitze oder Regierungszentren bildenden Siedlungen übernahmen das Handwerk, den Nah- und den Fernhandel, avancierten jedoch noch nicht zu bestimmenden Faktoren in der Gesellschaft.

Ganz andere Strukturen entwickelten sich in jener Zone zwischen Indien einerseits und Europa andererseits, die der Islam staatlich vereinigt hatte. Der seit Jahrhunderten von Ost nach West flutende Fernhandel mit den Luxusgütern des Ostens – der Seide und dem Porzellan Chinas, der Baumwolle, dem Stahl und den Juwelen Indiens, den Gewürzen Südostasiens – hatte eine Gesellschaft entstehen lassen, in der kapitalkräftige Bankiers die im Verborgenen Herrschenden waren, während die offizielle Staatsmacht mit dem Prunk der Sultane die rücksichtslose Bereicherung ihrer Beys und Emire übertönte. Die Stadt beherrschte hier das Land, und die Staatsmacht regierte in – gemessen an Europas Siedlungen – gewaltigen Städten, denen jede Selbstverwaltung abging. Ökonomisch dominierten jene wenigen Familien, die den Boden entlang den Hauptstraßen ihr eigen nannten. Hier ließen sie kleine Werkstätten und Läden bauen, den ›Basar‹, dessen Arbeitsplätze über Mittelsmänner kurzfristig an Handwerker und Händler verpachtet wurden. Die Kleinhändler und Handwerker behielten wenig mehr als das Existenzminimum. Ihre Wohnviertel waren in sich abgeschlossen, nach Religionen, ethnischer Herkunft oder Verwandtschaft aufgebaut und beaufsichtigt von Scheichs, welche die Regierung bestellte. Solange der Transithandel florierte, fanden neben den Handwerkern, die Gegenstände für den Alltagsgebrauch herstellten, auch Juweliere, Produzenten von Luxusseiden, Porzellanen und anderen Gütern Kundschaft. Eine intensive Landwirtschaft ernährte Millionen von Menschen in Städten und Dörfern, die reicher waren als die Siedlungen Europas.

Im 10. Jh. erreichte der islamische Einfluß in Westeuropa seinen Höhepunkt. Arabische Truppen beherrschten die heutige Mittelmeerküste Frankreichs und Nordwestitaliens. Sie durchzogen das Rhône-Tal und gelangten selbst bis nach Genf und zum St. Gotthard. Otto I. (reg. 936–973) wurde gar durch ein Ultimatum des spanischen Kalifen Abd ar-Rahman III. (reg. 912–961) aufgefordert, zum Islam überzutreten. Heinrich II. ließ Silbermünzen mit arabischen Inschriften prägen, so wie zuvor schon der englische König Offa (reg. 757–796) arabisch beschriftete Goldmünzen hatte schlagen lassen.

Jüdische und muslimische Händler aus Spanien zogen durch das christliche Abendland und fanden mittelasiatische Silbermünzen islamischer Emire am Rhein im Umlauf. Sie belieferten die Fürsten und Bischöfe mit orientalischer Seide, mit Zucker, Gewürzen und Elfenbein und holten slawische Gefangene als Sklaven nach Spanien. Diese slawischen *Sakaliba* füllten die Harems der Großen im Maghreb, bewachten als Eunuchen die Damenquartiere und dienten als Militärsklaven den Kalifen und Emiren Spaniens und Nordafrikas. Selbst der Emir Djauhar, der für die schiitischen Fatimiden von Tunis aus Ägypten eroberte, war ein Slawe in islamischen Diensten.

Wie kam es nun zu jenem Umbruch, zur Vorherrschaft Europas, angekündigt von der Eroberung Jerusalems durch christliche Kreuzfahrer?

Zwar stellte der Feudaladel West- und Mitteleuropas die Kämpfer jener blutvergießenden Scharen, die über Kleinasien, Syrien und Palästina hereinbrachen; die eigentlichen Nutznießer der Eroberungszüge waren jedoch die Herren der Städte Italiens, Kaufleute, deren neue ökonomische und soziale Basis sich von der ihrer orientalischen Partner wesentlich unterschied. Pisa, Genua, Venedig und andere Seestädte hatten als Endpunkte des maritimen Handels von der Levanteküste her und damit als Umschlagplätze für den Fernhandel ins Innere Europas gedient; und schließlich begann man hier, die Produkte des Ostens zu kopieren – statt sie nur einzuführen und zu vermitteln. Dabei übernahm man eine alte, höchst effektive orientalische Technik, die Wassermühle, die im Osten bis dahin nur in Palastwirtschaften, nicht aber auf dem Basar zum Einsatz gekommen war. Die Handelsgeschlechter stiegen, nicht zuletzt kraft solcher technologischen Neuerungen, zu den eigentlichen Herren der italienischen Städte auf, und bald überzogen sie ganz Europa mit ihren Handelsverbindungen. Politisch profitierten sie dabei von den Normannen, die zwischen 1060 und 1091 unter Roger I. Sizilien eroberten und danach zeitweise auch Süditalien beherrschten.

Die europäischen Handelshäuser Nordspaniens, besonders Barcelonas, stützten unterdessen die *Reconquista,* die christliche Wiedereroberung Spaniens, die bereits im Jahre 1085 mit der Eroberung Toledos durch die Kastilier einen ersten großen Erfolg erzielte.

Alfonso VI., König von Kastilien, wußte um die Überlegenheit der arabisch-islamischen Kultur und ließ Toledo zum Zentrum der Übersetzung arabischer Handschriften ins Lateinische und Kastilische ausbauen. Toleranz und progressive Gesinnung des Hofes machten Kastilien zur Kulturbrücke zwischen dem Islam und den christlichen Völkern Europas. Man knüpfte an die Gepflogenheiten der Omaiyaden-Kalifen an, die Christen, Juden und Araber bei der Überarbeitung wissenschaftlicher Handschriften beschäftigt hatten. Gerade die Juden Spaniens waren dank ihrer weltweiten Handelsbeziehungen, ihres hohen Bildungsgrades und ihrer großen Gemeinden Kulturvermittler von außerordentlicher Bedeutung. Schon unter arabischer Herrschaft hatten sie ihre Literatur durch viele Übersetzungen aus dem Arabischen ins Neuhebräische angereichert. Auch gebildete Christen konnten hebräische Texte lesen. Bekannt ist das Beispiel des späteren Papstes Silvester II., der 967–970 in Katalonien Mathematik und Astronomie studiert hatte. Legenden erzählen, er sei auch in Córdoba und Marokko gewesen.

Im nun kastilischen Toledo nahm sich Erzbischof Raimondo (1125–51) der Wissenschaften an. Meist übersetzte ein Jude den arabischen Urtext in die romanische Volkssprache, und sein christlicher Mitarbeiter formulierte die lateinisch-literarische Fassung. Ein berühmtes ›Paar‹ bildeten der Domherr Domenicus Gundesalvi und Johannes Hispanus, die zusammen zwischen 1130 und 1170 Handschriften von al-Farabi, al-Ghazali (Algazel), Ibn Sina (Avicenna) und Ibn Gabirol (Avicebron) übersetzten.

Der Ruhm Toledos zog viele Ausländer an, so Gerardo di Cremona (1114–87), der in der spanischen Stadt u. a. Werke des Aristoteles ins Lateinische übertrug. Dies leitete die Wiederentdeckung der griechischen Philosophen in Europa ein. Bekannt wurden des weiteren der »Almagest« des Ptolemaios, Schriften al-Kindis und der »Kanon der Medizin« des Ibn Sina. Gerardo di Cremonas Übersetzung der Schriften des Sevillaners Djabir Ibn Aflach (Geber Hispalensis) informierte die junge Wissenschaft Europas über die Kritik am ptolemäischen Weltbild.

Michael der Schotte übersetzte die Schriften al-Butrudjis, der eine neue Physik entwickelt hatte. Hermann der Deutsche übertrug Arbeiten al-Farabis, Ibn Rushds (Averroës) und die Ethik des Aristoteles. Robert von Chester verbreitete durch seine Übersetzung der Algebra des al-Choresmi die indisch-›arabischen‹ Zahlen in Europa. Zahlreiche weitere medizinische, mathematische und literarische Werke, in Spanien übersetzt, machten ein kulturell verarmtes Abendland mit den

Erkenntnissen des Orients ebenso vertraut wie mit vergessenen Traditionen der antiken Hochkultur.

Die spanischen Erfahrungen veranlaßten das Konzil von Vienne (1311/12), an den Universitäten von Rom, Bologna, Paris, Oxford und Salamanca orientalische Fakultäten einzurichten. Bald unterrichtete man bis ins hinterwäldlerische Deutschland hinein Philosophie und Medizin, Mathematik und Astronomie nach arabischen Übersetzungen. Der Averroismus, der auf Ibn Rushd gründende gelehrte Rationalismus, beherrschte die Hochschulen von Paris bis Padua: Venedig druckte zwischen 1481 und 1537 die Werke des Wissenschaftlers aus Córdoba in vielen Auflagen. Als ›arabischer Aristoteles‹ eroberte Ibn Rushd/Averroës Europa. Ein Thomas von Aquin schrieb seine Werke unter dem Einfluß solchen Denkens.

Eine neue Stufe erreichte die Übersetzertätigkeit der Spanier unter Alfonso X., dem König von Kastilien und León (reg. 1252–82), wohl zu Recht ›der Weise‹ genannt. Er gründete in Toledo eine Übersetzerschule, an der er arabische Werke nicht nur ins Lateinische, sondern auch in die kastilische Volkssprache übertragen ließ. Bearbeitet wurden insbesondere Handschriften zur Mineralogie, Kosmologie und Alchemie – Werke, die noch 200 Jahre später für Kopernikus von Interesse sein sollten. Des weiteren ordnete Alfonso die Übersetzung der Bibel, des Talmuds, der Kabbala und des Korans in das Kastilische an. Große Wirkung erzielte die aus dem Arabischen übersetzte Erzählung über die Himmelfahrt Mohammeds: noch in Dantes »Göttlicher Komödie« ist ihr Vorbild deutlich zu erkennen. Die Übertragung der ursprünglich indischen Tierfabeln von »Kalila wa-Dimna«, der Abenteuer Sindbads und vieler Episoden aus »Tausendundeiner Nacht« folgten – und gingen in den Literaturschatz Europas ein. Das philosophische Lehrgedicht »Hay Ibn Yaqzan« des Ibn Tutail, eines Wesirs der Almohaden (12. Jh.), wurde zum Vorbild der europäischen Robinsonaden.

So prägte klug genutztes arabisch-islamisches Gut die Kultur des aufsteigenden Europa, bis Ende des 15. Jh. Spaniens Griff nach der Weltmacht die islamische Kultur der Iberischen Halbinsel zerstörte. 1491/92 belagerten die vereinigten Kastilier und Aragonesen unter Fernando I. Granada, die Hauptstadt des letzten islamischen Staates in Spanien. Nach dem Fall Granadas ordnete der Erzbischof von Toledo, Ximénez de Cisneros, die Verbrennung aller islamischen

Manuskripte an (1499). Bald darauf wurden die Juden des Landes verwiesen, und 1570, nach der Niederschlagung eines Aufstandes, siedelte man die Moriscos, die christlichen Araber, zwangsweise über ganz Spanien verstreut um. Als ethnische Repräsentanten einer nichtchristlichen Welt betrachtete man sie als Ketzer und ›Risikofaktoren‹ (wie man heute sagen würde) und vertrieb sie dann zwischen 1609 und 1614 endgültig aus dem Land. Intoleranz und Terror der Inquisition ließen Spanien verarmen. Die Periode seiner Weltgeltung ging zu Ende.

Für die islamische Welt bedeutete der Verlust Spaniens, Süditaliens und Siziliens mehr als nur den Verzicht auf einige Teilbereiche der einstigen Macht. Sie verlor vielmehr den Zugriff auf die Wälder Südeuropas – die Quelle des notwendigen Holzes für den Schiffsbau – wie auch den Zugang zu den Kupfer-, Blei- und Eisengruben Spaniens, die Rohstoffe für die Waffenindustrie und den Schiffsbau lieferten. Die Seeherrschaft auf dem Mittelmeer fiel an die Christen, die zudem mit ihren Produkten in den Städten Vorderasiens und Nordafrikas dem einheimischen Handwerk mehr und mehr Konkurrenz machten. Vorderasien war bereits im 13. Jh. unter die Herrschaft der Mongolen geraten. Nicht weniger zerstörerisch war der ›Schwarze Tod‹, die große Pest, in der die großen Tiraz-(Staats-)Manufakturen Ägyptens und Syriens zugrunde gingen und große Teile der Bauernschaft dahingerafft wurden. Seit jener Zeit fiel die islamische Welt hinter das aufsteigende Südeuropa zurück.

Aber auch die Städte Italiens bewegten sich in eine Sackgasse der sozialen Entwicklung. Die führenden Kaufmannsgeschlechter legten ihre Gewinne in Landbesitz an und imitierten als Grundherren und Aristokraten bald die orientalischen Fürsten. Die Ansätze städtischer Selbstverwaltung und Fortschritte der Produktion und Produktivität ›erstickten‹ im fürstlichen Prunk und in endlosen Kriegen um die Vormachtstellung. Der soziale Fortschritt verlagerte sich nach Flandern und in die Niederlande.

4 ›Maurische Villa‹ in der Wilhelma, Stuttgart-Bad Cannstatt (1842–46), Photographie von 1932 ▷

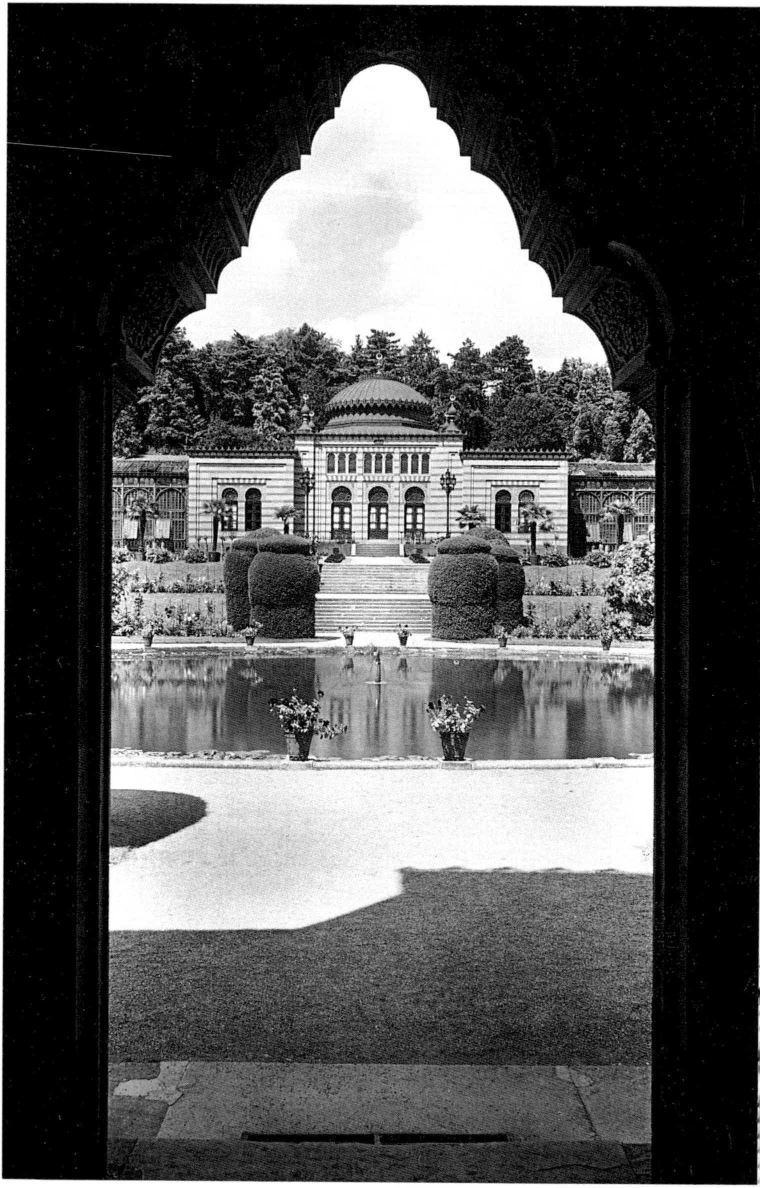

Die Geschichte Nordwestafrikas und Spaniens

Die Entwicklung des klimatischen und ökologischen Umfelds

Der Siegeszug der Muslime vereinigte im 8. Jh. zwei Weltregionen, die schon seit Jahrtausenden miteinander verbunden waren, so wie ja auch die Naturgegebenheiten Nordwestafrikas und Spaniens einander in vieler Hinsicht gleichen. Aride Hochebenen und Berghänge beherrschen hier wie dort das Bild, doch sind fruchtbare Ebenen und Flußtäler den Völkern des Maghreb weit sparsamer zugeteilt. Lebenspendende Niederschläge bringen die vom Atlantik herüberziehenden Winde, die kaum über die Wasserscheide des Atlas nach Süden dringen, dafür aber die Küstenebenen Nordafrikas und vor allem das Tal des Guadalquivir in Südspanien, das sich zum Atlantik hin öffnet, reicher versorgen als die kargen Mesetas, die Hochebenen Spaniens. Nach Süden hin erstreckt sich auf dem afrikanischen Kontinent das ungeheure Sandmeer der Sahara, immer weiter nach Süden vordringend und auch die Felder und Steppen des Nordens bedrohend.

Trotz aller Überbevölkerung des Nordens ist der Süden Algeriens und Marokkos in der Gegenwart nur dünn besiedelt, und die Natur wehrt sich mit fortschreitender Verwüstung gegen den Andrang der Menschen von Nord und Süd. Diese Zone zwischen dem westafrikanischen Waldland im Süden und den Bergzügen Nordafrikas ist seit Menschengedenken arid, trocken, da sich gegenläufige Passate zwischen und unter die vom Atlantik nach Osten ziehenden Luftmassen schieben, die der Erdrotation folgen; in den Kaltzeiten der Vergangenheit war die Sahara sogar noch ausgedehnter als in der Gegenwart und weithin menschenleer.

Es gab aber ebenso günstigere Perioden, in denen wandernde Hirten heute unfruchtbare Zonen durchzogen und Bauern in gegenwärtig ausgetrockneten Flußebenen siedelten. In der Nacheiszeit, dem Holozän, lassen sich mehrere Phasen einer intensiveren Bewirtschaftung weiter Teile der Wüste nachweisen. Die erste Warmzeit erreichte um 7000 v. Chr. ihren Höhepunkt, und der Sahel, die Steppenzone südlich der Sahara, drang weiter nach Norden vor. Dunkelhäutige Bauern besiedelten weite Regionen Süd- und Zentralalgeriens und selbst Mittellibyens. Ihre Felsbilder zeigen sie als Maskenschnitzer und Jäger, die die Steppe mit Elefanten, Nashörnern, Giraffen und unzähligen Antilopen teilten. Eine Klimaschwankung unterbrach ihre Entwicklung, die Stämme mußten nach Süden oder in besser beregnete Bergregionen zurückweichen. Den Nordrand Afrikas scheinen sie kaum erreicht zu haben.

Im 6. Jt. v. Chr. veranlaßte eine neue Warmzeit europide Völker – vermutlich aus dem Osten –, in die Steppen Nordafrikas einzuwandern. Sie hinterließen auf Felsen der Sahara Zehntausende von Felsbildern, die sie, von den Themen her als Rinderhirten, von der Form her als Meister der Bildkunst ausweisen. Vielleicht waren sie die Vorfahren der heutigen Berber, deren Sprachen den Idiomen der semitischen Sprachfamilie verwandt sind – Indiz dafür, daß die Vorfahren der Berber wohl nicht aus Europa kamen. (Allerdings wissen wir bisher nur wenig über die Sprachen der vorrömischen Bevölkerung der Iberischen Halbinsel, die vermutlich aus dem Osten stammte.)

Die Küstenebenen und die Nordhänge der nordwestafrikanischen Bergzüge waren klimatisch eng mit Südeuropa verbunden, und wiederholt griffen Kulturen der Iberischen Halbinsel nach Marokko über, etwa die – in Richtung Norden bis nach Deutschland und England vorstoßende – Glockenbecherkultur (gegen Ende der Jungsteinzeit). Schon im 3. Jt. v. Chr. gewannen Bergleute in Südspanien und wohl ebenso in Nordafrika Kupfer, bald auch Gold und Silber – ein Reichtum, der schon im 1. Jt. v. Chr. Fremde in den westlichen Mittelmeerraum zog.

Am südlichen Meeressaum Spaniens wie auch an den Küsten zwischen der Syrte und dem Steppenraum Marokkos lassen sich Siedlungen der Phönizier nachweisen, die Ende des 2. Jt. v. Chr. von ihren Hafenstädten in Syrien und im Libanon aus den Mittelmeerraum mit einem Netz von Stützpunkten zu überziehen begannen. Ihre wohl erste Station legten sie um das Jahr 1100 v. Chr. auf einer kleinen Insel vor der Mündung des Guadalquivir an – Gadir, das Gades der Römer und Karthager und heutige Cádiz. Bedingt durch die partielle Verlandung der flachen Meeresbucht, liegt die Stadt inzwischen auf einer Halbinsel, deren dichte Besiedlung systematische Grabungen nicht zuläßt.

Die Phönizier plazierten ihre Handelskolonien in der Regel auf der vom Meer abgekehrten Seite kleiner, dem Festland vorgelagerter Inseln oder Halbinseln; dort legten sie vor Sturm und Wellengang geschützte Häfen an. Bis zum 4. Jh. v. Chr. eroberten die vorderasiatischen Seefahrer kaum größere Territorien, vielmehr beschränkten sie sich auf Hafenstädte, von denen aus sie mit dem Hinterland Handel treiben konnten: Handwerksprodukte gegen Rohstoffe. Die Stadt Gadir kontrollierte den Zugang zu jenem fruchtbaren Tal, dessen Hauptstadt wahrscheinlich das sagenhafte Tartessos war und dessen Bevölkerung die griechischen und römischen Autoren späterer Zeit als Turdetanier bezeichneten, beneidet um die Ausbeutung reicher Kupfer-, Gold- und Silbervorkommen.

Ähnlich wie Gadir gelegen war die phönizische Station bei der heutigen südmarokkanischen Hafenstadt Mogador, bisher als südlichster Punkt phönizischer Besiedlung am Atlantik angesehen. Gleich alt wie Gadir sollen das marokkanische Lixus und das heute tunesische Utica sein, doch fehlt die archäologische Bestätigung.

Im Zuge der assyrischen Expansion (ab 884 v. Chr.) verloren die Phönizier ihre Unabhängigkeit in Vorderasien und auf Zypern, und Kart Hadasht (›Neue Stadt‹) stieg zum bedeutendsten phönizischen Handelszentrum auf. Dieser Stadt – Karthago – in Nordwesttunesien schreibt die Legende 814/813 v. Chr. als Gründungsdatum zu. Angelegt auf einer gut zu verteidigenden Halbinsel, wuchs die ›Neue Stadt‹ zur Metropole des westlichen Mittelmeerraums heran. Ihre Bewohner, wie die der anderen westphönizischen Siedlungen von den Römern ›Punier‹ genannt, bestimmten bis in die Spätantike das städtische Leben in Nordafrika und Südspanien, auf Westsizilien und den anderen Inseln des westlichen Mittelmeeres. So kolonisierten die Phönizier/Punier die fruchtbare Küstenebene Tunesiens und des westlichen

Algerien, dazu Teile Siziliens. In ihrem Bestreben, Zinn zu gewinnen, wagten sie sich bis nach Südengland (Cornwall); dabei zogen sie den Flußverkehr über Rhône und Marne der riskanten Seefahrt durch die Biskaya vor. Aus Westafrika erhielten sie Gold: Einen Hinweis auf den Kontakt mit Stämmen des afrikanischen Waldlandes, in dem die Goldvorkommen lagen, geben in Karthago gefundene Terrakottamasken, die deutliche Bezüge zur Kunst westafrikanischer Völker aufweisen. Wichtigstes Rohstoffzentrum blieb jedoch Südspanien, an dessen Südostküste eine ganze Kette von Städten und Faktoreien entstand und dessen Bergbaugebiet die Phönizier/Punier/Karthager zum Schutz gegen die gleichfalls nach den Bodenschätzen der Iberischen Halbinsel greifenden Griechen befestigten.

Mit der Unterwerfung der asiatischen Phönizier durch die Assyrer ging die Seeherrschaft im östlichen Mittelmeer auf die Griechen über. Diese folgten dem phönizischen Vorbild und gründeten an den noch freien Küsten Kolonien. Sie erschlossen für sich Kleinasien, Zypern, Ostlibyen, Ostsizilien und Süditalien. Danach drangen sie in das westliche Mittelmeer vor. Dort trafen sie auf die Karthager und deren Verbündete, die Etrusker, die Mittelitalien beherrschten und den Handel über die Alpen kontrollierten. Dieser alliierten Flotte unterlagen die Griechen um 540 v. Chr. bei Alalia, dem heutigen Aleria auf Korsika. Sie mußten den Puniern die Seeherrschaft im Westen überlassen. In Sizilien brachen immer wieder Kämpfe aus, ohne daß eine der Seiten einen entscheidenden Sieg errang.

Über die Kultur der Karthager ist relativ wenig bekannt, da die Römer, die im 3. und 2. Jh. v. Chr. in drei großen Kriegen Karthago niederrangen, ein gründliches Vernichtungswerk betrieben: Kein karthagisches Archiv blieb erhalten, das uns Auskunft über ihre Landes- und Völkerkenntnis geben könnte. Die Römer überlieferten einige Texte wie den »Bericht des Hanno«, eine Erzählung über eine See-Expedition der Karthager bis an die Küste des heutigen Kamerun, die jedoch – ebenso wie die bei Herodot erhaltene Information über eine Umseglung Afrikas durch die Phönizier im ägyptischen Auftrag – als ein bloßer Abenteuerroman bezeichnet worden ist.

Gestützt auf Erzählungen griechischer Kolonisten und Kauffahrer, nannte Herodot (5. Jh.) einige nordafrikanische Völker namentlich und gab kurze Charakteristika der jeweiligen Kulturen. Am zuverlässigsten sind seine Angaben (Herodot IV, 175 ff.) über die Stämme im

Hinterland griechischer Kolonialstädte an der libyschen Küste, über die Nasamonen in Ostlibyen und die Garamanten im Fezzan oder die Maker in Tripolitanien (Nordwestlibyen). Westlich davon, bis zu den Djerids, den Salzseen Tunesiens, siedelten nach seinen Angaben die Gindaner, die Lotophagen und die Machlyer. Er bezeichnete sie als die »nomadischen Libyer« an der Küste. Südlich von ihnen im Binnenland begann »der tierreiche Teil Libyens. Jenseits des tierreichen Teils erhebt sich ein Sandstreifen, ...« (Herodot IV, 181). Auch wußte der ›Vater der Geschichte‹ von den Oasen im Sandmeer. So berichtete er von den Bergbewohnern Nordwestafrikas, den Maxyern, daß sie ansässige Bauern seien.

Iberer, Kelten und Karthager

Genauer sind wir über die Bewohner des heutigen Ostspanien und Südfrankreich unterrichtet, von den Griechen als Iberer bezeichnet. Einige kurze Inschriften (Abb. 5) belegen, daß die Iberer sich einer nicht-indoeuropäischen Sprache bedienten, die dem Etruskischen und vielleicht auch dem modernen Baskischen nahestand. Dieses Volk von Bauern, Bergleuten und Fischern hinterließ zum Teil meisterhafte Plastiken, vermutlich einem Totenkult dienend, ähnlich dem der Etrusker.

Zu den schönsten Bildwerken gehört die ›Dame von Elche‹, die Kalksteinbüste einer reichgeschmückten Frau (4. Jh. v. Chr.). Aufschlußreicher als dieser isolierte Fund war eine bei Baza freigelegte Grabstätte, in der eine lebensgroße, auf einem Thron sitzende Frauenskulptur gefunden wurde. In einem angearbeiteten Kasten unter dem Thron befand sich Totenasche, wahrscheinlich eben jener Frau, an die das Bildnis erinnert. Da die Iberer in der Regel bemalte Urnen oder Steinkisten für ihre Brandbestattungen benutzten, läßt sich annehmen, daß die ›Dame von Baza‹ zu ihren Lebzeiten eine besonders hervorgehobene Stellung in der Gesellschaft einnahm. Bei Carambolo in der Provinz Sevilla fand sich das Grab eines mit reichem Goldschmuck beigesetzten Mannes, gleichfalls Hinweis auf eine soziale Schichtung unter den Iberern.

5 Bleiplättchen mit iberischer Inschrift, Museo de Prehistoria de Valencia

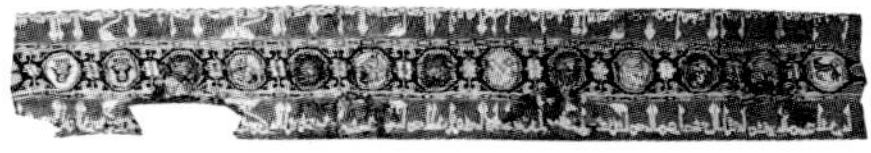

Zur Zeit des ersten Kontaktes zwischen Griechen und Iberern dominierten im spanischen Hochland keltische Stämme. Grabfunde und einige Bildwerke bestätigen die entsprechenden Überlieferungen.

Bedauerlich wenig blieb von der Kunst der Punier erhalten, meist nur die Reste von Zweckbauten, Handwerksprodukte und Keramik. Zwar kennen wir zumindest einige ihrer Götter, die ›Himmlische‹, die Göttin Tanit (Abb. 6), den obersten Gott Baal Hammon (Baal Ammon), der anscheinend den syrisch-phönizischen Baal (›Herr‹) mit dem libysch-ägyptischen Amun (Ammon) vereinigte. Auf der Zitadelle Karthagos verehrte man den aus Phönizien stammenden Heils- und Schutzgott Ashmun. Tyros, der Hauptgott der alten Königsstadt der Ostphönizier, galt als Vegetationsgott, verehrt vor allem in Gadir.

Schmerzlich vermißt werden bildliche Darstellungen phönizisch-karthagischer Gottheiten. Ursache hierfür mag die systematische Zerstörung Karthagos durch die Römer sein, wahrscheinlich aber findet sich der Grund im altwestsemitischen Gottesbild, dem die Gottheit ›zu groß‹ war, um in ein steinernes Abbild von Menschenhand eingehen zu können. In Phönizien betete man bis in die Antike hinein schmucklose Steinpfeiler als ›Haus der Gottheiten‹ (Betyl) an – ein Symbol, eine steinerne Abstraktion des Gottes, nicht sein Abbild.

Solchem Denken entsprang wohl auch die Symbolgestalt der Tanit: ein spitzwinkliges Dreieck, dessen Spitze ein Kreis aufsaß und von der zwei Striche ausgingen – vielleicht die abstrahierte Darstellung eines menschlichen Körpers, das Dreieck als Körper, der Kreis als Kopf und die Linien als Arme. Auch die Übernahme griechischer Götter wie der Kore oder der Demeter führte in Karthago nicht zu einem Statuenkult. Karthagische Münzen indes, primär als Lohn für griechische Truppen in karthagischen Diensten bestimmt, zeigen diese Gottheiten in griechischer Darstellungsweise.

Unter den Zweckbauten der Karthager sind die sehr sinnvoll konstruierten Hafenbecken zu nennen, etwa in der Hauptstadt oder in Motye, einem Handelsstützpunkt auf einer kleinen, der Westküste Siziliens vorgelagerten Insel.

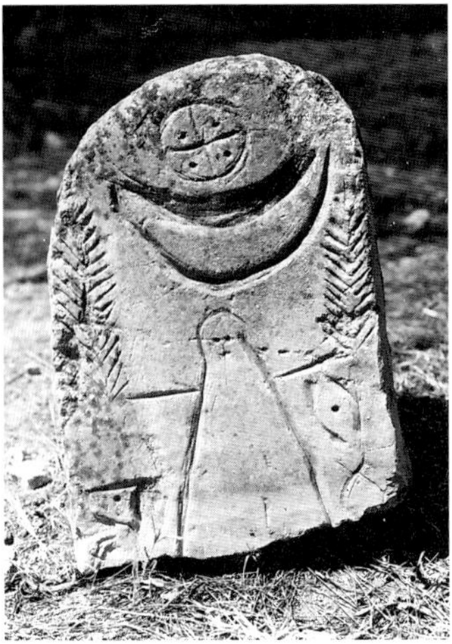

6a Phönizische Grabstele mit Tanit-Symbol, Karthago

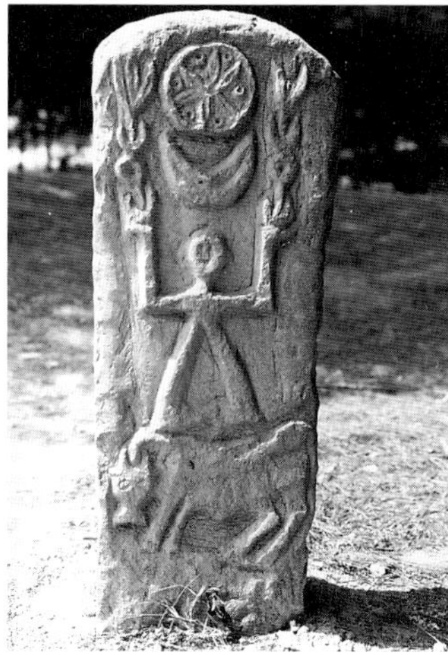

6b Altpunisch-karthagische Grabstele mit Tanit-Symbol, Tunis, Musée du Bardo

Karthago war eine aristokratische Republik, in der die Kaufherren und Reeder die Macht besaßen. Eine Volksversammlung wählte zwei Suffeten als Leiter der Regierung und die Feldherren der zumeist aus Söldnern bestehenden Armeen.

Alle Kriegskunst karthagisch-punischer Feldherren – wie des berühmten Hannibal – versagte letztendlich gegen Rom, das im Jahre 146 v. Chr. Karthago zerstörte. Die Punier stellten auch unter römischer Herrschaft den größten Teil der Bevölkerung der Städte, während Berberfürsten das Hinterland beherrschten; sie hatten im Kampf zwischen Karthago und Rom meist die späteren Sieger unterstützt. Die Ansiedlung entlassener Veteranen der römischen Legionen, römischer Beamter und Händler, vieler Griechen und in steigendem Maß libyscher Gruppen ließ die Städte zu einem Schmelztiegel zahlreicher Ethnien werden, die schließlich zum Lateinischen als der allgemeinen Verkehrssprache übergingen.

Numider und Römer

Im 4. Jh. v. Chr. stoßen wir in den literarischen Zeugnissen zum ersten Mal auf die Bezeichnung ›Mauren‹. Man begriff darunter die Berber Nordmarokkos, die Vorfahren der heutigen Kabylen. Deren südliche Nachbarn nannten die Griechen Getuler, und die weiter ostwärts siedelnden Stämme finden sich bei den Römern als Numider, wohl nach dem griechischen Wort Nomador, der Bezeichnung für libysche Wandervölker. Die Gesamtheit der Einheimischen galt den Römern als ›Barbaren‹, woraus schließlich der Begriff ›Berber‹ entstanden ist.

Die Numider-Könige griffen wiederholt in die römisch-punischen Kriege ein, bestrebt, ihre Macht auszudehnen. Einer der bekanntesten numidischen Fürsten war Massinissa, der weite Teile des heutigen Tunesien und Westlibyen (2. Jh. v. Chr.) eroberte. Nach seinem Tod (148 v. Chr.) war Rom bestrebt, das Numider-Reich zu teilen und römischer Oberhoheit zu unterstellen. Mit der Niederschlagung der Jugurthinischen Rebellion (111–105 v. Chr.) und der anschließenden Hinrichtung des numidischen Thronprätendenten Jugurtha gelang es Rom, sich des Reiches des Massinissa zu bemächtigen. Die noch junge Kultur der Numider, einschließlich einer eigenartigen Buchstabenschrift, ging unter bzw. wurde nur noch von den freien Stämmen des Südens bewahrt: Das Tifinagh, die Schrift der Tuareg, geht auf die altnumidischen Schriftzeichen zurück.

Die Bürgerkriege, die den Niedergang der römischen Republik avisierten, wurden zum Teil in Spanien und Nordafrika ausgetragen. Gegen Ende des 1. Jh. v. Chr. gehörte das gesamte Bauerngebiet Nordafrikas zum Römischen Imperium. Ein Limes, eine ausgedehnte Grenzbefestigung, schirmte das Agrarland gegen die Steppe ab: Nordafrika, insbesondere das heutige Tunesien, diente Rom als Kornkammer, als Weizenanbaugebiet. Erst nach langen Auseinandersetzungen wurde den Grundherren der *provincia Africa* wieder der wenige Arbeitskräfte erfordernde und hohe Gewinne abwerfende Olivenanbau gestattet.

7 Grabturm des Atban bei Dougga, vielleicht zugleich Gedenkbau für Massinissa ▷ (3.–2. Jh. v. Chr.)

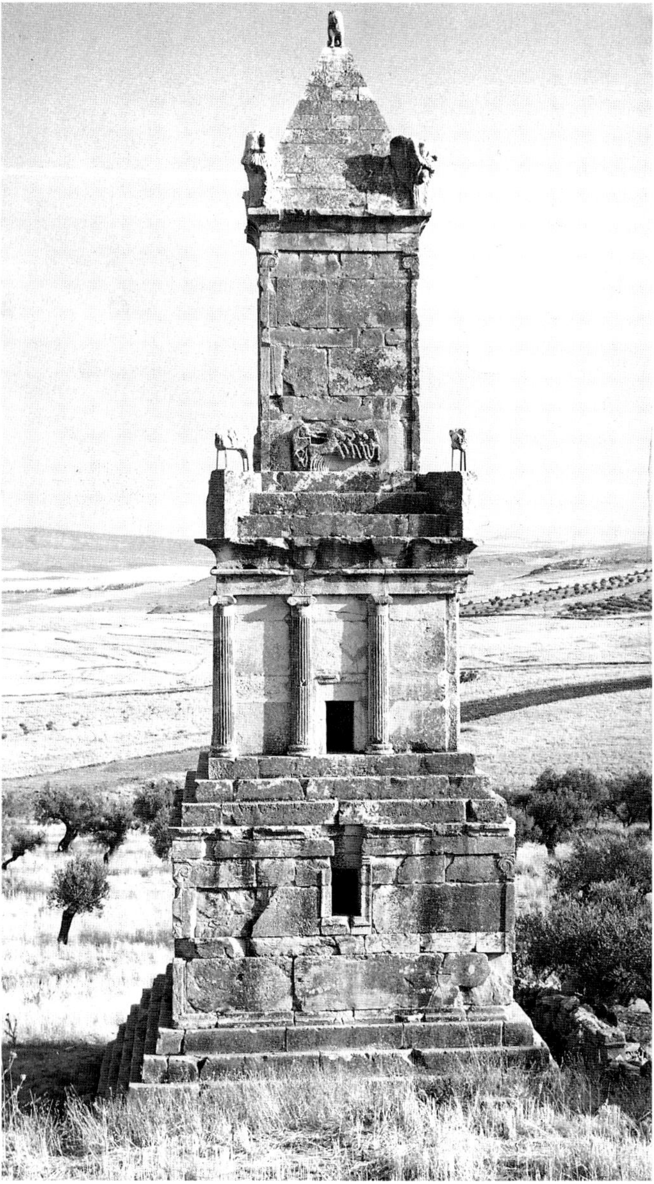

Rom erschloß Nordafrika systematisch. Unter dem Schutz seiner Legionen standen rund 350 000 km² Land, weitgehend agrarisch genutzt. Die Hochebenen und Bergzüge des Atlas sowie der Steppenraum im Süden blieben den Nomaden überlassen.

Allerdings bildeten die Bergstämme und die Hirtenvölker des Südens eine ständige Bedrohung für die städtischen und dörflichen Gebiete, so daß die Römer ihre Herrschaftsgewalt auch in den Wüstenoasen demonstrierten. Sie nahmen dabei Sklaven für ihre Wirtschaft wie auch als Gladiatoren und Opfer für die Arenen des Reiches. Mosaiken in römischen Städten Nordafrikas – im 2./3. Jh. zählte man über 200 römische Städte in ›Africa‹, knapp 500 wies das ganze Imperium auf – zeigen Garamanten und Nasamonen in grausamen Kampfspielen.

Die Römer vermaßen das ganze Land und bewässerten es, wo immer möglich. Der Ostteil, das heutige Westalgerien und Tunesien, bildete die Provinz ›Africa‹, von der aus auch ›Mauretania‹, das westliche Gebiet bis hin zum Atlantischen Ozean, verwaltet wurde. Der Boden gehörte Grundherren, die ihn parzelliert an unzählige Kleinpächter vergaben. In der Zeit vom 1. Jh. bis zum 3. Jh. erlaubten reichere Regenfälle den Ackerbau selbst in heute brachliegenden Gebieten. Stauwerke sammelten alles verfügbare Wasser für den Anbau der Feldfrüchte und die Versorgung der Siedlungen.

In den Städten und Landsitzen der Grundherren pflegte man die antike Bildkunst, da man weitgehend die römische Religion und Kultur übernommen hatte. Gewaltige Arenen entstanden, und viele Hundert prachtvoller Mosaiken erzählen noch heute römische und griechische Heldensagen und Götterlegenden oder halten Szenen aus dem Alltagsleben fest – Bauern hinter dem Pflug, Arbeit auf der Tenne oder Herden am Brunnen. Marmorsäulen, Kalksteintempel, Triumphbogen und Straßen finden sich an vielen Orten als Zeugen der Romanisierung zahlreicher Berbergruppen.

Gelegentlich kann man aber auch die Übernahme altberberischer Erfahrungen durch die Römer feststellen. In den ausgedehnten Ruinen der Römerstadt Bulla Regia (Tunesien) zeigte sich bei Ausgrabungen, daß die neuen Herren ihre mit Marmor und Mosaiken verzierten Wohnungen nach dem heimischen Vorbild tief in den Boden gegraben hatten, um der Hitze zu entgehen. Noch heute wohnen in Südtunesien ganze Dorfschaften der Berber in Erdhäusern, eingelassen in die

Hänge der Berge oder gruppiert um einen zwei bis drei Stockwerke tief in den Boden gegrabenen Kessel (Abb. 8; s. S. 99, 102).

Der Kampf um Spanien und seine Bodenschätze hatte zum Zweiten Punischen Krieg (218–201 v. Chr.) geführt. Er endete mit der römischen Besetzung der punischen Provinz in Iberien. Turdetanien, das zivilisatorisch fortgeschrittene Gebiet Iberiens, folgte bald, doch die Bewohner der Hochebene kämpften noch fast zwei Jahrhunderte gegen die Armeen Roms, bis in den Jahren 20 und 19 v. Chr. auch die letzten unabhängigen Völker, Kantabrer und Asturier, die Waffen streckten. Im Hochland scheint sich die römische Herrschaft mehr oder weniger auf die Kontrolle der Einheimischen im Sinne einer Besatzungsmacht beschränkt zu haben, während die Iberer der Küstenzone und die Turdetanier relativ rasch assimiliert wurden.

Über 120 Jahre nach seiner Zerstörung im Dritten Punischen Krieg (149–146 v. Chr.) stieg Karthago erneut auf – zur Hauptstadt von *Africa proconsularis.* Um das Jahr 200 n. Chr. dürfte die Stadt eine

8 Höhlenwohnungen im Bergland von Matmata

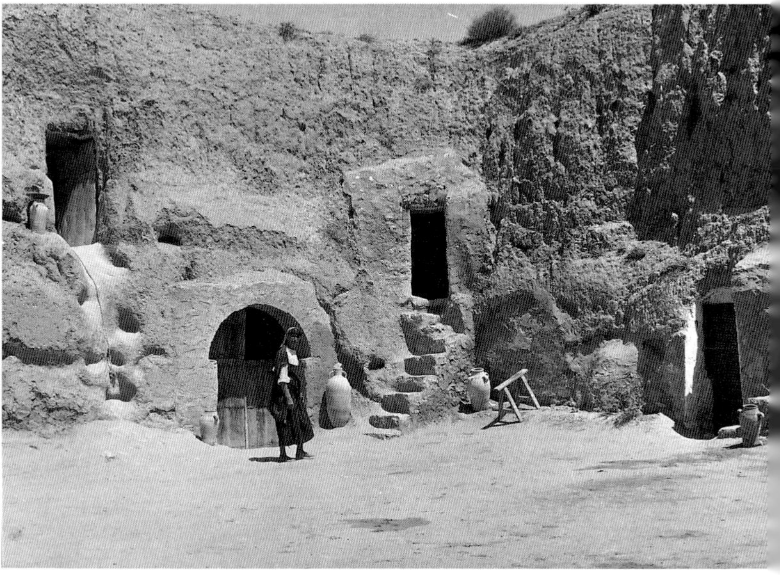

viertel Million Einwohner gezählt haben – vergleichbar der Zahl der Westgoten, einem der größeren Germanenvölker jener Zeit, die damals zwischen Dnjepr und Dnjestr siedelten. ›Africa‹ lieferte rund zwei Drittel des Getreidebedarfs Roms, viele Millionen Zentner Weizen im Jahr.

In Rom gelangten seit dem späten 1. Jh. n. Chr. immer wieder Repräsentanten der Provinzen an die Macht. Dies begann im Jahre 98 mit dem Spanier Trajan. Im 2. Jh. saßen etwa 100 ›Africaner‹ im Senat, und mit Septimius Severus bestieg schließlich im Jahre 193 ein Punier aus Leptis Magna (Tripolitanien) den Kaiserthron.

Bis in die Mitte des 3. Jh. dominierten die Provinzherren im Reiche. Dann entstand, sich stetig verschärfend, eine Krisensituation: Die Niederschläge ließen nach, ganze Siedlungsgebiete mußten aufgegeben werden, und die Nomaden des Südens drangen – auf der Suche nach Lebensraum – immer weiter nach Norden vor. Sklaven und Bauern revoltierten, und das Volk suchte Trost in einer neuen Spiritualität, in den Lehren Manis und der Mithras-Religion, vor allem aber im Christentum.

Vandalen, Byzantiner und Westgoten

Die ersten christlichen Gemeinden Nordafrikas lassen sich bereits im 2. Jh. n. Chr. nachweisen. Bischöfe und Priester wurden zu Sprechern antirömischer Volksstimmungen. Rom suchte den aufkommenden Widerstand mit Gewalt zu brechen, und Tausende Christen starben in den Arenen. Besonders unter Kaiser Diokletian (reg. 284–305) forderte die Christenverfolgung unzählige Opfer. Viele Gemeinden wandten sich gegen Roms Oberhoheit. Als unter Konstantin I. (reg. 306–324) der römische Staat das Christentum anerkannte und der Kaiser sich an die Spitze der Kirche stellte, spaltete sich die Kirche in Nordafrika. Die Amtskirche folgte nun der Autorität von Konstantinopel (Byzanz), während Wanderprediger die Armen zum Widerstand aufriefen. Zwei Konzile (405, 411) riefen von Karthago aus zur gewaltsamen Unterdrückung der Sektierer auf. Die Regierungstruppen führten einen Vernichtungskrieg gegen die gerade unter den ländlichen

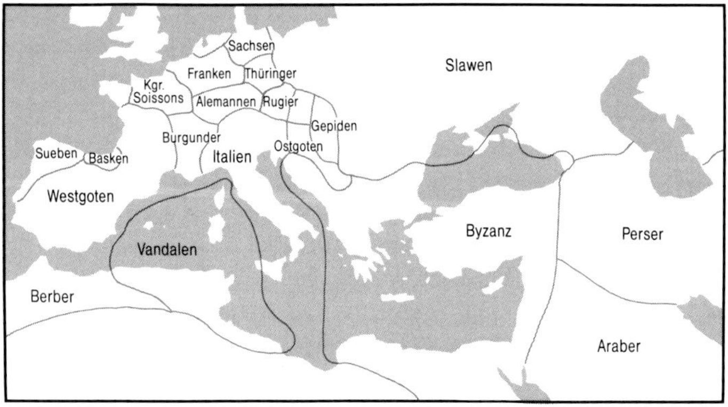

9 Der Mittelmeerraum im Jahre 476 (nach: C. McEvedy und H. J. Herold)

Berbern verbreiteten häretischen Lehren und trafen auf erbitterten Widerstand.

In die von solch schweren religiösen und politischen Kämpfen erschütterte Region stießen im Jahre 429 fremde Wanderscharen vor: Verbände der germanischen Vandalen - vor den Westgoten von der Iberischen Halbinsel geflohen - und versprengte iranische Alanen. Beider Heerkönig Geiserich mag über annähernd 50 000 Waffenfähige verfügt haben - eine an sich geringe Zahl, die aber ausreichte, um innerhalb von zehn Jahren Nordafrika zu erobern.

Die Vandalen behaupteten sich trotz ihrer geringen Zahl fast ein Jahrhundert hindurch (bis 534) in Nordafrika. Ihre Flotten plünderten sogar Rom (455). Es gelang ihnen jedoch nicht, die Berberstämme niederzuwerfen, und bald konspirierte Konstantinopel mit den Führern des Widerstandes. Als das Reich unter Justinian I. (reg. 527–565) wieder erstarkte, gelang es den byzantinischen Griechen, Nordafrika zurückzuerobern und auch in Südostspanien erneut Fuß zu fassen.

In Spanien und in Südfrankreich hatten die Westgoten ein Stammesreich begründet. Ihr Glaube war der Arianismus, eine Sonderform des Christentums, die Jesus nicht als Gottes wesensgleichen Sohn anerkennt. Die alteingesessene Bevölkerung der Iberischen Halbinsel hingegen war - und blieb - nach römischer Art katholisch, ein beständiges Konfliktpotential. Im Jahre 587 trat dann der Westgoten-König Rekkared (reg. 586–601) zum Katholizismus über und erhob diesen

589 zur Staatsreligion. Damit war zunächst eine der Hauptursachen für die Spannungen zwischen den westgotischen Grundherren und der hispano-romanischen Bevölkerung beseitigt. Die Juden hingegen waren weiterhin starker Diskriminierung ausgesetzt.

Größere, geschlossene gotische Gemeinden gab es in den Tälern des Ebro und Tajo. In vielen Städten wie Toledo, Valencia und Segovia siedelten ebenfalls überwiegend Goten. Die Macht lag in der Hand eines Magnatenrates, der seit 675 auch den König wählte. Höchst gewichtig war der Einfluß, den die Kirche im Westgoten-Reich ausübte. Auf ihren Konzilien, die zumeist in Toledo tagten, wurden die wichtigsten Staatsgeschäfte entschieden.

Schon zu Beginn des 5. Jh. hatten die Goten Südfrankreich weitgehend an die Franken verloren und nur ein einziger außenpolitischer Erfolg sollte ihnen noch beschieden sein: die Vertreibung der Byzantiner aus Spanien im Jahre 624. Fraktionskämpfe des Adels, Sklavenrebellionen und – trotz der religiösen Annäherung – Bauernaufstände zerrütteten die Staatsmacht. Als im Jahre 710 König Witiza starb, rief der Adel Roderich zum – letzten – Westgoten-Herrscher aus, nicht den Sohn Witizas, Achila, der daraufhin von der Zentralregierung abfiel.

In Afrika hatte Byzanz nur den Küstenraum und die Hafenstädte – mit Ausnahme des westgotischen Tanger – besetzt gehalten. Das Binnenland regierten einheimische Fürsten, die bis in das 8. Jh. ihre Macht behaupten konnten. Aufstände der Söldnertruppen, Angriffe der Berber und Aufstände unterworfener Stämme zogen sich jahrzehntelang hin, da die Hilfe der Zentralmacht ausblieb: Konstantinopel lag im Abwehrkampf gegen die persischen Sassaniden und überließ die Provinzen mehr oder weniger sich selbst. Schließlich rebellierten Herakleios, Sohn des Exarchen (Gouverneur) von Karthago, und der Patricios (Truppenkommandeur) Gregorios gegen Konstantinopel. Herakleios führte eine Armee gegen die Hauptstadt und gewann 610 den Kaiserthron. Nach jahrelangen Kämpfen vermochte er schließlich, die Perser niederzuringen. Unbemerkt oder zumindest unbeachtet aber entstand in der Zwischenzeit eine neue Macht in Arabien: Nordafrika und Spanien stöhnten unter dem Joch fremder Unterdrücker, den Kämpfen zwischen den Fraktionen der Griechen, Goten und Berber, dem sozialen Elend und der Verfolgung religiöser Minderheiten, als von Osten her fremde Reiterscharen heranzogen, die im Islam geeinten Araber.

Die Muslime im Maghreb und ihre Expansion nach Spanien

Araber und Berber

Die Araber kamen auf der alten Handelsstraße von Alexandria nach Nordwestafrika, entlang der Küste. Unter der grünen Fahne des Propheten hatten sich die verschiedensten arabischen Stämme vereint, um der neuen Religion eine neue Welt zu erobern.

Im Umkreis der Oasenstädte Mekka und Medina hatte Mohammed Ibn Abd Allah aus dem Stamm der Koraisch den Arabern eine verbindende organisierende Religion gegeben: den Islam, die ›Ergebung‹ in den Willen Gottes. Als Karawanenbegleiter hatte der spätere Prophet auf der ›Weihrauchstraße‹ Palästina im Norden und den Jemen im Süden erreicht, hatte mit Juden und Christen diskutiert, altarabischen Kahinen (Weisen, Schamanen) gelauscht und von griechischer Philosophie erfahren. In Mohammeds arabischem Umfeld waren zudem persische Traditionen lebendig; auch sie prägten den sehr sensiblen Menschen und sein Denken.

Aus der Synthese solch verschiedener spiritueller Wirkkräfte entstand eine eigenständige Weltanschauung, die im Kern dem altwestsemitischen Glauben an eine abstrakte Gottheit folgte. Sie wurde mit Grundzügen der Philosophie Platons verbunden und fand in populären Versionen jüdischer und christlicher Erzählungen die Motive eigener Aussagen. ›Gott‹, im Arabischen *Allah* genannt, war für Mohammed das Wesen der Welt, die wirkliche Realität, während die materielle Welt ihm nur das Zeugnis der Existenz Gottes war, des Schöpfers alles Seienden. Das Wesen der Welt kann nicht figürlich dargestellt werden, bleibt für den Muslim unerkennbar und nur bekennbar. Der Weg, ›Gott zu bekennen‹, ist die ›Ergebung‹ in seinen Willen, verkündet durch das Wort Gottes, das im Koran formuliert ist. Der Islam legt ein Konzept vor, das die Menschen gleichstellt – gleich nicht in sozialer Hinsicht, aber gegenüber Gott. Darin reflektiert sich die Gleichheit der Mitglieder der arabischen Stämme jener Zeit.

Das islamische Konzept unterscheidet sich deutlich vom Christentum, das Gott personifiziert und die Menschen scheidet in solche, die Gott näher stehen und als Priester Gottes Gnade tragen, und in die

Gemeinde, deren Mitglieder erst durch die Vermittlung der Kirche an der Gnade Gottes teilhaben und erlöst werden können. Im Islam gibt es entsprechend *keinen* religiösen Apparat neben der Administration. Gemeinde und Stadt waren und sind der islamischen Orthodoxie identisch. Ihr ist das Wort Gottes das höchste Gut der Kultur.

Dessen schöne Gestaltung, die Kalligraphie, ist die ganz eigene und beherrschende Form darstellender Kunst im Islam. Da das ›Wesen der Welt‹ nicht personifizierbar ist, vielmehr hinter allem Seienden steht, kann es nicht durch ein Abbild wiedergegeben werden, sondern nur durch die Rezitation der göttlichen Offenbarung geehrt werden. Die Auffassung, daß hinter der sichtbaren Welt ein allumfassendes Wesen steht, schließt den Glauben an eine einheitliche Struktur der Welt ein, und die gestaltende Kunst wird von dem Streben nach der Harmonie menschlicher Schöpfung beherrscht.

Der Rezitation als Hauptform des Bekenntnisses zu Gott entspricht die Vorherrschaft der Dichtung in der Gedanken- und Kulturwelt der Nomaden, die im Islam bewahrt wurde, auch wenn die neue Religion von Anfang an unter der Führung städtischer Oberschichten stand.

In einer Zeit tiefster sozialer Krisen schuf Mohammed zwischen 610 und 632 einen im Islam vereinten Stammesstaat. Die beiden Großreiche im Westen der Alten Welt, der Iran der Sassaniden und das Byzantinische Reich, hatten einander in jahrzehntelangen Kriegen aufgerieben. Die Sassaniden-Dynastie war im Niedergang begriffen, und Byzanz hatte schwere Zeiten durchlebt. Die an Arabien angrenzenden Regionen, entsetzlich mitgenommen, waren bereit, sich in der Hoffnung auf Besserung jedem Wechsel zu unterwerfen.

Nach wenigen, freilich erbittert geführten Schlachten erlagen die Söldnerheere des Byzantinischen Reiches und die letzten Verbände der persischen Reichsarmeen den Arabern. Palästina, Syrien, der Irak und Ägypten fielen den Muslimen zu, und bereits vierzehn Jahre nach dem Tode Mohammeds erschien die erste arabische Armee im Süden Tunesiens. Vor Sufetula (Sbeitla) stellte sich der von Konstantinopel abgefallene Gregorios zur Schlacht (646) – und verlor Leben und Macht. Die arabischen Verbände plünderten das eroberte Land aus, zogen sich dann jedoch für annähernd zwei Jahrzehnte aus dem Maghreb zurück.

Erst nach dem Abschluß der Kämpfe um die Vorherrschaft im Islam, ausgebrochen nach der Ermordung des Kalifen Uthman in

Mekka (656), sandte der Sieger, der Omaiyaden-Kalif Muawiya I. (reg. 661–680), im Jahre 666 neue Armeen nach Nordwestafrika. Sie setzten sich in den Steppen Zentraltunesiens fest, und unter Okba Ibn Nafi, der 670 zum Gouverneur *Ifrikiyas* ernannt wurde, begann eine Folge erbitterter Kämpfe um die Herrschaft im Land. Die Stämme der Berber leisteten mit dem Mut der Verzweiflung Widerstand. Okba Ibn Nafi ließ in der Djalula-Ebene eine befestigte Lagerstadt, Kairouan genannt, errichten – mit der ersten Moschee des islamischen Westens. Dreißig Jahre lang tobten die Kämpfe. Zeitweise besetzten die widerständigen Berber selbst Kairouan, doch erlagen sie letztendlich den glaubensbeflügelten Kriegern des Propheten.

Ganze Stammesverbände traten danach zum Islam über, und ihre Krieger schlossen sich den weiterziehenden Armeen des Islam an. Andere Stämme jedoch, hauptsächlich die seßhaften Bauernvölker Tunesiens, blieben dem Christentum auch unter der neuen Glaubensdominanz noch lange treu.

Seit dem frühen 8. Jh. bildete Ifrikiya eine Wilaya (Provinz), der omaiyadischen Zentralmacht direkt unterstellt. Es strömten nun große Volksgruppen arabischer Herkunft ins Land, und allmählich wurden die Berber nach arabischer Maßgabe assimiliert. Die Araber formierten sich in herkunftsgebundenen politischen Fraktionen; es entfaltete sich unter ihrer Vorherrschaft eine vielschichtige Gesellschaft islamischer Religion.

10 Der Mittelmeerraum im Jahre 771 (nach: C. McEvedy und H. J. Herold)

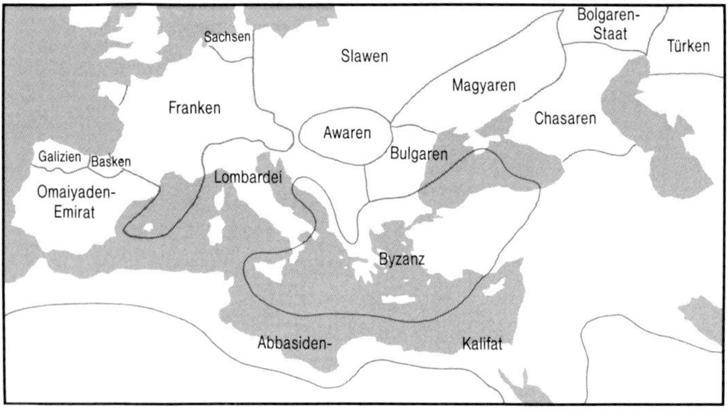

Die oppositionellen Kräfte verbanden sich in einer egalitären Strömung des Islam, als deren religiöse Dominanz von außen her nicht mehr zu brechen war. Als Kharedjiten gewannen diese Oppositionellen besonders unter den Zenata-Berbern Anhänger. Unruhen gingen zunächst in lokale Aufstände (737), dann in eine allgemeine Erhebung über, die nur mühsam unterdrückt werden konnte. Als im Osten die Abbasiden die omaiyadische Dynastie stürzten (747–750), erschütterten weitere Rebellionen Ifrikiya. Zwar konnte eine neu formierte abbasidische Armee die Kharedjiten nach Westen abdrängen, doch wogten die Kämpfe noch fast fünf Jahrzehnte, bis der Gouverneur der Mzab-Region, Ibrahim al-Aghlab, die Rebellen blutig niederschlug. Zum Dank für diese ›Großtat‹ ernannte ihn der Kalif von Baghdad daraufhin zum nahezu unabhängigen Gouverneur des Maghreb (800). Ibrahim al-Aghlab begründete die Dynastie der Aghlabiden.

Die Eroberung Spaniens

Wesentlich einfacher verlief die Eroberung Spaniens. Die regierenden Westgoten waren zerstritten, die hispano-romanische und jüdische Bevölkerung lehnte sich immer wieder gegen die sie beherrschende germanische Minderheit auf (s. S. 35); es war ein Machtvakuum entstanden. Als im Jahre 710 einige Hundert Muslime die Meerenge überqueren und Andalusien plündern konnten, ohne auf Widerstand zu stoßen, folgten ihnen, der Mundpropaganda vertrauend, bald neue Scharen ins Land. So führte ein Jahr später der Berber Tarik Ibn Ziyad 7000 Krieger über die Meerenge. In Algeciras entstand die erste islamische Festung auf europäischem Boden.

Der Westgoten-König Roderich führte eine rasch zusammengerufene Armee nach Süden, die im Wadi des Río Barbate jedoch den Arabern und Berbern Tariks unterlag. Der Sieger stieß rasch nach Norden vor und nahm mit nur 300 Kriegern die strategisch wichtige Stadt Córdoba. Bald danach fiel auch die gotische Hauptstadt Toledo. Der Gouverneur, Musa Ibn Nusair, setzte dann mit 18 000 Mann syrischer und jemenitischer Truppen nach Spanien über und eroberte Sevilla und Mérida. Weite Kreise des westgotischen Adels schlossen sich den Siegern an. Die Romanen und Juden waren nicht bereit, gegen die Araber zu kämpfen. Verträge sicherten den Christen unge-

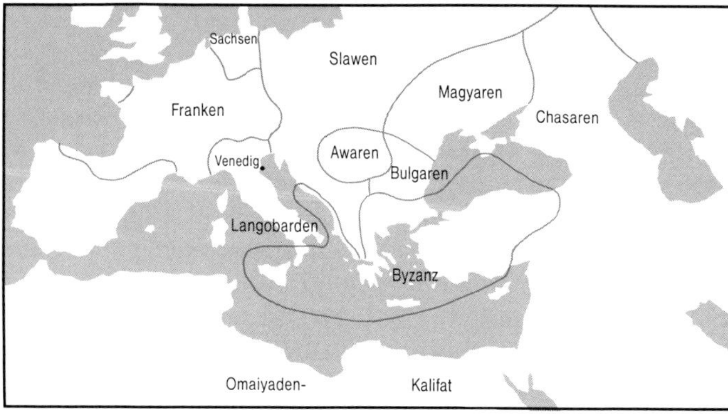

11 Nordafrika und Südeuropa im Jahre 737 (nach: C. McEvedy und H. J. Herold)

störte Religionsfreiheit, während die Juden nur den Status geduldeter Abhängiger erhielten.

In den Bergen des Nordwestens hielten sich kleine christliche Fürstentümer, während die Muslime, gegen nunmehr geringen Widerstand, die zuvor westgotischen Gebiete zwischen dem Golf von Biskaya und den Alpen besetzen konnten. 732 scheiterte in der Schlacht bei Tours und Poitiers ein muslimischer Angriff auf Franken am Widerstand der einheimischen Bauernarmee unter Karl Martell.

Die Araber vermochten diese Niederlage nicht auszugleichen, da das Omaiyaden-Reich zerfiel; statt dessen wurden sie bis um die Mitte des Jahrhunderts an die Mittelmeerküste zurückgedrängt. In Spanien begleiteten Truppenrevolten und Unruhen den Sturz der Omaiyaden-Dynastie, die auch nach Nordafrika übergriffen. Berber und Araber kämpften gegeneinander, und schließlich zerstritten sich auch Syrer und Jemeniten.

In diese Konflikte griff im Jahre 755 einer der wenigen überlebenden omaiyadischen Prinzen ein, Abd ar-Rahman, unterstützt von den berberischen Verwandten seiner Mutter. Seiner Macht beugten sich alsbald alle Fraktionen. Am achten März 756 ließ er sich zum Emir Spaniens ausrufen.

Abd ar-Rahman I. (reg. 756–788) begründete die glanzvolle Dynastie der spanischen Omaiyaden, deren Hauptstadt Córdoba zu einer blühenden Metropole aufstieg. In die neue islamisch-spanische Staatskunst gingen syrisch-omaiyadische Traditionen ein. Abbasidische Errungenschaften traten hinzu und mischten sich mit byzantinischem und berberischem Erbe. Das zivilisatorisch nun hervorragende Spanien vermittelte, überboten nur von Byzanz, starke Kulturimpulse bis nach England und Nordeuropa.

Das islamische Spanien und die Staaten Nordafrikas (8.–10. Jh.)

Spanien unter den Emiren der Omaiyaden-Dynastie

Während 250 Jahren dominierte das omaiyadische Spanien den islamischen Westen, den Maghreb, wie die Araber das Gebiet westlich der Syrte nennen. Nicht immer im Besitz der *politischen* Vormacht, stand jene Region doch stets in *kultureller* Blüte. Die Residenzstadt Córdoba zählte auf den vom Ring der Stadtmauern umschlossenen 285 ha annähernd 100 000 Einwohner. Dazu umgab ein Kranz von Vorstädten die Metropole, so daß vermutlich eine Million Menschen im unmittelbaren Bereich des Hofes lebten. Das islamische Spanien insgesamt mag eine Bevölkerung von etwa dreißig Millionen Menschen besessen haben – die gesamte christliche Welt konnte eine solche Quantität nicht aufbieten. In Sevilla lebten um das Jahr 900 auf einer Fläche von 300 ha ungefähr 105 000 Menschen, während das Paris des 10. Jh. eine Fläche von lediglich 9 ha einnahm. Die größten Städte der westlichen Christenheit – Venedig und Genua – erreichten und überschritten erst im 13. Jh. die Zahl von 100 000 Einwohnern.

Spanien war bis zum Tajo ein weitgehend arabischsprachiges Land mit einer berberischen Landbevölkerung. In den Städten hielten sich große jüdische Gemeinden, die in Kultur und Literatur das Hebräische pflegten. Doch beherrschten sie wie die Mehrheit ihrer christlichen Zeitgenossen romanisch-gotischer Herkunft auch das Arabische. Die Sprache der Goten scheint schon bald untergegangen zu sein.

Im Gebiet nördlich von Madrid konnten sich die Muslime weniger gut etablieren. Hier regierten sie das Land nach dem Vorbild der christlichen Grundherren von Feudalburgen und einigen Städten aus. Daß die Region sich für den Olivenanbau nicht eignete, mag eine Ansiedlung arabisch-berberischer Bauern verhindert haben.

Das westomaiyadische Emirat durchlebte im 9. Jh. schwere Zeiten. Aristokraten und Handelsherren kämpften immer wieder um die Vormacht, bis im Jahre 912 Abd ar-Rahman III. den Thron bestieg – 929 nahm er den Kalifentitel an –, mit harter Hand ein absolutistisches Regime durchsetzte und die Omaiyaden-Macht in Spanien auf ihren Höhepunkt führte. Das Steueraufkommen, auf 5,5 Millionen Golddinare im Jahr gestiegen, erlaubte großzüge Bauprogramme, nicht zuletzt den Bau einer neuen Palaststadt bei Córdoba, genannt Medinat az-Zahra (›Stadt der Blume‹; Medina Azahara). Auch Córdoba selbst muß zu jener Zeit von überwältigender architektonischer Schönheit gewesen sein.

Schon unter Abd ar-Rahmans Vorgängern hatten spanische Flotten die Küsten Italiens und Frankreichs geplündert, und seit dem Jahre 889 hielten die Muslime westlich von Fréjus einen befestigten Stützpunkt. Der Emir und Kalif mit dem Thronnamen ›Verteidiger des Islam‹ entsandte seine Truppen ins heutige Südfrankreich und nach Westitalien. Sie zogen das Rhône-Tal aufwärts, eroberten Genf (939), Toulon und Fréjus (940) und fielen ein Jahr später in Nizza und Grenoble ein. Zehn Jahre darauf siegten die Araber in der Schlacht bei Orbe und beherrschten damit die westliche Schweiz. Den abendländischen Gegenspieler Kaiser Otto I. forderte man ultimativ auf, zum Islam überzutreten, einigte sich indessen – bescheidener geworden – nach längeren Verhandlungen auf einen Friedens- und Handelsvertrag. In der Folge flossen der muslimischen Macht in Spanien Tausende slawischer Kriegsgefangener der Deutschen aus Ostelbien als Sklaven, Eunuchen und Soldaten zu, von den Arabern als *Sakaliba* bezeichnet.

Auch die christlichen Könige von León und Navarra sowie die Herzöge von Kastilien und Barcelona mußten sich nach schweren Kämpfen dem omaiyadischen Kalifen beugen.

Bereits unter al-Hakam II., dem Nachfolger Abd ar-Rahmans III., begann der Niedergang des westomaiyadischen Kalifats. Die Eroberungszüge in Franken wurden aufgegeben, mit den Christenstaaten des Nordens Friedensverträge abgeschlossen. Die Macht fiel mehr und mehr an die obersten muslimischen Truppenkommandeure, während die Kalifen sich dem Wohlleben in der Residenz ergaben und große Summen für Kunst und Kultur aufwendeten. Al-Hakams II. Bibliothek in Córdoba soll 400 000 Bände bzw. Schriftrollen gezählt haben – zu einer Zeit, als die reichsten Klöster der Christenheit stolz auf einige Hundert Manuskripte in ihren Archiven verwiesen.

Nach al-Hakams Tod fiel die Macht unter mannigfaltigen Intrigen und Auseinandersetzungen an einen Militärdiktator, der sich al-Mansur-billah, ›der von Gott mit dem Sieg Begabte‹, nennen ließ und den die Nordspanier als Almansor fürchten lernen sollten. Er beschränkte des Kalifen Hisham II. Verfügungsgewalt auf die Medinat az-Zahra und ›opferte‹ den orthodoxen muslimischen Rechtsgelehrten die einmalige Bibliothek seines Vorgängers. Zeitgenossen berichten darüber so: »Als nach al-Hakams II. Tod der unmündige Hišām II. regierte, übernahm sein Kämmerer Abū ʿĀmir Muḥammad b. Abi ʾĀmir (al-Mansur) die Leitung der Staatsgeschäfte in al-Andalus. Als erstes wandte er seine Aufmerksamkeit al-Ḥakams Büchermagazinen zu. Er ließ sich die verschiedenen Abhandlungen in Gegenwart führender Theologen vorlegen und beschäftigte letztere mit der Aussortierung aller Schriften des Altertums über Logik, Astrologie (...), nur medizinische und mathematische Werke blieben verschont. Nachdem besagte Bücher von wissenschaftlichen Schriften und Abhandlungen über Lexikographie, Syntax, Poesie, Geschichte, Medizin, Recht, Tradition und so weiter geschieden waren – letztere bildeten den geringeren Bestand –, ließ al-Mansur die Bibliothek teils verbrennen, teils dadurch vernichten, daß man die Bücher in die Schächte der Schloßbrunnen warf und mit Erde und Steinen bedeckte, bis sie verfaulten. Mit dieser

12 Der Mittelmeerraum im Jahre 998 (nach: C. McEvedy und H. J. Herold)

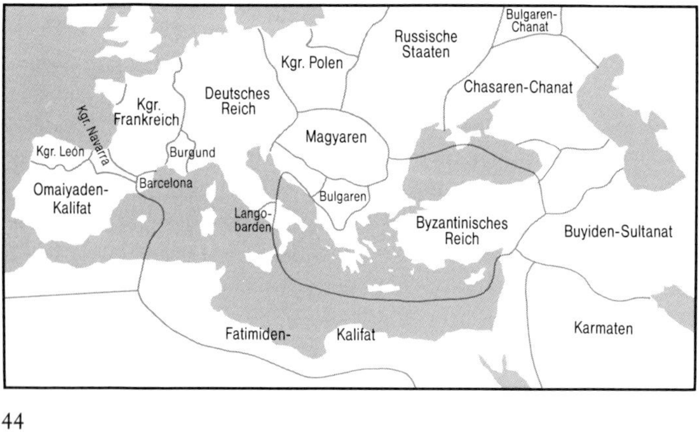

Handlungsweise wollte er dem gemeinen Volke schmeicheln und gleichzeitig al-Ḥakams Haltung verurteilen; waren doch jene (antiken) Wissenschaften bei den Mauren auf Ablehnung gestoßen und von ihren Führern angegriffen worden, so daß jeder, der sie studierte, in den Verdacht geriet, ein Dissident und Ketzer zu sein.« (Tabakat 66)

Mit harter Hand organisierte al-Mansur Feldzüge durch Nordspanien; es fielen ihm dabei auch weite Teile Marokkos zu. Spanien wurde erneut die Hauptmacht des islamischen Westens: Córdoba soll um das Jahr 1000 über 100 000 Wohnhäuser umfaßt haben. Al-Mansur ließ nicht nur eine eigene Residenzstadt, az-Zahira, in der Nähe Córdobas für sich errichten, sondern auch viele Moscheen bauen oder erneuern.

Allerdings brach das Reich des Kampfgewaltigen bald nach seinem Tode (1002) in Aufständen und Unruhen zusammen, und schon dreißig Jahre später war es in zwei bis drei Dutzend Kleinstaaten zerfallen. Söldnerführer und Kadis, Slawen, Berber und Araber besetzten Städte und Burgen und stritten um die lokale und regionale Vorherrschaft.

Der Aghlabiden-Staat in Ifrikiya

Der Aghlabiden-Staat entstand aus der blutigen Unterdrückung verschiedener Aufstände ethnischer und religiöser Gruppen. Dazu muß man wissen: Die Aghlabiden agierten als Repräsentanten der Kalifen des Ostens, der Abbasiden. Der legendäre Harun ar-Rashid verlieh Ibrahim al-Aghlab im Jahre 797 den Gouverneursrang und schließlich den Titel eines Emirs. Da die alte Residenz Kairouan von Truppenführern und Ulema beherrscht wurde, zog es der neue Emir vor, südlich der Hauptstadt eine befestigte Residenz namens al-Abbasiya errichten zu lassen, in die er 5000 Mann schwarzer Leibgarde legte. Mit brutalen Methoden ging Ibrahim daran, die muslimische Aristokratie zu dominieren, ein Aufstand aber erschütterte seine Machtstellung und vertrieb ihn schließlich zu den Beduinen. Sein Nachfolger Ziyadat Allah I. konnte der Rebellen nur durch Massaker Herr werden.

Ziyadat erteilte dem Heer eine aussichtsreiche Aufgabe – die Eroberung Siziliens, das bis dahin noch von Konstantinopel aus regiert wurde. In jahrelangen Kämpfen wurde die reiche Insel weitgehend erobert. 841 fiel Palermo – und stieg zur islamischen Hauptstadt Siziliens auf.

840 bereits waren die Araber auf dem süditalienischen Festland gelandet; 841 besetzten sie Tarent. Die Flotten Venedigs wurden geschlagen, und im Jahre 846 erschienen die aghlabidischen Truppen vor Rom, wo die Araber freilich an den antiken Stadtmauern scheiterten. Süditalien hingegen stand unter arabischen Zeichen; selbst ein Reichsheer unter Kaiser Ludwig II. wurde geschlagen. Erst als 880 Konstantinopel eingriff, gelang es, die Muslime aus nahezu allen Festungen Italiens zu vertreiben. Sizilien allerdings verblieb den Aghlabiden.

In Ifrikiya wechselten derweil Prunk und Blutvergießen einander ab und ruinierten das Land. Ende des 9. Jh. fielen immer mehr Stämme vom sunnitischen Herrscherhaus der Aghlabiden ab und wandten sich dem Schiitentum der Fatimiden zu, einer neuen Richtung des Islam.

Die Kalifen aus dem Haus der Fatima

Fatima, die Tochter des Propheten Mohammed, ist seit Jahrhunderten die Symbolgestalt islamischer Loyalisten im Kampf gegen die als unrechtmäßig betrachtete Herrschaft anderer, wie auch immer erfolgreicher Geschlechter. Nach Ali, ihrem Gemahl und dem Vater der einzigen männlichen Enkel Mohammeds, die zur Familiengründung kamen, wird seit über einem Jahrtausend die führende Oppositionsströmung im Islam als *Shiat Ali* (Partei Alis) bezeichnet. Für die Schia verkörpert sich das Heilige in den Nachkommen Mohammeds, den Imamen, die als ›lebendiger Koran‹ göttliche Wahrheiten aussprechen und die durch ihr Leiden und ihren Opfertod für den Islam und seine Gläubigen Vorbild und Maß allen Handelns sind. Vieles an dieser Version des Islam erinnert an die katholische Auslegung des Christentums – bis hin zur Verehrung Fatimas als eines Ebenbildes der Jungfrau Maria im Leiden.

Die Schiiten erwarten die Wiederkehr eines durch Gott entrückten Imam, der die gerechte Weltordnung auf Erden errichten wird: Eine Mehrheit hofft dabei auf den in der abbasidischen Hauptstadt

Samarra verschwundenen zwölften Imam; eine Minderheit auf Ismail, den siebenten Imam, nach dem sie Ismailiten genannt werden.

In den Reihen der Ismailiya trat Ende des 9. Jh. ein Nachkomme des Ali und der Fatima, Mohammed al-Habib, mit dem Anspruch auf das Imamat hervor. Er sandte Beauftragte zu den Völkern des Islam, um seine Ideen bekannt zu machen. Im Jahre 893 erreichte einer seiner Gesandten, Abu Abd Allah, den Maghreb und sammelte nördlich von Setif Gläubige zum Kampf für den ›verborgenen Imam‹. Neun Jahre später war die Anhängerschaft Abu Abd Allahs bereits stark genug, zwei aghlabidische Armeen aufzureiben. Nach weiteren sieben Jahren (909) waren auch die letzten Städte Ifrikiyas in seiner Hand.

Aus Marokko kam der Sohn Mohammed al-Habibs, Abu Mohammed Obeid Allah, nach ar-Raqqada bei Kairouan, wo er am siebten Januar 910 unter dem Namen al-Mahdi zum Kalifen ausgerufen wurde – ein Machtanspruch, der die Omaiyaden zum selben Titel greifen ließ. Die Fatimiden sahen sich als Herren Ifrikiyas, ihr Ziel war die Alleinherrschaft im Islam. Nach zehnjährigen Kämpfen regierten sie ganz Nordafrika und bald auch Palästina und Teile Syriens; weiter sollte ihre Macht jedoch nicht reichen. Zu ihrer Residenz wurde al-Kahira, ›die Siegreiche‹, das heutige Kairo.

Die Fatimiden überließen das westliche Nordafrika dem Emir der Senhadja-Berber Bulugin Ibn Ziri. Er übernahm eine Zone der Aufstände und Stammeskriege, zudem traten gegen die Fatimiden nun die Kharedjiten an, eine neue, egalitäre Richtung des Islam.

Die ›Muslime der Gleichheit‹

Schon zur Regierungszeit des vierten Kalifen Ali war eine politische Bewegung unter den Muslimen entstanden, welche die Herrschaft der alten wie der sich neu herausbildenden Besitz- und Stammesaristokratie ablehnte und sich auf die Gleichberechtigung aller Muslime berief. Als ihre Forderungen von Ali verworfen wurden, verließen sie das Truppenlager von Kufa und galten seither (657) als die ›Ausziehenden‹ *(chawaridj)*, die Kharedjiten. Diese sich zu einer egalitären Sekte entwickelnde Glaubensrichtung fand unter den von den arabischen

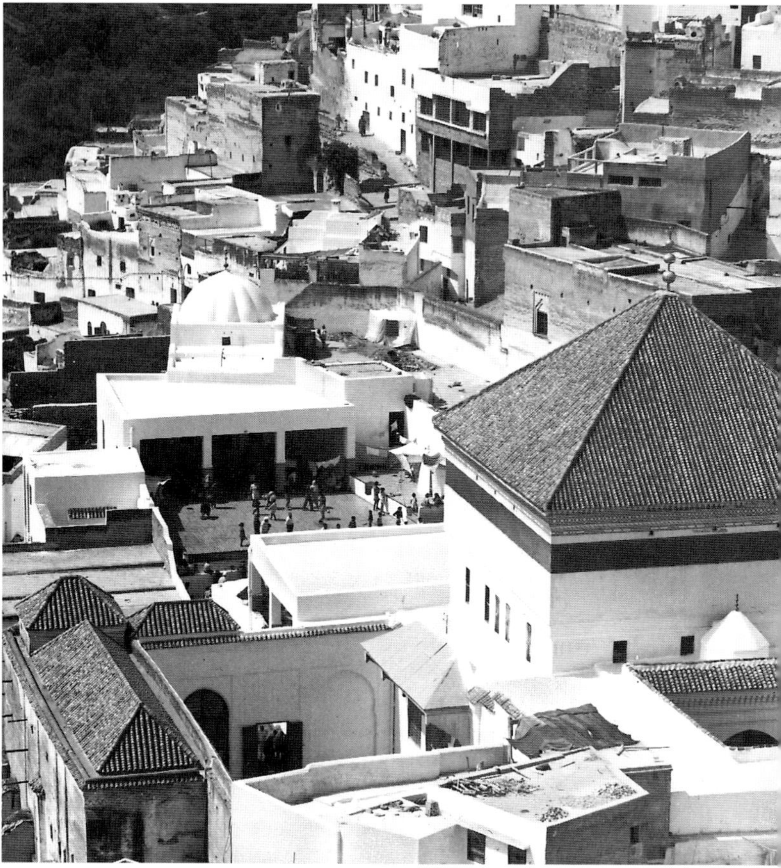

13 Die Grabmoschee des Mulay Idris I. in der nach ihm benannten Stadt; noch heute ein marokkanisches Nationalheiligtum

Herren als ›zweitklassig‹ behandelten Berbern rasch Anhänger. Wiederholt revoltierten die Bergstämme unter kharedjitischen Losungen. Zeitweise beherrschten ihre Imame sogar Kairouan, doch trieben Regierungsarmeen die ›Vertreter der Gleichheit‹ aller Gläubigen immer wieder in die Berge zurück. Dort entstanden mehrfach kharedjitische Staaten, so in Tahert, Tlemcen und den Sahara-Zonen von Sedrata (600 km südlich von Algier; s. S. 115).

In die von Stammeskämpfen und Glaubenskriegen zerrissene, aber deshalb eben auch unabhängige Bergwelt des westlichen Nordafrika flüchteten sich schon früh aus dem islamischen Osten stammende Nachkommen Alis, die den Massakern der Abbasiden entkommen waren. Der im Jahre 788 nach Tanger gelangte Idris I. Ibn Abd Allah wurde von den Auraba-Berbern als ausgewiesene Autorität aufgenommen. Er begründete Fès und sammelte als Scherif (›Edler‹) die Berber Algeriens und Marokkos um sich.

Der darin liegenden Gefahr begegnete Harun ar-Rashid durch Mord (791/792). Das Grab des Scherifen in Mulay Idris (Abb. 13; s. S. 138, 140) ist noch heute ein Nationalheiligtum Marokkos. Sein Sohn Idris II. suchte seinen Machtbereich vor allem durch die Unterwerfung kharedjitischer Berberstämme auszudehnen.

Nach dem Tod des zweiten Idris aber sollte der Idrisiden-Staat langsam zerfallen. Er erlag schließlich den Angriffen der Fatimiden (926) und zugleich der Omaiyaden Spaniens.

Die Zeit des islamischen Niedergangs (11. und 12. Jh.)

Mit dem Aufstieg der Christen im 11. und 12. Jh. verloren die Muslime zunächst Spanien, schließlich auch Sizilien. Die Flotten der Normannen plünderten die Küsten Spaniens und Nordafrikas, drangen nach Ägypten vor und eroberten Sizilien (seit 1060). Die Flotten Pisas, Genuas und Venedigs brachten die Produkte ihrer heimischen Handwerker auf die Märkte der Levante. Schließlich bediente man sich der Kreuzfahrer (ab 1099), um die Häfen Syriens und Palästinas - die Tore zum Asienhandel - zu gewinnen. Im Namen des Kreuzes brachten die Venezianer die Kreuzfahrer nach Konstantinopel und ließen sich nach der Plünderung der alten Kaiserstadt (1202 und 1204) den Hafen der Stadt und fast ein Drittel des alten Reichsgebietes abtreten.

In Ifrikiya strebten die Ziriden, von den Fatimiden als Gouverneure eingesetzt, nach Selbständigkeit und schlossen sich 1041/42 formal den Abbasiden-Kalifen von Baghdad an. Dies beantworteten die Fatimiden nach 1050 mit der Abschiebung unruhiger Beduinenstämme, Beni Hilal und Beni Solaim, Richtung Westen. Verheerend plünderten die Beduinen die Cyrenaika und Tripolitanien und hinterließen dort eine Wüste, die sich nie mehr begrünen sollte. Vermutlich waren die Beduinen zu Beginn einer Trockenzeit in diese Gebiete vorgestoßen und hatten so deren Wirkung verstärkt. Die einheimischen Stämme sagten sich von den Ziriden los, die wehrlos dem Zerfall und der Zerstörung des Landes zusehen mußten. Hinzu kamen Angriffe von See her: Die Normannen Siziliens begannen 1143 mit der Eroberung der Küstenstädte. Im Jahre 1150 beherrschten sie alle Häfen des Landes mit Ausnahme von Tunis und Kelibia. Bereits sieben Jahre später aber zahlten die siegreichen Christen für ihre grausame Verfolgung der Muslime: Volksaufstände vertrieben sie aus Afrika.

In Spanien vermochten die Kleinstaaten der nach-omaiyadischen Zeit den Angriffen der Kastilier und Aragonesen kaum zu widerstehen. Einen Markstein der Reconquista bildete der Fall der Stadt Toledo 1085, die Alfonso VI. von Kastilien fast unzerstört übernahm.

Sevilla und Zaragoza wehrten sich verzweifelt und sahen einen Verbündeten nach dem anderen untergehen. Da entschloß sich der Rat der Ulema von Sevilla mit Zustimmung des al-Mutamid und der Herren von Granada und Badajoz zu einem Schritt der Verzweiflung. Sie schickten Boten mit einem Hilferuf zu den neuen Herren Marokkos, den Almorawiden.

Almorawiden und Almohaden

Zwei Berberdynastien griffen im 11. und 12. Jh. in die Kämpfe mit den Christen ein, beide anfangs erfolgreich und beide schließlich zum Untergang verurteilt: die al-Murabitun (Almorawiden), die ›Leute vom Kloster‹, und die al-Muwahhidun (Almohaden), die ›Einheitsbekenner‹.

Die Almorawiden stützten sich auf die Nomaden des südlichen Steppengürtels, die Almohaden auf die Bergstämme der Kabylei. Beider Imperien entstanden in dem Glauben, nachdem Wort Gottes eine endgültige Lösung aller weltlichen Probleme finden zu können. Sie scheiterten stets an der Herausbildung einer sozialen Hierarchie, an der Herrschaft einer auf Kosten des Volkes lebenden Oberschicht.

Die Almorawiden: Im äußersten Südwesten Nordafrikas bis hin zum Senegal lebten im 11. Jh. Stämme der Senhadja, auch als Lemtuna (›Schleierträger‹) bekannt, da die Männer zum Schutz gegen die trockenen Winde ihrer heißen Heimat Schleier vor Mund und Nase trugen – wie noch heute die Tuareg. Zu ihnen gelangte 1039 ein malekitischer Gottesgelehrter namens Abd Allah Ibn Yasin, der auf einer Insel ein befestigtes Kloster, ein Ribat, errichtete und Gläubige um sich sammelte. Er erzog seine Anhänger zum asketischen Lebenswandel und zum Kampf für den Glauben. Die ›Leute vom Kloster‹ fanden bald Zulauf unter den Senhadja, da sie zum Kampf gegen die Sittenlosen und die Reichen im Norden aufriefen. Beutegier verband sich mit Fanatismus und bildete eine wirksame Triebkraft für den Eroberungskrieg. Der zweite Almorawiden-Herrscher, Yussuf Ibn Tashfin, gründete im Herzen des heutigen Marokko sein Machtzentrum, die Stadt Marrakesh, von der aus er bald ganz Marokko und Westalgerien beherrschte (bis 1082). Dann erreichte ihn der Ruf der spanischen Glaubensgefährten, und so wenig ihm auch deren prunkvoller Lebensstil zusagte, landete er doch an der Spitze seiner Armee am 30. Juni 1086 bei Algeciras. Die Armeen von Badajoz und Sevilla stießen zu seinem Heer, und Alfonso VI., der vor Zaragoza lag, zog in Eilmärschen nach Süden, um der Gefahr zu begegnen. Bei Sagrajas (nahe Badajoz) trafen die Armeen aufeinander. Aus der blutigen Schlacht entkam der König nur mit wenigen Hundert Getreuen. Hunderttausend Christen sollen gefallen sein.

Yussuf Ibn Tashfin zog seine Truppen bis auf 3000 Reiter, die er dem König von Sevilla, al-Mutamid, als Hilfstruppen zur Seite stellte, ab. Sofort rüsteten die Christen zum Gegenstoß. Ein zweiter almorawidischer Vorstoß scheiterte (1089), da ein Teil der Andalusier die Unterwerfung unter die Kastilier dem Leben unter asketisch-wilden Berbern vorzog und Verrat beging. Im Jahre 1090 nahte die Rache. Die Almorawiden-Armee setzte die in ihren Augen vom Islam abgefallenen Herrscher ab, ohne auf größeren Widerstand zu stoßen. Nur Sevilla wurde verzweifelt, wenn auch vergebens verteidigt. Al-Mutamid und die Seinen verbannte man in den Hohen Atlas.

Die Almorawiden regierten Spanien durch Gouverneure. Dabei nahmen die neuen Herren Anregungen der spanisch-islamischen Kul-

14 Der Mittelmeerraum im Jahre 1173 (nach: C. McEvedy und H. J. Herold)

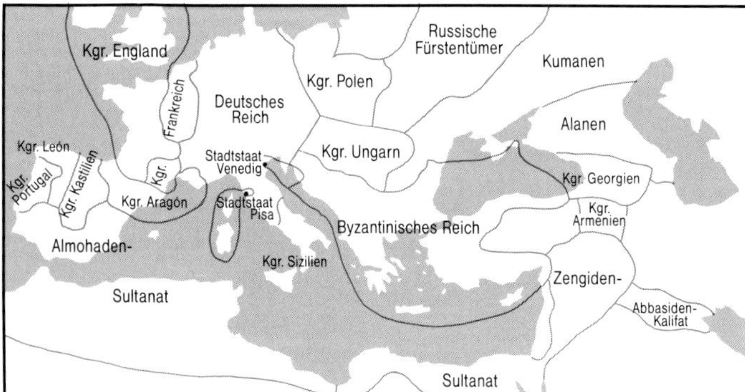

tur auf, die dadurch auch in Nordafrika Einfluß gewann. Zu den vorherrschenden östlichen Bauformen gesellten sich bei den almorawidischen Bauten nun spanische Elemente; umgekehrt gelangten nordafrikanische Traditionen nach Spanien.

Die Almorawiden gerieten bald in einen Zweifrontenkrieg. Von Norden her drangen erneut die Christen vor, und in den Bergen Algeriens sammelte ein neuer Mahdi seine Anhänger. 1144/45 zwangen allgemeine Volksaufstände die Berber zum Abzug aus Spanien, dessen Süden danach erneut von Kleinfürsten regiert wurde (bis 1170).

Die Almohaden: Im Hohen Atlas schlossen sich die Halbnomaden der Hochebenen, die Masmuda-Berber, im frühen 12. Jh. einem neuen Mahdi an: Ibn Tumart, einem Mystiker, der die Lehre von der Einheit Gottes als den Hauptsatz des Islam verstand. Im Hochtal von Tinmal sammelte Ibn Tumart seine ›Einheitsbekenner‹, die al-Muwahhidun. Er starb jedoch, bevor er sie gegen die seiner Auffassung nach vom Wege des Glaubens abgewichenen Almorawiden führen konnte.

Die Führung der al-Muwahhidun fiel an Abd al-Mumin, der mit seinen fanatisierten Kriegern eine Stadt nach der anderen eroberte (ab 1145). Die spanischen Muslime riefen die Almohaden zu Hilfe gegen die Christen und Almorawiden, und Spanien unterwarf sich den Masmuda-Berbern. Abu Yakub al-Mansur (1184–98/99) schlug die Kastilier 1195 vor Alarcos. Erneut waren Spanien und Nordafrika vereinigt und erlebten eine letzte gemeinsame Blütezeit von Kunst und Philosophie. Unzählige Bauten wurden errichtet, von denen noch heute durchaus repräsentative Beispiele erhalten sind – etwa Moscheen in Fès und Tinmal, in Marrakesh, Rabat und Sevilla, dazu Festungen und Medresen.

Mit Beginn des 13. Jh. aber setzten erneut Kämpfe um die Vorherrschaft ein: Almorawiden, Mamluken und rebellierende Berberstämme machten den Almohaden ihr Territorium streitig. Letztlich jedoch siegte eine almohadische Strafexpedition, und das Herrscherhaus der Almohaden setzte ihren Kommandeur Abd al-Walid Ibn Abu Hafis (Abu Hafis Omar) als Gouverneur ein. Die Ruhe sollte nicht lange währen. Im Jahre 1212 erlagen die Almohaden bei Las Navas de Tolosa den vereinigten Armeen der Könige von León, Kastilien und Aragón und mußten Spanien verlassen.

15 Die Gedenkmoschee für Ibn Tumart, Tinmal ▷

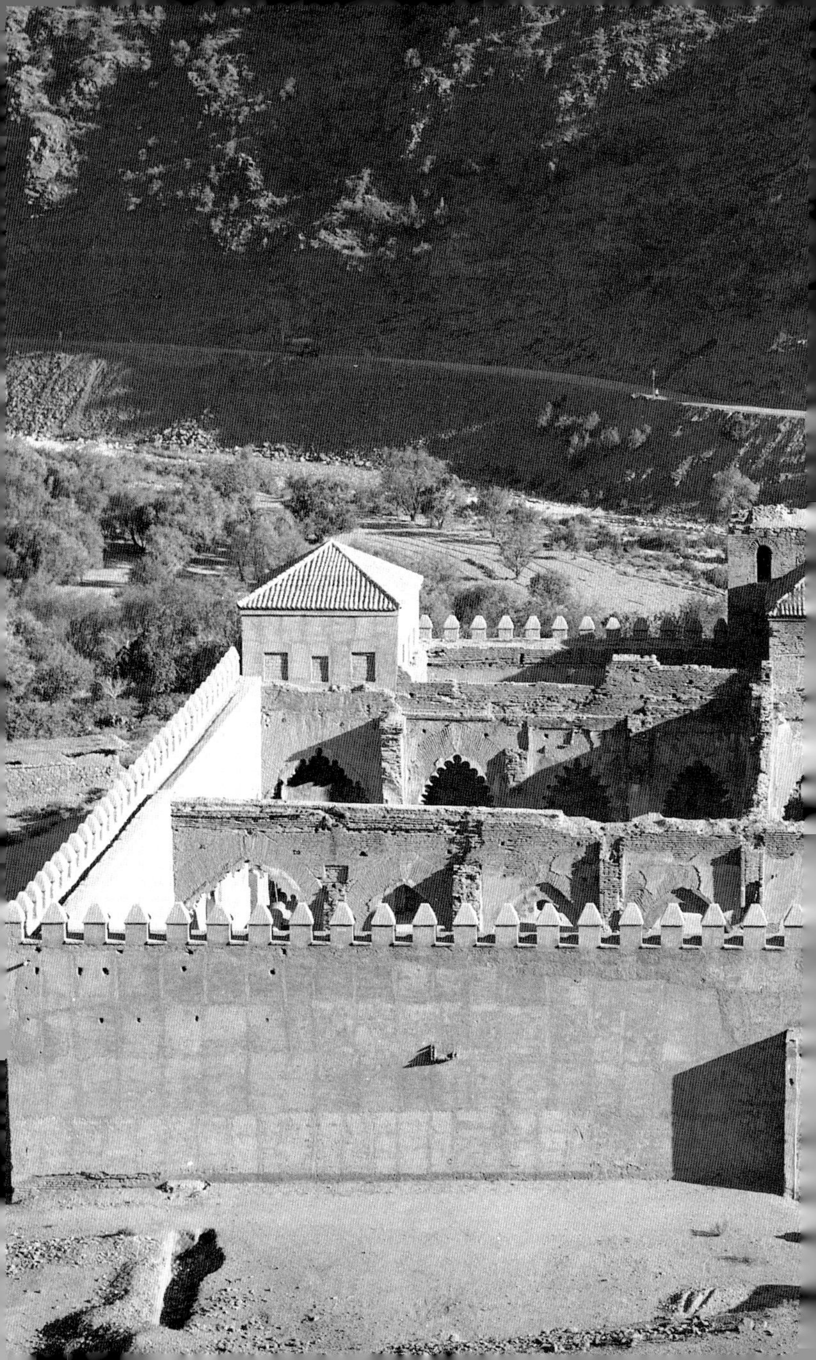

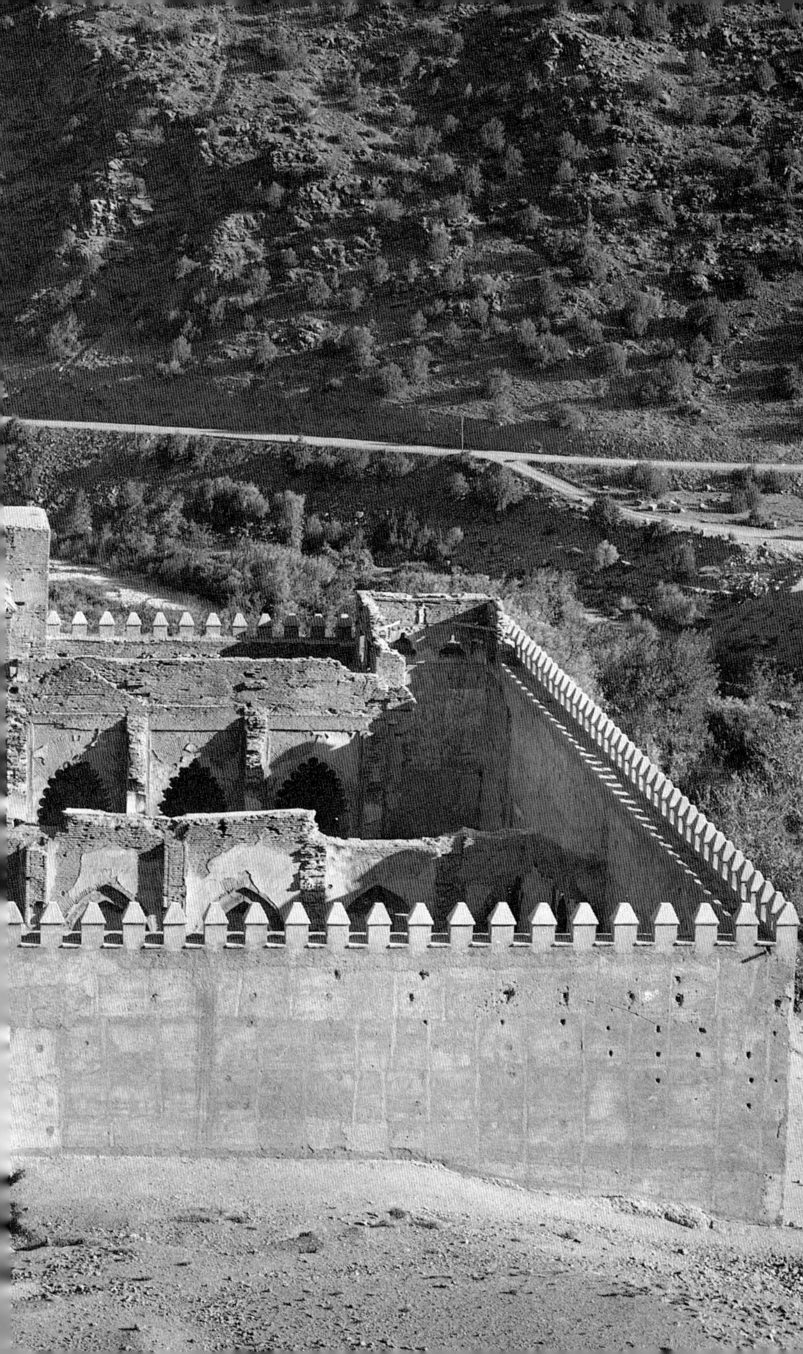

Als ihr Reich auch im Westen immer mehr zerfiel, die Dynastie sich selbst zerrüttete – ein Prinz, Idris al-Mamun, hatte das Bekenntnis Ibn Tumarts verworfen und mit kastilischer Hilfe die eigene Familie und ihre Getreuen getötet –, sagten sich die Hafsiden von dem ›Ketzer‹ und Mörder los (1228/29). Auch ihre Hauptstadt Marrakesh blieb den Almohaden nur noch wenige Jahre: 1269 beendeten die Beduinen der Meriniden-Föderation die Herrschaft der ›Einheitsbekenner‹ endgültig.

In der Zwischenzeit hatte die Reconquista in Spanien einen Erfolg nach dem anderen gefeiert. Zwischen 1229 und 1235 gelang die Eroberung der Balearen, 1236 fiel Córdoba und zwei Jahre später wurden auch Sevilla und Cádiz von den Christen gewonnen. Das Emirat Granada zog es vor, sich dem König von Kastilien als Vasall unterzuordnen und überdauerte in dieser Stellung bis 1492.

Auf Sizilien hatten die Normannen nach ihrem Sieg einen christlichen Staat mit griechisch-arabischer Kultur aufgebaut, der unter Roger II. (reg. 1101/30–54) seinen Höhepunkt erreichte.

Nach Erbstreitigkeiten fiel das Normannenreich 1194 an Kaiser Heinrich VI. von Hohenstaufen, der 1186 die normannische Thronerbin Constanza geehelicht hatte. Er überließ es seinem Sohn Friedrich II., dem ›Araber auf dem Kaiserthron‹. Friedrich II. war ein Sohn der Mittelmeerwelt und nicht des germanischen Nordens und folgte in Denken und Handeln mehr seinen normannischen Ahnen als den Staufern. Sein Hof und seine Gründungen, etwa die medizinische Akademie von Salerno, trugen wie die eroberten spanischen Städte viel islamisches Erbe nach Europa.

So verknüpften die Bauern Siziliens seine Person mit der schiitischen Legende vom entrückten Mahdi. Man erzählte sich, Friedrich sei in den Ätna geritten. Dort warte er auf den Tag der Wiederkehr, um sein Gottesreich auf Erden zu vollenden. Das Bild wanderte über Friedrich den Freidigen von Thüringen schließlich nach Deutschland: Friedrich II. im Kyffhäuser, die Kaisersage – ein arabisch-islamisches Erbe.

Auch der letzte Staufer, Konrad von Schwaben, war mit Afrika verbunden. Er kam aus Ifrikiya, als er nach Sizilien zog, um dort seinen Anspruch auf den Thron geltend zu machen. Seine Niederlage und Hinrichtung (1268) beendeten die islamische Periode Süditaliens.

Im Schatten der Reconquista

Zeitgleich mit dem Sieg der Reconquista in Spanien und auf Sizilien bedrohte der Vormarsch der Mongolen die islamischen Gebiete im Osten. Sechs Jahre nach der Schlacht von Las Navas de Tolosa überschritten mongolische Heerscharen den Syr-Darja und zerstörten in wenigen Jahren Städte und Dörfer in den nördlichen und zum Teil auch in den östlichen islamischen Regionen (1218–22). Die Mongolen stießen nach Syrien vor, unterwarfen Kleinasien und scheiterten erst an den Mamluken Ägyptens, deren Kriegsführung und -technik der mongolischen ähnelte und denen es am Ain Djalut (Palästina) gelang, eine gegen sie gesandte Reiterarmee zu vernichten. So bewahrten die Mamluken Nordafrika vor den nordasiatischen Reiterheeren, die zuvor bereits Europas Kontingente zerschlagen hatten.

In der Folgezeit bestand ein unmittelbarer Kontakt zwischen Europäern und Mongolen. Nordafrika war vom eigentlichen Welthandel ausgeschlossen, lediglich der Transithandel in die ›Goldländer‹ südlich der Sahara sowie der Handel mit Landesprodukten setzten sich fort. Die Handelsflotten Kastiliens und Aragóns ebenso wie die Kauffahrerschiffe Venedigs, Genuas und der anderen Seestädte steuerten Ägypten an, die Küsten der Levante und des Schwarzen Meeres. Solange das mongolische Weltreich bestand, zogen europäische Händler ungehindert durch die Steppen bis nach Indien und China. Der Islam befand sich auf dem Rückzug.

Im 14. Jh. bedrohte ein noch schrecklicherer Feind die islamischen Länder. Entlang der Steppenstraßen näherte sich der ›Schwarze Tod‹, die Beulen- und Lungenpest. Er traf vor allem die islamischen Länder verheerend, nicht, weil die Europäer immun gegen die Seuche gewesen wären – auch im christlichen Gebiet starben 30–40% der Bevölkerung –, sondern, weil sie sich anders gegenüber den Kranken und Sterbenden verhielten. Die Christen flohen vor der Pest, mauerten ganze Straßenzuge zu und mieden die Pestkranken. Die Muslime aber waren religiös verpflichtet, ihre Todkranken zu waschen, auf daß sie sauber vor Gott treten könnten. Sie trugen sie in die öffentlichen Bäder und nach ihrem Ableben in die Moscheen, damit die Totengebete über ihnen gesprochen wurden. Beide Zentren des öffentlichen Lebens wurden zu Infektionsstätten. Hinzu kam, daß die volkreicheren Städte und die dichtbesiedelten Dörfer des Nil-Tals den Pestflöhen viel mehr Opfer boten als die kleineren Siedlungen Europas.

Schrecklich wütete die Pest in den engen, überbelegten Kasernen der Mamluken und unter den Arbeitskräften in den Tiraz, den großen Staatsmanufakturen, die in Ägypten und Syrien nach dem ›Todeszug‹ nicht wieder eröffnet werden konnten. Die Pest trat nahezu alle zehn Jahre auf. Entlang der Pilgerstraßen erreichte sie auch den Maghreb und forderte dort Jahrzehnt für Jahrzehnt unzählige Opfer.

Die verödeten Märkte des Nahen Ostens fielen an die Italiener, deren Händler bis in den Iran und nach China zogen, aber auch die Kaufleute Barcelonas und anderer spanischer Städte beteiligten sich.

Im Zuge der christlichen Reconquista hatte sich als islamisches Territorium einzig das Emirat von Granada behaupten können, allerdings um den Preis von hohen Tributleistungen an Kastilien. Granadas Handwerksprodukte, Seidengewebe, feine Waffen und Lüsterkeramik ebenso wie das Silber und Kupfer der Sierra wurden vom kastilischen Hof gern akzeptiert.

Granada wurde zum Inbegriff maurisch geprägter Kunst und deren Einfluß in zahlreichen Städten und Regionen Spaniens sichtbar. Spielerisch leicht wie das Filigran der Juweliere wirkt die Gestaltung der Bauten und Geräte. Die Alhambra, die ›Rote Burg‹ (Kalat al-Hamra) gilt seit dem Beginn des vorigen Jahrhunderts als *das* Meisterwerk des spanischen Islam. Ein Felsen hoch über der Stadt Granada hatte schon den Ziriden als Basis für eine Zwingburg gedient. Mohammed I. (reg. 1238–73), Begründer der nasridischen Dynastie, veranlaßte die Erweiterung der Burg, mehrere Gartenpaläste wurden angelegt. Ein Großteil der Ausgestaltung aber ist den Emiren Yussuf I. (reg. 1333–54) und Mohammed V. (reg. 1354–59; 1362–91) zu verdanken. Die Residenz über dem Darro-Fluß schlägt noch heute, obwohl nur in Teilen erhalten, den Besucher in ihren Bann. Ihr vergleichbar ist nur der Alcázar von Sevilla, den Granadiner Handwerker für Pedro I. (reg. 1350–60; 1367–69) schufen, wahrscheinlich durch den Ausbau von Teilen des Königspalastes des al-Mutamid.

Die Einigung der christlichen Königreiche sollte das Ende Granadas bedeuten. Fernando II. von Aragón und Isabel von Kastilien betrieben die Rückeroberung des Emirats von Granada, die Bannung des Islam. Fernando II. hungerte die Stadt in gnadenloser Belagerung aus (1491/92). Granada kapitulierte: Mit dem Sieg der Katholischen

Könige endete die Toleranz der vergangenen Jahrhunderte. Zwar hatte der Übergabevertrag Granadas vom ersten Januar 1492 den Muslimen noch freie Religionsausübung zugesichert, doch schon 1480 hatte die Inquisition in Kastilien ihre ›Arbeit‹ begonnen, 1492 erging ein Edikt, das alle Juden des Landes verwies und 1499 ordnete Erzbischof Ximénez de Cisneros die Verbrennung aller islamischen Manuskripte und die Zwangstaufe von Muslimen an.

Einen Aufstand der Moriscos vergalten die christlichen Herren mit Hinrichtungen und Zwangsumsiedlungen. Während der ersten Hälfte des 16. Jh. erlassene Verordnungen, die sich gegen Religion, Sitten und Brauchtum der Mauren richteten, wurden am ersten Januar 1567 als Edikte nochmals verkündet. Ein erneuter Aufstand der Mauren (Weihnachten 1567) zog wiederum Zwangsumsiedlungen (und die ›freiwillige‹ Auswanderung nach Marokko, Tunesien, Ägypten, Palästina und Kreta) nach sich. Im Jahre 1609 beschloß die Krone dann die endgültige Ausweisung der Mauren. So verließen eine halbe Million Arbeitskräfte das Land, darunter Handwerker und Bewässerungsfachleute, Menschen, deren Kultur Spanien entscheidende Impulse zu verdanken hatte.

Spaniens Kriege und die hohen Staatsschulden bei ausländischen Geldgebern zerrütteten die Wirtschaft des Landes, Gold- und Silbereinfuhren aus den Kolonien reichten kaum, die Schulden abzutragen. Die Landwirtschaft lag darnieder, wie in Handwerk und Handel fehlten auch hier die qualifizierten maurischen Arbeitskräfte. Es war eine Zeit des allgemeinen Niedergangs. Die Entwicklung in Nordafrika verlief derweil – abseits der großen Handelsstraßen der Welt – im alten Rhythmus von Nomadeneinfall, Staatenaufstieg, Blüte und Untergang.

Als im Jahre 1248 die Dynastie der Almohaden zerbrach, beherrschten die Beni Merin (Meriniden) bereits weite Gebiete des alten Almohaden-Reiches. Ihre Emire residierten im großzügig ausgebauten Fès, dessen Judenstadt, die Mellah, zum Zentrum des westislamischen Kunsthandwerks aufstieg. Hier hatten sich viele aus Spanien vertriebene Handwerker und Kaufleute angesiedelt, die gegen Zahlung einer Kopfsteuer ihre Bräuche und ihren Glauben frei praktizieren durften.

Hunderte Moscheen soll die Stadt Fès besessen haben, hervorragend darunter die Moschee al-Karawiyin (Kairaouine) im Viertel der Zuwanderer aus Kairouan. Sie diente als religiöse Hochschule des Maghreb, lehrte indes weder Naturwissenschaften noch Philosophie.

In Tlemcen setzten sich die Beni Watta (Wattasiden) fest, unterstützt von den Emiren Granadas. Eine achtjährige Belagerung durch die Meriniden scheiterte, als in Ceuta ein Aufstand ausbrach und der Sultan die Belagerungsarmee zurückziehen mußte. Die Kämpfe mit den Beni Watta gingen weiter. Auch die in Tunesien regierenden Hafsiden griffen in die Kriege ein. 1384 konnten die Meriniden vor Kairouan vernichtend geschlagen werden – eine Niederlage, die die Dynastie nicht lange überdauern sollte. Spanien und Portugal griffen die Küstenregionen an, und den Portugiesen gelang es 1415, Ceuta zu besetzen. Bis 1465 bestand die merinidische Dynastie, die nachfolgenden Wattasiden konnten das Land nicht befrieden. Christlichen Heeren aus Portugal gelang es, Asilah, Tanger, Safi, Azemmour und andere Küstenstäde einzunehmen (1471–1514). Melilla fiel 1497 an die Spanier.

Die neuen Herren Ifrikiyas, die Hafsiden, griffen nach dem Untergang des Abbasiden-Kalifats von Baghdad (1258) nach der Kalifenwürde: freilich fand ihr Anspruch nur wenig Anerkennung. Im Jahre 1270 fiel Ludwig (Louis) IX., König von Frankreich, mit Kreuzfahrern ins Land, doch die Pest, der auch Ludwig erlag, zwang die Franzosen zum Abzug. Unruhige Jahrzehnte folgten: wiederholt drangen Aragonesen und mehrmals Meriniden nach Ifrikiya ein. Die Genuesen plünderten Tripolis, doch machten die Seefahrer Ifrikiyas nun eine neue Rechnung auf: War man schon nicht mehr am Seehandel beteiligt, so wollte man sich seinen Anteil mit Gewalt nehmen. Der Hafside Abu al-Abbas, 1370 als Sieger aus den Wirren des 14. Jh. hervorgegangen, rüstete eine Piratenflotte gegen christliche Schiffe aus. Im Gegenzug besetzten Genuesen, Pisaner und Venezianer 1388 die Insel Djerba, griffen die Genuesen 1389 Mahdia an. Daraufhin plünderten die hafsidischen Korsaren 1393 Syrakus.

Immer mehr in einen Gegensatz zu dem nach Weltherrschaft strebenden Spanien der Habsburger gerieten die Hafsiden. Die italienischen Seestädte, die sich von den Habsburgern gleichfalls bedroht sahen, näherten sich den Hafsiden an – Beginn des italienischen Einflusses auf Tunesien. Handelsverträge verbanden Ifrikiya im 15. Jh. mit Venedig, Florenz und Genua.

Anfang des 16. Jh. kamen die Spanier erneut nach Afrika. Sie eroberten die Insel vor dem Hafen von Algier sowie Tripolis und Djerba.

Daraufhin riefen die Bewohner Algiers einen der großen Korsarenführer des Mittelmeeres zu Hilfe (1516), Arudj, der bei der neuen Macht des Ostens, den Osmanen, Unterstützung fand. Osmanische Truppen zogen in Nordafrika auf, besetzten Annaba und Bujaya (1522) und schließlich auch Tunis (1524). Die Armee Karls V. intervenierte und führte die Hafsiden – als spanische Vasallen – zurück nach Tunis, das sie jedoch nur noch vierzig Jahre behaupten konnten. Als im Jahre 1574 die Osmanen zurückkehrten, begann eine neue Phase in der Geschichte Nordafrikas: die Ära der türkischen Vorherrschaft.

Die Osmanen in Nordafrika und der Weg in die Neuzeit

Die Osmanen und ihr Schicksal

Im 11. Jh. hatten die aus Mittelasien heranziehenden Scharen der seldschukischen Turkmenen den Iran, den Irak, Syrien und schließlich auch Kleinasien erobert. Mehrere seldschukische Staaten entstanden, wurden im 13. Jh. von Mongolen und Mamluken verdrängt.

Während des beginnenden Niedergangs der mongolischen Herrschaft, gelang es den an der Grenze der griechisch besiedelten Gebiete im Nordwesten Kleinasiens nomadisierenden Anhängern des Bey Osman (reg. 1281–1326), ein Emirat aufzubauen, das sich rasch auf Kosten des Byzantinischen Reiches ausdehnte. Unter Osmans Sohn Orhan griffen osmanische Truppen auf Europa über. 1354 bereits besetzten sie u.a. große Teile der Nordküste des Marmara-Meers. Nur 35 Jahre später sollten ihnen die Serben in der Schlacht auf dem Amselfeld (1389) unterliegen.

Seit Bayezid I. (reg. 1389–1402) trugen die osmanischen Herrscher den Sultanstitel. Bayezid war es auch, der die Belagerung der byzantinischen Reichshauptstadt Konstantinopel begann, sie aber 1401 abbrechen mußte. Die Auseinandersetzung mit den Mongolen unter Timur verlangte seine gesamte Kraft. Dennoch unterlagen die Osmanen 1402 vor Angora (Ankara). Nach Timurs Tod (1405) sollte das Osmanen-Reich unter Mehmed I. (reg. 1413–21) neu erstehen. Vierzig Jahre später eroberte Mehmed II. (reg. 1451–81) schließlich Konstantinopel (1453).

Gegen erbitterten Widerstand nahmen die Sultansarmeen den Balkan ein und besetzten die Genuesenhäfen am Schwarzen Meer, die Tore des China-Handels. Die Krim-Tataren schlossen sich den Osmanen an. Auch das bisher den Levante- und Schwarzmeer-Handel

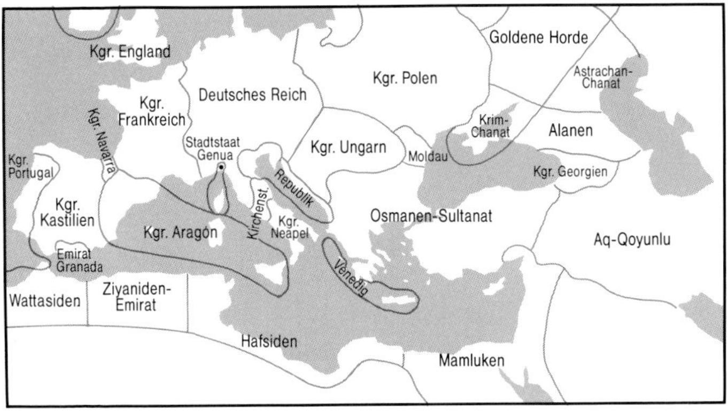

16 Der Mittelmeerraum im Jahre 1478 (nach: C. McEvedy und H. J. Herold)

beherrschende Venedig verlor Zug um Zug an Macht und erkannte 1479 die osmanische Oberhoheit an. In Otranto landeten 1480 osmanische Stoßtruppen mit dem Ziel, Rom zu erobern. Der Tod Mehmeds 1481 jedoch stoppte die Osmanen. Dies gewährte den zerstrittenen europäischen Herrscherhäusern eine kurze Atempause. Nach der Eroberung des syrischen, palästinischen und ägyptischen Raums 1516/17, zugleich waren damit die Transitwege nach Asien blockiert, erschienen die Osmanen vor Wien. Angriffe der Perser auf die türkischen Ostprovinzen veranlaßten sie 1532, den Habsburgern einen Waffenstillstand (gegen Tributzahlungen) zuzugestehen.

Im gesamten Mittelmeerraum herrschte Unruhe. Durch die osmanische Expansion sah nicht zuletzt Spanien seine Interessen bedroht. Der Sieg über die Osmanen bei Malta (1530) wie auch die Besetzung von Tunis (1535) durch Truppen Karls V. sind u. a. in diesem Kontext zu sehen. Auf der anderen Seite hatte Frankreich das Bündnis mit dem Osmanen-Reich gesucht, um sich aus der habsburgischen Umklammerung (Spanien, Heiliges Römisches Reich, Österreich) zu lösen.

Die Ursachen für den späteren Niedergang des Osmanen-Reichs sind vielschichtig und längst nicht abschließend erforscht. Das Ende der Expansion des Reiches, steigende Steuern – notwendig, um das luxuriöse Leben der türkischen Oberschicht zu finanzieren – taten das ihre. Als im 17. Jh. Engländer und Holländer auf dem Seeweg Asien erreichten, verlor auch die ›osmanische Sperre‹ an Bedeutung. Der Verlust an außenpolitischem Einfluß wurde besonders manifest mit der Niederlage der Osmanen vor Wien 1683.

Die Derwischstaaten in Marokko

Auf Nordafrika wirkte sich die Verlagerung der Handelswege und die Herausbildung der europäischen Seemächte verheerend aus. Die Atlantikküste fiel weitgehend an die Portugiesen, die jegliche Bedrohung ihrer nach Asien ziehenden Flotten ausschalten wollten. An der algerischen und marokkanischen Nordküste behaupteten die Spanier die wichtigsten Häfen, und von Osten kamen die Osmanen, die jedoch selten mehr als die Städte Ifrikiyas beherrschten.

Das Binnenland verblieb den Arabern und Berbern. Ihre Führung übernahmen Derwisch-Orden, die von der Etablierung islamischer Gottesstaaten träumten. Hauptgebiete der Berber waren die Hochebenen und Berge Marokkos, Algeriens und Südtunesiens. Die Bewohner der Ebenen und Städte waren nicht zuletzt durch den Zuzug der aus Spanien Vertriebenen weitgehend arabisiert, doch verband der Islam beide Gruppen.

In Südmarokko sammelten die Saadier die Stämme um sich und führten seit 1510/11 einen ›Heiligen Krieg‹ gegen die portugiesischen Besatzungen der Küstenstädte. Sie verjagten die Fremden aus Agadir, Safi und Azemmour und wandten sich schließlich gegen die in Fès regierenden Fürsten aus dem Haus der Beni Watta (Wadiden/Wattasiden), die die Osmanen vergeblich zu Hilfe riefen. Fès fiel, und die Saadier wurden in langwierige Kriege gegen die Osmanen und eine Vielzahl von Stammesgruppen verwickelt. Der in Marrakesh residierende Kalif Mulay (Mawlawi; ein religiöser Titel) Abd Allah I. (reg. 1557–74) suchte die Hilfe Spaniens und Englands gegen die Osmanen und Portugiesen. Nach seinem Tode setzte sich Abd al-Malik, einer seiner Brüder, mit osmanischer Hilfe durch, fiel jedoch 1578 in einer siegreichen Abwehrschlacht gegen die ins Land eingedrungenen Portugiesen.

Sein Nachfolger Ahmad II. al-Mansur (reg. 1578–1603) schenkte dem nun aufblühenden Land eine Zeit der Ruhe. Marrakesh wurde prunkvoll ausgebaut. Die Einkünfte Marokkos stammten vor allem aus dem Handel mit Westafrika – Grund genug für al-Mansur, Truppen in das Tal des Niger zu entsenden, um die dort vermuteten Schätze handstreichartig zu erbeuten. Die Söldner jedoch verheerten das Land, und der Fernhandel brach zusammen. Die Goldfelder blieben unberührt. Sie lagen fern in den Waldländern der südlichen Zone Westafrikas, unerreichbar für die bald in marodierende Banden zerfallende Invasionsarmee.

Nach dem Bankrott des Fernhandels zerfiel das Kalifat der Saadier in Kämpfen um die Macht. 1659 wurde der letzte Saadier-Fürst ermordet. Als sich das Land in einander befehdende Einflußsphären religiöser Führer auflöste, kamen auch die Spanier zurück und errichteten neue Festungen an der Küste.

In jahrzehntelangem Kampf um die Macht setzte sich die Familie der Alawiten durch, die die Abstammung von Hassan, dem Onkel des Propheten, für sich beanspruchte. Ihr Repräsentant Mulay ar-Rashid (reg. 1666–72) besetzte 1660 Fès und einigte Marokko in vierjährigen Kämpfen. Sein Nachfolger Mulay Ismail (reg. 1672–1727) gilt als der eigentliche Organisator des noch heute existierenden Scherifen-Staates. Marrakesh wurde nach zweijähriger Belagerung erstürmt und verlor den Rang einer Residenz; diese wurde nach Meknès verlegt. An den Küsten entstanden Burgen zum Schutz des Landes, und die Europäer mußten die Mehrheit ihrer Stützpunkte aufgeben. So verloren die Briten Tanger (1684) und die Spanier Larache (El Araish, 1689) und Asilah (1691), behaupteten jedoch Ceuta und Melilla.

Mulay Ismail förderte den Außenhandel, zuerst mit Frankreich, dann mit England, das sich in Gibraltar festgesetzt hatte. Kaum einer seiner Nachfolger, außer Mohammed III. (reg. 1757–90), erreichte seine Machtfülle. Fès wurde zeitweise zur Residenz und wie zuvor Meknès und Marrakesh prächtig ausgestaltet.

Die Wirtschaft des Landes blieb hinter der Entwicklung in den Staaten Europas zurück und hatte sich Spaniern und Franzosen zu beugen. 1912 mußte Marokko die Oberhoheit Frankreichs anerkennen, die es erst nach dem Zweiten Weltkrieg wieder abschütteln konnte.

Ifrikiya unter Türken und Korsaren

Gegen die Angriffe der spanischen ›Ungläubigen‹ hatten sich die Städte im Gebiet des heutigen Algerien und Tunesien nur mit Hilfe der Korsaren behaupten können, die nun ihrerseits die Osmanen ins Land riefen. Janitscharen kamen mit der den Nordafrikanern fehlenden Artillerie. Es bildete sich eine eigenartige Mischgesellschaft aus Türken, die die neuen Grundherren stellten, Janitscharen und Korsaren, letztere meist zu den Osmanen übergelaufenen Christen.

Der Machtkampf zwischen Spanien und den Osmanen endete 1581 mit einem Kompromiß: Spanien behielt Oran, Mers al-Kabir und Melilla, die Osmanen galten als Herren des übrigen Ifrikiya. Istanbul setzte drei Paschas ein, die Tripolitanien, Tunesien und Algerien verwalteten.

Nordafrika erlebte eine gewisse Blütezeit. Algier mit seinem Hinterland, das Weizen genug für den Export lieferte und den Transitverkehr nach Süden beherrschte, entwickelte sich im 17. Jh. zur Großstadt mit über 100 000 Einwohnern. Bald löste es sich faktisch vom fernen Stambul. Seit 1659 wählten die ansässigen Janitscharen allein den Stadtkommandanten, bis ein Putsch der Korsaren einen Seeräuber als Dey einsetzte. 1689 einigten sich beide Fraktionen auf gemeinsame Wahlen der Deys, die aber nicht selten Revolten zum Opfer fielen.

In Tunis ergriffen 1590 die Truppen die Macht. Ihre Deys (seit 1612 übrigens ein erbliches Amt) schlossen die Korsaren von der Macht aus. Die ›Hohe Pforte‹ bestätigte das Amt jeweils durch die Verleihung des Pascha-Titels. Die Deys mußten ihre Machtposition 1705 an die Bey-Dynastie der Husseiniten abgeben, die den Export landwirtschaftlicher Erzeugnisse nach Südeuropa förderte. Doch sollte das Land alsbald eine neue Zeit des Niedergangs durchlaufen: Die Handelswege verlagerten sich auf den Atlantik, die algerischen Deys attackierten tunesisches Territorium, und die Beys verstrickten sich in Machtkämpfe.

Während des 17. Jh. verloren die Korsaren Nordafrikas mehr und mehr an Bedeutung. Europäische Flotten tauchten vor ihren Häfen auf und bombardierten die Städte. So beschossen die Briten Algier 1622, 1655 und 1672. Die Franzosen kamen 1682, 1683 und 1688. Den Korsaren gelang es immer seltener, Gefangene zu machen und Lösegeld einzubringen. Neue Einnahmequelle Algiers wurde der Weizenexport – vor allem nach Frankreich – Anlaß für die Franzosen, Algerien zu okkupieren (1830).

Auch Tripolis litt jahrhundertelang unter den Angriffen der Europäer. Schon 1510 waren die Spanier eingefallen, verkauften die Stadt jedoch an die Johanniterritter. Die Osmanen rückten 1551 ein, und osmanische Offiziere regierten die Stadt trotz wiederholter spanischer Angriffe und trotz innerer Revolten 160 Jahre lang. 1632 übernahmen Korsaren die Macht in Tripolis, sahen sich indes bald europäischen Flottenangriffen ausgesetzt. Briten, Holländer, Malteser, Franzosen und Venezianer bombardierten die Stadt. Staatsstreiche, Nomadenangriffe und Pestepidemien ließen die Stadt verarmen. Sie büßte ihre Flotte ein und mußte immer wieder enorme Summen als Tribut bezahlen. 1690 griff im Chaos fremder Einfälle, von Pestzügen und Flottenangriffen ein türkischer Grundherr nach der Macht, der Führer der Karamanli-Familie, der als unabhängiger Pascha-Dey die Stadt und das Land vorübergehend besseren Zeiten entgegenführte. 1728 aber legten französische Truppen Tripolis in Schutt und Asche und beendeten damit die Zeit der Korsaren an der Syrte. Als Erwerbsquelle blieb den Tripolitanern der nur sehr begrenzt mögliche Ackerbau sowie der Karawanenhandel mit dem Sudan.

Die USA glaubten daher, leichtes Spiel mit dem kleinsten Staat Nordafrikas zu haben, und blockierten 1801–03 den Hafen. Eine Söldnertruppe stieß von Alexandria aus gegen Tripolitanien vor, nahm Derna ein, wurde dort aber belagert und eingeschlossen. Der erste Kolonialkrieg der USA scheiterte.

Mit Mühe baute Tripolis eine neue Flotte und schuf eine kleine Armee, doch gingen die Schiffe bereits 1827 mit der osmanischen Flotte in der Seeschlacht von Navarino unter. Sechs Jahre später rückten die Franzosen wieder ein und erpreßten von der Stadt 800 000 Goldfranken. Die zur Eintreibung der Summe erlassenen Steuern ließen Unruhen ausbrechen. Als die Briten ähnliche Forderungen erhoben, brach der Staat allmählich in sich zusammen. 1835 erschien die Flotte der Osmanen vor Tripolis, das keinen Widerstand mehr leisten konnte. Tripolitanien stand nun unter der Herrschaft des allmählich verfallenden osmanischen Sultanats. Unterdessen vollzogen die Franzosen 1881/82 die Okkupation Tunesiens, obwohl formell bis 1912 die osmanische Oberhoheit Bestand hatte. 1911 drangen die

Italiener, von der Wiederherstellung des Römischen Imperiums träumend, in Tripolis ein. Die Türken leisteten nur geringen Widerstand und überließen das Land den Invasoren. Die Bevölkerung der Cyrenaika kämpfte noch zwanzig Jahre lang erbittert gegen die Eindringlinge – bis 1935 dann auch das letzte freie Gebiet Nordafrikas unterworfen war.

Die Kolonialzeit endete für Nordafrika im blutigen Algerienkrieg, in dem Frankreich auch Tunesiern und Marokkanern die Unabhängigkeit zurückgab. Libyen ging den Weg durch die Monarchie über die Revolution in das Regime der Volksjamahiriya.

Über Nordafrikas Zukunft liegen Schatten, aber seine Traditionen bilden wertvolle Grundlagen für eine Renaissance alten Glanzes.

Die Kunst des Islam im Maghreb und im islamischen Spanien

Kunst und Weltsicht im Islam

Die Grundstrukturen der Kunst, die in allen Kulturen eine Reflektion menschlichen Fühlens und Denkens ist, ergeben sich aus dem System der vorherrschenden Anschauungen über den Menschen und seine Stellung in Natur und Gesellschaft, dem ›Menschenbild‹ der jeweiligen Kultur. Jenes Menschenbild wird nicht bewußt geschaffen. Seine ästhetischen Bestandteile, das Schönheitsempfinden in all seinen Ausformungen, prägen sich dem Individuum in seiner frühen Jugend auf. Der Mensch wird in seine Umgebung hineingeboren und von ihr weitgehend bestimmt. Geistige Führer formulieren die Tendenzen und bringen sie in ein System, die Weltanschauung, zumeist als Religion gefaßt, die so lange als gesellschaftliches Bewußtsein dient, wie sie den Angehörigen der Gemeinschaft die Frage beantwortet, wer sie sind und welche Rolle sie spielen.

Auch der Islam bestimmte historisch die Ausprägung der Kunst in seinen Verbreitungsgebieten. Die Grundlage bildet hier das abstrakte *Gottesbild* des Islam, für das Gott als das Wesen der Welt nicht personifizierbar und nicht durch Symbole deutbar ist. Es fehlt also völlig jener Antrieb, den die personifizierte Gottheit und ihre Heiligen im Christentum der bildenden Kunst verschaffen. Der Islam hat kein Kultbild, wohl aber bildet die heilige Schrift, der Koran, in seinem Text den Hauptgegenstand religiöser Kunst, so daß die Kalligraphie die Maßstäbe setzende Kunst ist. Im Bethaus, der Moschee, ist sie als Schmuck vorhanden und ziert z.B. das Koranpult, jedoch darf die Schrift, in der Gottes Wort geoffenbart vorliegt, nicht auf dem Boden appliziert sein und z.B. als Teppich, Gefahr laufen, mit Füßen getreten zu werden.

Die *Baustruktur der Moschee* ist von der Gleichheit der Gläubigen vor Gott bestimmt. Sie besteht aus einem einheitlichen Raum (Abb. 17), in dem nur die Gebetsnische, der Mihrab, eine Orientierung gibt – die Orientierung auf Mekka, dessen Kaaba als ›Erdnabel‹ gilt, um den sich

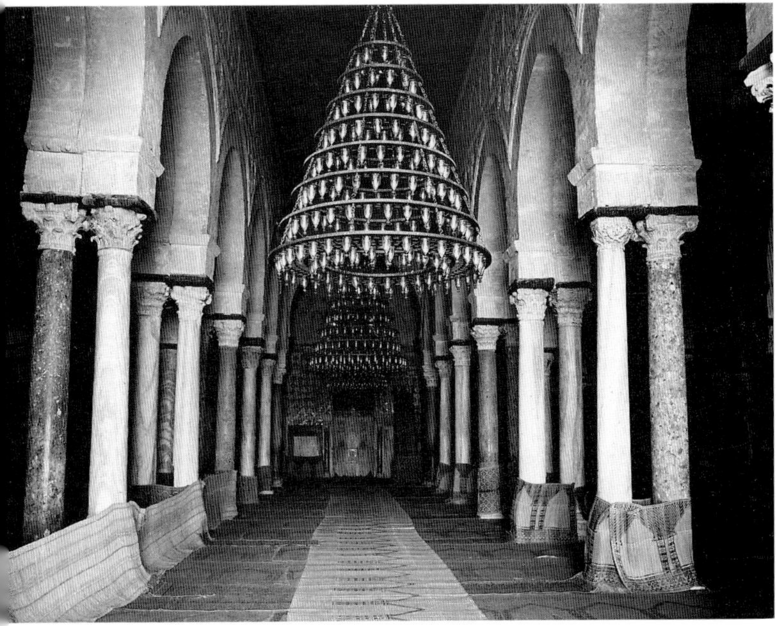

17 Die Längsschiffe der Moschee laufen senkrecht auf die Kibla-Wand zu, der Mihrab weist den Weg nach Mekka, Betsaal der Sidi Okba-Moschee, Kairouan

die Erde dreht. Dieser schmucklose, gedrungene Steinturm, umgeben von einem durch Säulengänge umgrenzten Hof, ist der heiligste Ort des Islam, verschlossen für Ungläubige. Nur das Wort soll ihn zieren.

Die Moschee kam als Hofhallenbau - nach dem Vorbild des zur Moschee gewordenen Wohnhauses Mohammeds in Medina - bereits mit den ersten Muslimen nach Nordafrika, die auch den syrischen Typ des quadratischen Minaretts nach Nordafrika verpflanzten.

Von sekundärer Bedeutung - in manchen Regionen sogar rigoros abgelehnt - ist im Islam die künstlerische Gestaltung des *Grabes*. Aus Zentralasien entlehnt, geht sie auf die dort übliche Bestattung des ›Weltenherrschers‹ in dem architektonisch gestalteten Zentrum der Welt zurück. Das Grab setzt sich zusammen aus der Kuppel, die den Himmel repräsentiert, dem quadratisch umschlossenen Raum, der den geschützten Kosmos darstellt, und dem Kreis, der als Abbild des scheinbaren Weltenrandes den Kosmos gegen das Chaos abgrenzt. Hieraus entstand das quadratische oder runde Mausoleum mit Kuppeldach, das sich seit abbasidischer Zeit nach Nordafrika hin verbreitete.

Noch eine dritte religiös bestimmte Baustruktur entfaltete sich im Islam, die *Medrese*, die religiöse Hochschule, deren Vorbild die Klosterakademie der Buddhisten war. Sie wurde in Nordafrika weiter ausgebildet. Verwandt ist mit ihr die *Zawiya*, das Mönchskloster, das auch als befestigte Anlage, als *Ribat*, auftreten kann. Nicht unmittelbar religiös bestimmt sind *Zweckbauten* wie Paläste, Burgen, Stadtmauern, Aquädukte, Brücken, Straßen und anderes mehr. Sie sind zwar in ihrer künstlerischen Gestaltung islamisch geprägt, ihre technischen Voraussetzungen aber sind einerseits historisch und andererseits klimatisch gegeben.

Nicht-Muslimen sich nur schwer erschließende Künste sind die *Kalligraphie* und die *ornamentale Gestaltung* von Flächen bis hin zur Fläche von Handschriften, die im Maghreb ihre eigene Form hervorbrachten, das ›Maghrebi‹, ein Zier-Kufi, das für Manuskripte bis in die letzten Jahrhunderte in Gebrauch blieb.

Des öfteren haben weltliche Oberschichten oder der Schia zuneigende Fürsten die im Islam übliche Bildmeidung durchbrochen, so die Omaiyaden Spaniens und die Fatimiden Ifrikiyas und Siziliens. Doch die Orthodoxie siegte und vernichtete u. a. die große Bibliothek der Omaiyaden. Nur eine einzige illustrierte Handschrift einer maghrebinischen Schule blieb erhalten. Auch von der figürlichen Ausgestaltung der Gärten und Parks künden heute nur noch klägliche Reste. Die Seide als Luxusprodukt und die Prunkkeramik spiegeln ähnliche Entwicklungen. Während die figurative Kunst der weltlichen oder schiitischen Herren den Ulema erlag, begleitete die ornamentale Gestaltungskunst die Maghrebiner bis ins 20. Jh.

Die vielen Formen der *angewandten Kunst* reflektieren in unterschiedlichem Maß die Stimmungen der Auftraggeber, wobei sich nur wenige der einst vorhandenen Werke erhalten haben. Welche Stücke oder Materialkategorien bewahrt blieben, hing von den unterschiedlichen Voraussetzungen ab. Während wir aus Nordwestafrika kaum alte Textilien kennen, erhielten sich solche Stücke in spanischen Reliquiaren und Steinsarkophagen aus vielen Jahrhunderten. Christliche Kirchen oder Fürstenhöfe bewahrten daneben auch Erzeugnisse des Luxushandwerks.

Da der vorliegende Band der gegenständlichen Kunst gewidmet ist, können Bereiche wie Musik und Literatur nicht in dem für ihr Verständnis erforderlichen Umfang dargestellt werden. Jedoch lassen bereits skizzenhafte Umrisse deutlich werden, daß auch diese Künste vom islamischen Menschenbild bestimmt sind.

Die traditionelle *Musik*, hauptsächlich die als ›andalusische Vortragsweise‹ in Nordafrika beliebte Gesangsform, folgt grundsätzlich keiner geschriebenen Partitur, vielmehr zeigt sich die Meisterschaft des Musikers in der Improvisation, bei der bestimmte Tongruppen frei, aber harmonisch aneinandergereiht werden. Der Künstler bildet nicht die Tonschöpfung eines anderen nach, sondern ist selbst Schöpfer im Rahmen der Tradition, vergleichbar dem Stukkateur, der festgelegte Ornamente frei zu einem harmonischen Ganzen fügt. Bevorzugtes Instrument – wie die Musikweise dem Orient entlehnt – war und ist die Ud, die Laute des Troubadours und des spanischen Volkssängers. In der berberischen Volksmusik und dem Volkstanz haben sich, davon abweichend, eigene musikalische Elemente erhalten.

Die *Poesie* besaß in der bildhaften Sprache der Araber ein unvergleichliches Werkzeug. Nicht nur Gebildete, auch Analphabeten schufen Verse, die über Jahrhunderte tradiert wurden. Ihre ›farbigen‹ Schilderungen ersetzten oft das eigentliche malerische Bild (auf das die Kunst weithin verzichtet), wenn es z. B. aus der Feder des Kadi Iyad (1083–1149) heißt: »Im Winde wogt die reife Saat, / Mit Ähren, die sich heftig drängen, / Gleich Reiterscharen, die zur Flucht mich wenden, / Und Wunden klaffen rot von wildem Mohn.«

Selbst Herrscher griffen zur Feder, so der unglückliche al-Mutamid von Sevilla, den die Almorawiden in Ketten nach Nordafrika verschleppten. In einem seiner Gedichte heißt es: »Daß doch diese Eisen nicht glühen, / und die Hände der Schergen versengen, / Aus Furcht vor dem, von dessen Gnade, / Mutige Männer lebten, und dessen Schwert, / Jene zum Himmel und jene zur Hölle gesandt.«

Den ethnischen Pluralismus der *spanisch-maurischen Dichtung* islamischer Zeit spiegeln die Muwaschschah-Gedichte wider, deren arabischen oder hebräischen Versen romanische Schlußzeilen folgen.

In gebundener Rede entstanden sogar philosophische oder medizinische Lehrgedichte, aber auch Liebes- oder Gaunergeschichten. Jedoch fehlen der Roman und das Drama. Die Vorstellung der Allmacht und Allgegenwart Gottes schloß jene dritte Kraft aus, die als ›Schicksal‹ in der christlichen Literatur den Helden unschuldig schuldig werden läßt. Wer Allahs Willen befolgt, kann nicht verderben, da Allah allgütig ist. Gegen seinen Willen aber aufzubegehren, ist töricht, die darauf folgende Strafe verdient.

Von der älteren nordafrikanischen Literatur sind zumeist nur die den schafiitischen Ulema genehmen frommen Werke erhalten geblieben. Besser verhält sich dies mit der andalusischen Poesie, während für den Mangel an Werken der übrigen Literaturgattungen die Vernichtung der Bibliothek von Córdoba die entscheidende Erklärung liefert.

Die folgenden Abschnitte versuchen, der Entwicklung der einzelnen Kunstformen zu folgen, wobei die Erhaltungsbedingungen und die unterschiedlich fortgeschrittene wissenschaftliche Erforschung zu Differenzierungen und gewissen Ungleichgewichtigkeiten in der Darstellung führen.

Architektonische Meisterwerke im Maghreb und im islamischen Spanien

Die maghrebinisch-islamische Architektur schöpfte ihre baukünstlerische Typologie aus den vorderasiatischen Kerngebieten des Islam. In Nordwestafrika verband sich dieser religiös-kulturelle Impuls einerseits mit den einheimischen Traditionen, andererseits mit den zuvor ins Land eingedrungenen und dort aufgegriffenen phönizischen, antiken und christlichen Kultursträngen. Die Baumaterialien und die Naturbedingungen, auf die zu reagieren war, entsprachen sich. Unterschiedlich hingegen war die wirtschaftliche Potenz der einzelnen Regionen – und damit die den Bauherren zur Verfügung stehenden Mittel zur Realisierung erwünschter Bauten. Auch wechselte die Haltung gegenüber der Kunst und ihrem kulturellen Einsatz von Dynastie zu Dynastie, von Herrscher zu Herrscher: Sie reichte von der asketischen Strenge der islamischen Orthodoxie zur Bildbereitschaft, ja -freude der Omaiyaden und der Neigung zum Symbolismus bei den Fatimiden.

So lassen sich mehrere Kunstphasen, aber auch parallel existierende Stilgruppen beschreiben, die vor allem in der Bauornamentik deutlich werden. Gemeinsam war in den Frühphasen der Rückgriff auf die Spolien (Bauteile) byzantinischer oder römischer Bauten, hauptsächlich auf Säulen und Kapitelle. Außerdem wurden stehende Gebäude oder jedenfalls deren Fundamente wiederverwendet.

In großen Zügen lassen sich vier beziehungsweise fünf Regionen maghrebinisch-islamischer Architektur unterscheiden:

1 Ifrikiya mit Sizilien und Süditalien;
2 Algerien als das Gebiet des Übergangs nach Westen;
3 Marokko;
4 Islamisches Spanien;
5 Als Sonderzone: zur Sahara hin die Südregionen der Berber.

In den vier Nordregionen dominierten einheitlich der mediterrane Wohnhausstil, die antike Säulen- und Hallenarchitektur. Die Berberarchitektur des Südens gliedert sich bis heute in mehrere Gruppen, scheint aber wenig Fremdes aufgenommen zu haben, so daß man sie – ohne pejorative Wertung – als archaische Lokalarchitektur ansehen darf.

Die sich herausbildenden islamischen Staaten begannen weitgehend unter den gleichen kulturell-künstlerischen Voraussetzungen, änderten den gleichen architektonischen Grundbestand dann aber mehr und mehr ab. Einer ersten Phase, geprägt durch einfache Ziegelbauten und den Einsatz von Spolien, folgte eine deutliche Differenzierung.

In Ifrikiya bildete sich unter den Aghlabiden ein regionaler Stil heraus, der für das heutige Tunesien, Ostalgerien, Nordtripolitanien und Sizilien Grundlagen weiterer Entwicklung bot. Die Moschee von Kairouan, die Große Moschee von Sousse und die az-Zituna in Tunis repräsentieren diese baugeschichtliche Linie, der die Ziriden, Senhadja und Hafsiden treu blieben. Die fatimidische Zeit hinterließ architektonisch wenig Eigenständiges, blieb unauffällig. Erst die osmanische Besatzung brachte im 16. Jh. neue Bau- und Zierformen, doch selbst in dieser politisch so bewegten Zeit blieben die aghlabidisch-hafsidischen Grundformen maßgebend.

In Marokko, teilweise auch in Algerien, schufen die Almorawiden einen sehr viel strengeren Bau- und Zierstil, entsprechend ihrer zumindest anfangs asketischen Grundhaltung. Exempla jenes Stils sind etwa die Karawiyin-Moschee von Fès und die Moschee von Tlemcen.

Der Almorawiden-Nachfolger, die Almohaden, neigten zu einer verfeinerten, ja raffinierten Schmuck- und Zierkunst. Die Anregungen dazu, die sie offenbar aus Spanien erhielten, nahmen sie dankbar auf, gaben ihnen aber eine neue, die Vorgabe übertreffende Form. Die Almohaden-Architektur wird durch die drei Großen Moscheen von Sevilla, Rabat und Marrakesh repräsentiert. Ihren fast ›barocken‹ Höhepunkt stellt die Gedenkmoschee von Tinmal dar.

Die Meriniden und Saadier folgten den Traditionen ihrer großen Vorgänger. Betont wurde der Medresen-Bau im einheimischen Wohnhausstil.

Der Übergang der Macht an die Alawitenscherifen ließ neue Grundformen aufkommen: Grüne Glasurziegeldächer deckten nun langgezogene Palastbauten, mächtige Stadttore wurden gleich Palasttoren kunstvoll gestaltet.

Ganz andere Wege ging die Kunst in Spanien. Als das Land nach 750 unter die Herrschaft eines Zweiges der Omaiyaden geriet, gelangten syrische und zum Teil auch abbasidische Traditionen nach dem Westen. Der Reichtum Spaniens ließ z. B. die Große Moschee von Córdoba zu einem der reichsten Gotteshäuser des Islam werden. Paläste wie in der Medinat az-Zahra wurden in einer großzügigen Hallenarchitektur nach syrischen Vorbildern gestaltet und nach irakischen Modellen mit Stukkaturen und zarten Steinreliefs verziert. Reste lassen auf vielgestaltigen Tier- und Pflanzendekor schließen. Darin spiegelt sich das weltliche Schönheitsempfinden des Hofes, dem jedoch in Spanien zu allen Zeiten eine radikal-orthodoxe Führung der Ulema gegenüberstand, die sich immer wieder durchzusetzen wußte. In der Folgezeit suchten die Fürsten der Kleinstaaten die Omaiyaden an Prunk und Lebensfreude noch zu übertreffen. Auch die asketische Kultur der ins Land gerufenen Berber wurde durch das Leben in Spanien aufgelöst, und die Almohaden prägten mit ihren Großbauten das Land. Die Vertreibung der Berber im 13. Jh. gab den Granadiner Emiren eine Frist von über 150 Jahren, um eine fast verspielt wirkende Hofkunst zu entwickeln, als deren Hauptwerk die Alhambra erhalten ist. Die Zeit der Reconquista vom Fall Toledos bis zur Eroberung von Granada war im christlich gewordenen Spanien die Periode einer intensiven Orientalisierung der spanisch-christlichen Kunst, bekannt als Mudéjar-Stil. Sie bestimmt im Bereich der Architektur besonders den Bauschmuck, wird aber auch in den Bauplänen und in der Form der Kirchtürme deutlich, die Minaretten gleichen.

Die Architektur des Maghreb ist zudem von der islamischen Stadtstruktur und ihrer Gesetzmäßigkeit abhängig. Die Stadtbaukunst im Islam zeigt auf Grund der abweichenden Sozialstruktur andere Grundformen als die Europas. Der islamischen Stadt fehlt die Selbstverwaltung und dementsprechend das Rathaus, das der europäischen Stadt unentbehrlich ist. Die islamische Stadt besteht aus halbautonomen Wohnquartieren, in denen sich Stammes- oder Religionsgemeinschaften zusammenfinden, dem Hauptbasar entlang den wichtigsten Straßen, dem Produktions- und Handelsbereich der Stadt, und dem Sitz der Regierung wie auch der Freitagsmoschee. Die Quartiere verfügen in der Regel über kleine eigene Moscheen und kleinere Lebensmittelbasare. Der Hauptbasar gehört wenigen kapitalkräftigen Familien. Die Läden und Werkstätten werden verpachtet. In der Hand der Reichen befinden sich außerdem die Khane, die Hofanlagen des Fernhandels im Basarbereich. Die wohlhabenden Familien beherrschen die Städte ökonomisch und als führende Gruppe zugleich ihre Wohnquartiere. Der Gouverneur (oder Herrscher) muß sich in der Regel mit ihnen arrangieren. Die Kadis und Ulema sind mit ihnen durch Heirat oder gemeinsame ökonomische Interessen verbunden.

Hieraus ergibt sich eine Stadtstruktur, in der der Gouverneurspalast, die Freitagsmoschee und der Basar hervortreten, während sich der Rest der Stadt in teils mit Toren verschließbare Quartiere gliedert. Die Stadtmauer umschließt den Gesamtkomplex. Mitunter, besonders im Falle fremder Herren, liegt der Palast vor der Stadt, ist aber in den Mauerring mit einbezogen.

Die Geschichte der Architektur des Maghreb und des islamischen Spanien weist einen sehr komplizierten Ablauf auf, da die wechselhafte Geschichte verschiedene Tendenzen in die Baukunst trug. An den repräsentativen Bauwerken ist durch die Jahrhunderte hindurch weitergebaut und viel verändert worden.

Es erscheint angemessen, die Architektur in regionaler Ordnung darzustellen. Dies geschieht im ersten Teil der folgenden Übersicht. Der zweite Teil wird der Kunst am Bau nachgehen.

Da die islamische Kultur aus dem Osten in den Maghreb hineingetragen wurde, setzt die Darstellung mit Ifrikiya ein, und zwar mit dem tunesischen Raum, wo sich die bedeutenderen Baubeispiele erhalten haben.

Bauten in Ifrikiya

Große Moscheen

Die älteste Moschee in Ifrikiya ist die *Sidi Okba-Moschee* in *Kairouan* (Farbabb. 2, 4). Ihre Geschichte reicht zurück bis in das Jahr 672. Okba Ibn Nafi, Heerführer des Omaiyaden-Kalifen Muawiya, ließ in seinem Feldlager eine Hofmoschee anlegen. Den Berichten zufolge war dieses Bethaus aus Lehmziegeln errichtet, denen Asche beigemengt war. Bescheiden und ohne Schmuck, dürfte sie der ersten Amr Ibn al-As-

Moschee (641) im ägyptischen Fustat geglichen haben. Wahrscheinlich wies sie einen quadratischen Plan auf, mit Pfeilerhallen an einem Hof.

Wiederholte Um- und Erweiterungsbauten (erstmals 695) veränderten die ursprüngliche Anlage. Unter dem Kalifen Hisham errichtete man zwischen 724 und 743 die Moschee nahezu neu. Dieser Bau besaß vermutlich bereits die Grundform der heutigen Moschee, der Kernbau ihres Minaretts stammt noch aus dieser Zeit. 774 wurde die Anlage erweitert.

Der aghlabidische Emir Ziyadat Allah I. ließ dann große Teile abreißen und die Moschee neu errichten (836). Diese neue Moschee, bis heute Hauptmoschee Tunesiens, weist die charakteristische T-Form auf. Für ihre Ausgestaltung wurden Säulen und Kapitelle – insbesondere aus byzantinischen Kirchen – herbeigeschafft. Auch dieser Bau wurde mehrfach renoviert, umgestaltet oder erweitert. So stammt der Mihrab zum Teil noch von 774 – die Datierung auf 672 ist zwar überliefert, erscheint jedoch relativ unwahrscheinlich, da der erste Mihrab überhaupt wohl erst 706 in die Moschee von Medina integriert wurde –, die Lüsterkacheln sind eine Ergänzung aus dem Jahre 862. Dreizehn Jahre später ließ Ibrahim II. die Säulenstellung in der Moschee verstärken. Unter dem Ziriden-Emir al-Muizz mußten 1025 umfangreiche

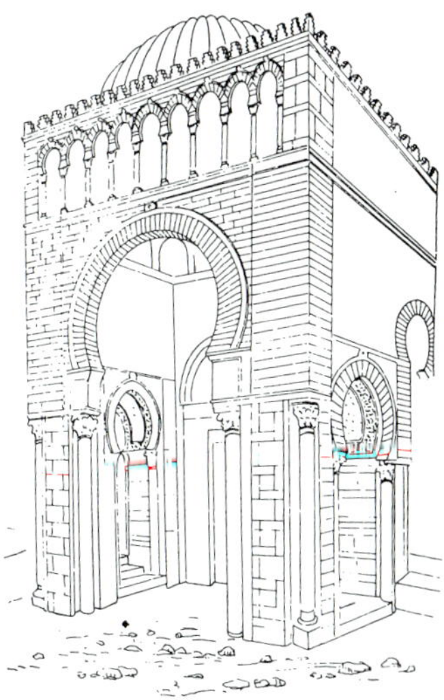

18 Bab Lalla Rihana (1294) der Sidi Okba-Moschee, Kairouan (nach: G. Marçais)

Die Große Moschee von Kairouan – Sidi Okba

Die Djami Sidi Okba Ibn Nafis, bedeutendste Moschee des islamischen Westens, erhebt sich im Nordwestteil der Medina von Kairouan, überragt von einem der größten Minarette des Maghreb (Farbabb. 2, 4). Die gewaltige, schmucklose Umfassungsmauer wird von mehreren Toren durchbrochen. Besonders prachtvoll gestaltet – als überkuppelter Vorbau und mit Hufeisenbogen geschmückt – ist das *Tor der Lalla Rihana* (Abb. 18) an der Ostmauer. Es führt direkt in den Betsaal und darf von ›Ungläubigen‹ nicht durchschritten werden.

Der Fremde benutzt (nach Voranmeldung) eines der Westtore, durchquert den doppelten Arkadenumgang und betritt dann den weiten *Hof* der Moschee, den Marmorplatten decken. Unterirdische Zisternen sammeln unter dem Hof das Wasser für die rituellen Waschungen. Eine Sonnenuhr, eingemeißelt in einen Sockel, dient der Bestimmung der Gebetszeiten. Im Norden, Westen und Osten säumen Arkaden den Hof, bei deren Säulen und Kapitellen es sich überwiegend um antike Spolien handelt. Sie verleihen dem Innenhof ein gefälliges, leichtes Aussehen.

Im Süden befindet sich der *Betsaal,* dessen 17 Zedernholztüren, exzellente Beispiele arabischer Holzschnitzkunst, außerhalb der Gebetszeiten verschlossen bleiben. Dem Nicht-Muslim bleibt der Zutritt zur Halle verwehrt. Wer als Gläubiger die mittlere Tür durchschreitet, steht unter der Replik (13. Jh.) einer der ältesten Steinkuppeln Nordafrikas, ihr originales Pendant (9. Jh.) wölbt sich am südlichen Ende des Mittelschiffs vor dem Mihrab. In der Gestaltung der Kuppeln waltet religiöse Symbolik: Die in 24 Kanneluren gegliederten Wölbungen verkörpern den Himmel, das Quadrat des Raumes die Erde, von wo aus zwei ›Etagen‹ – ein Achteck und ein Sechzehneck – zum Kreis der Kuppel überleiten, Himmel und Erde vereinend.

Die Gebetshalle gliedert sich in 17 Längsschiffe, deren mittleres – breiter und höher als die übrigen – gemeinsam mit dem der Kibla-Wand vorgelagerten Querschiff die charakteristische T-Form bildet (Abb. 17). Die 414 antiken und byzantinischen Säulen, zum großen Teil aus Karthago und Hadrumetan herangeschafft, tragen gemauerte leicht gebrochene Hufeisenbogen, auf denen eine schwere Flachdecke ruht (Abb. 20). Die Holzdecke

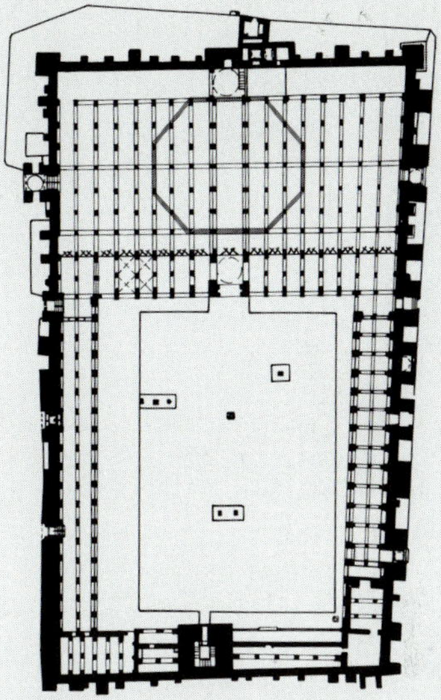

19 Grundriß der Sidi Okba-Moschee in Kairouan mit dem eingeschriebenen oktogonalen Symbol für den Jerusalemer Felsendom (nach: Giroux und C. Ewert/J. P. Wisshak)

ist farbig bemalt, ebenso die in weichen Schwingungen geschnitzten Konsolen.

Eine eigenartige Besonderheit in der Säulenanordnung des Saales geht wahrscheinlich bereits auf den Emir Ziyadat Allah (reg. 817–838) zurück. Den Wissenschaftlern Ewert und Wisshak gelang ihre Entschlüsselung (Abb. 19). Die Haupthalle der Sidi Okba-Moschee greift augenscheinlich den Grundriß des Gebetssaals der Moschee al-Aksa auf, die um das Jahr 715 auf der Tempelplattform in Jerusalem errichtet wurde. Ungewöhnlich sind nun die farbigen Säulenschäfte, die vor dem Mihrab ein Achteck andeuten – offenbar Symbol für den Jerusalemer Felsendom, den die Omaiyaden als Reichsheiligtum bereits 688–692 erbauten. Vermutlich wählten die Bauherren der Sidi Okba-Moschee eben diese Kombination, um dem von den Aghlabiden

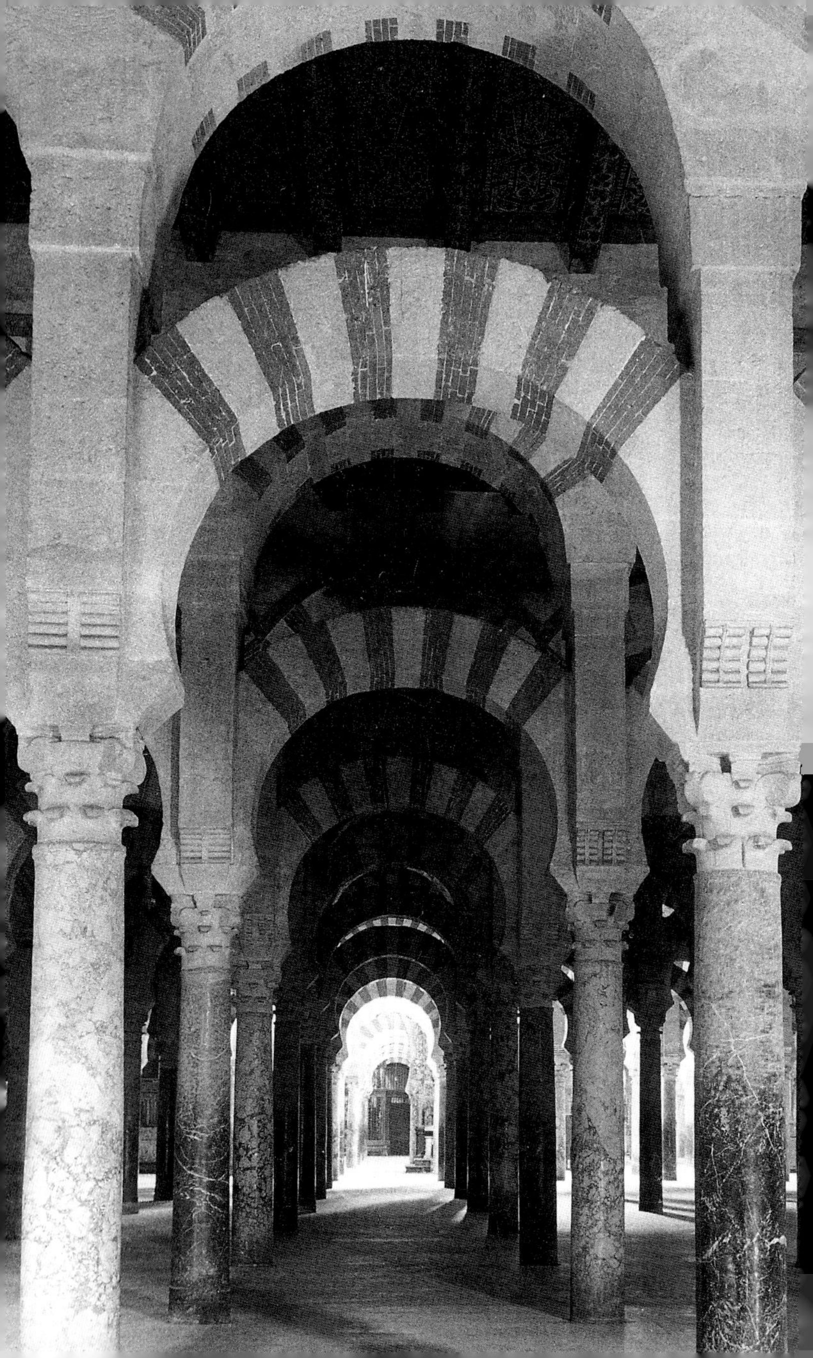

erhobenen Anspruch auf Selbständigkeit gegenüber den Fatimiden Ausdruck zu verleihen.

Der *Mihrab* selbst stammt in Teilen vermutlich noch aus dem Jahr 774, wurde später aber unter Abu Ibrahim Ahmad (reg. 856–863) reich ausgestaltet. Lüsterkacheln aus dem Irak schmücken seit 862 die Nische.

Ebenfalls aus dem Jahr 862 und von gleicher Provenienz ist der *Minbar* (die Kanzel) aus Platanenholz. Geschnitztes Weinblattgeflecht und Rankenwerk zeugen von der großen Fertigkeit der irakischen Kunsthandwerker, derer man sich auch im 11. Jh. noch erinnerte. Die hölzerne Trennwand für den Betraum des Herrschers, die Maksura, trägt den Namen des al-Muizz (reg. 1016–62), jenes Ziriden, der sich von den Fatimiden lossagte.

Das wuchtige *Minarett* (Farbabb. 4) der Sidi Okba-Moschee erhebt sich etwa in der Verlängerung des Mittelschiffs an der nördlichen Außenmauer. Der Kernbau (Grundfläche ca. 11 m^2) geht noch auf die Zeit des omaiyadischen Kalifen Hisham (reg. 724–743) zurück, unter hafsidischer Herrschaft wurde im 11. Jh. der krönende Kuppelaufbau ergänzt.

Reparaturarbeiten und Erweiterungsbauten ausgeführt werden, die Maksura wurde erneuert. Ende des 13. Jh. fügten die Hafsiden die Hofarkaden hinzu, das Bab Lalla Rihana (1294; Abb. 18) an der Ostfront der Bethalle sowie den Kuppelaufsatz des Minaretts. Im Jahre 1618, unter Bey Murad I., wurde die Moschee ein weiteres Mal restauriert, und auch im 19. und 20. Jh. erfolgten Renovierungen und Umbauten.

Vergleichbar mit der Großen Moschee von Kairouan ist die *Djami az-Zituna*, die *›Ölbaum-Moschee‹* von *Tunis*. Sie steht vermutlich an der Stelle eines 734 erbauten Ribat, der auch als Moschee gedient haben mag. Die heutige Moschee geht zurück auf den Aghlabiden Abu Ibrahim Ahmad (reg. 856–863). In der Anlage greift sie das Schema der Sidi Okba-Moschee auf, allerdings bedeckt die az-Zituna nur ein Drittel der Fläche ihres berühmten Vorbilds und erscheint zudem als ein ungewöhnlich stark verschobenes Rechteck (s. S. 85).

◁ 20 Hufeisenbogen (9. Jh.) im Betsaal der Sidi Okba-Moschee, Kairouan

Im 10. Jh. erweiterte man die Moschee: So ergänzte man den Narthex, errichtete die Steinkuppel über dem Eingang (Abb. 21) zur Bethalle und die Säulengänge. Unter den Hafsiden gewann die az-Zituna

21 Eingang zum Betsaal der ›Ölbaum-Moschee‹, Tunis; Narthex und steinerne Kuppel aus dem 10. Jh.

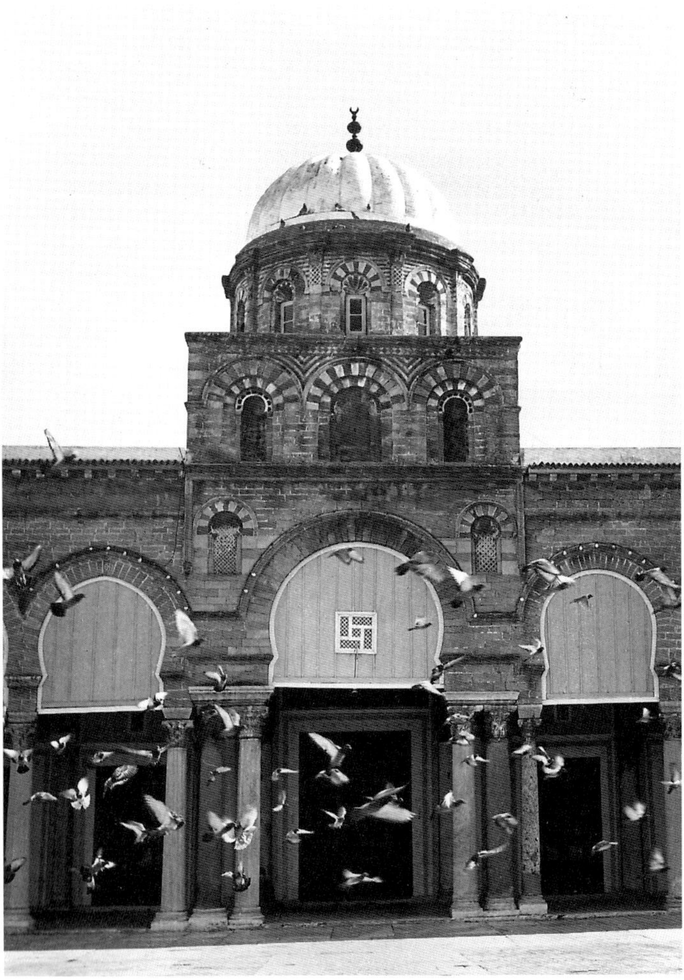

Die Große Moschee von Tunis – Djami az-Zituna

Im Gewirr der Straßen und Gassen der Altstadt von Tunis findet der Besucher das Hauptheiligtum der Stadt, die ›Ölbaum-Moschee‹ (Djami az-Zituna). Ihr ungewöhnlicher Name ist nicht eindeutig erklärt, angeblich soll hier einst ein heiliger Ölbaum gestanden haben.

In der Regel nähert sich der Besucher aus südöstlicher Richtung, vorbei an der jetzt als Nationalbibliothek genutzten Kaserne aus dem Jahr 1814, die übrigens reich illuminierte Manuskripte besitzt, dem Moscheeportal im Osten. Außer freitags darf man auch als Nicht-Muslim an allen Vormittagen die Anlage betreten.

Das Portal (von 1637/38) erschließt einen von Arkaden umgebenen *Hof,* der die Form eines Trapezes aufweist – eine eigenartige Konzeption, die ihr Pendant in der in sich verschobenen Anlage als Ganzes findet: Die Zituna bildet ein schiefes Rechteck. Auch der Betsaal – der Nicht-Muslimen verschlossen bleibt – verwirrt in seiner Ausrichtung. Zwar weist die Halle die charakteristische T-Form auf, doch stoßen die 15 Längsschiffe nicht senkrecht auf das der Kibla-Wand vorgelagerte Querschiff. Und der Narthex verlängert weder die Längsschiffe nach Süden, noch läuft er exakt parallel zur Kibla-Wand.

Gefesselt aber wird der Blick des Betrachters sicherlich zunächst von den wie Filigran wirkenden Holz- und Steinarbeiten an der Fassade des Gebetssaals, der prachtvollen Steinkuppel (990–995; Abb. 21) – sie ruht auf einem zehnseitigen Tambour – über dem Haupttor zur Bethalle und dem ›Teppich-Muster‹, das die Wände des Minaretts ziert. Das *Minarett,* in der gegenwärtigen Form eine Kopie des almohadischen Minaretts der Kasbah-Moschee, wurde 1834 auf 44 m erhöht und neu dekoriert. Die Säulenumgänge (10. Jh.) und der Narthex wurden vermutlich im 17. Jh. rekonstruiert.

Wie bei der Großen Moschee von Kairouan handelt es sich bei den Säulen und Kapitellen in der Djami az-Zituna zumeist um antike Spolien. Im Innern der *Bethalle* tragen überhöhte Rundbogen – jedes Schiff gliedert sich in sechs Joche – eine geschmackvoll gestaltete Flachdecke, die vermutlich in osmanischer Zeit erneuert wurde. Das breite Mittelschiff, mit Doppelsäulen am Eingang, geleitet vor den mit farbiger Einlegearbeit reich geschmückten Mihrab (991). Eine Bauinschrift an der Basis der Steinkuppel vor dem Mihrab gibt das Jahr 864/865 als offizielles Datum für die Fertigstellung der Moschee, nennt den Baumeister Fath und ehrt den abbasidischen Kalifen al-Mostain, der vermutlich die Moschee mitfinanzierte.

im 13.–15. Jh. als islamische Lehrstätte große Bedeutung. Damit einher ging ein entsprechender Ausbau der Anlage mit einer Bibliothek und weiteren Nebengebäuden. So fügte man 1446–60 auch einen kleinen, von Arkaden umstandenen Waschhof mit achteckigem Becken an und daran angrenzend einen kleinen Raum für die Waschungen.

Die letzten großen Veränderungen erfuhr die ›Ölbaum-Moschee‹ im 19. Jh., u. a. wurde das Minarett (13. Jh.) aufgestockt und mit einem neuen Dekor versehen.

Die dritte *Großmoschee* Tunesiens steht in *Sousse* (Farbabb. 3) und wurde ebenfalls unter den Aghlabiden erbaut. Eine Inschrift von 850/851 weist Abu al-Abbas Mohammed I. (reg. 841–856) als Bauherren aus. Auch diese Moschee wurde mehrfach umgebaut. Ihre Bethalle gliedert sich in 13 Schiffe, von denen drei – das Mittelschiff und die Außenschiffe – noch mit Tonnengewölben gedeckt sind. Den quergelagerten Hof der Moschee umgeben Arkaden – auffällig sind hier die überhöhten Rundbögen –, die an der Außenseite ein Fries mit Kufi-Schrift ziert. Dort, wo die Gebetshalle anschließt, ist der Fries verdeckt, da man 1675 hier einen Narthex mit schlanken, hohen Säulen vorbaute. Markantestes Merkmal der Großen Moschee von Sousse aber sind die beiden massigen Ecktürme, die als Minarette fungieren.

Die *Große Moschee von Sfax* geht in ihren Anfängen gleichfalls auf die Aghlabiden zurück. 849 wurde mit dem Bau einer Hofmoschee vom Typ der Kairouaner Sidi Okba begonnen (am Minarett konnte man Fundamente aus dieser Zeit nachweisen). Mehrfache Um- und Erweiterungsbauten veränderten ihren Plan jedoch gänzlich (Abb. 22). So schuf in aghlabidischer Zeit das Mittelschiff noch die axiale Verbindung zwischen Minarett und Mihrab; nach Verkleinerung der Bethalle unter den Ziriden (11. Jh.) und späterer Vergrößerung durch die Osmanen ist die ursprüngliche Struktur kaum mehr zu erkennen. Das Minarett allerdings ähnelt sehr seinem Pendant in Kairouan: dreistufig,

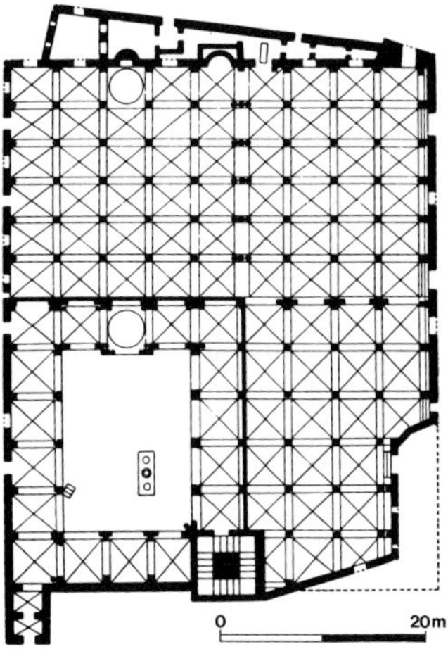

22 Grundriß der Großen Moschee von Sfax (nach: G. Marçais)

eine Rippenkuppel schließt die oberste Stufe ab. Sorgfältig gearbeitet sind hier die Schmuckbänder (u. a. Kufi-Friese). Der Dekor an der Außenfassade der Moschee stammt aus osmanischer Zeit, das figürliche Relief an der Ostseite ist byzantinischen Ursprungs und wurde vermutlich in fatimidischer Zeit angebracht (s. S. 118).

Die erste *Moschee* der Fatimiden entstand 916–921 in *Mahdia,* Bauherr war Mahdi Obeid Allah (reg. 910–934). Bereits im 11. Jh. mußten zunächst Kibla-Wand, Mihrab und Kuppel nach einem Einsturz erneuert, dann die Bethalle erweitert werden. Nach mehreren Umgestaltungen und der weitgehenden Zerstörung durch die Spanier (1554) wurde sie im 18. Jh. durch ein Provisorium ersetzt, 1961–65 dann nach alten Plänen in der Form des 10. Jh. wieder aufgebaut.

Neuartig an der Konzeption der Großen Moschee von Mahdia ist das monumentale Eingangstor, das in einer Achse mit dem Mihrab liegt; interessant auch sein Fassadenschmuck, der sassanidische Einflüsse bzw. solche aus dem mesopotamischen Raum aufweist (Hufeisenbogen, Flachnischen mit Hufeisenbogen; Abb. 70). Den Innenhof der Moschee umgeben an drei Seiten Hufeisenarkaden. Der Betsaal, der in seiner T-Form wiederum dem Grundschema der Sidi Okba-Moschee folgt, gliedert sich in neun Längsschiffe, wobei das Mittelschiff von doppelt gestellten Säulen getragen wird.

Kleinere Moscheen und Zawiyas

Neben den großen Freitagsmoscheen wurden zu allen Zeiten auch kleinere Moscheen errichtet. So ließ etwa ein Andalusier namens Mohammed Ibn Khairun al-Maafiri 866 in *Kairouan* eine Stadtviertelmoschee erbauen, die *›Moschee der Drei Tore‹*, *Djami Tetla Bibane* (Abb. 68). Ihr Name weist auf den interessantesten Teil des Baus hin: die Fassade mit ihren drei Toren aus dem Gründungsjahr (s. S. 183f.). Über den Torbogen schließen zwei Kufi-Bänder einen Fries mit floral-geometrischem Muster ein. In der Ornamentik verbinden sich hier syrische mit lokalen und maurischen Einflüssen. Das Minarett sowie ein weiteres Schriftband – das leider die Wirkung der Fassade beeinträchtigt – stammen aus dem Jahr 1440.

In *Sousse* steht die kleine – sie mißt lediglich 8 × 8 m – aghlabidische Moschee *Bu Fatata*, die für Abu Ikal al-Aghlab (reg. 838–841) um 840 erbaut wurde. Ihre Fassade wird von einem Kalligraphie-Band geschmückt. Hufeisenbogen tragen die Tonnengewölbe des dreischiffigen Betraums.

Auch in *Tunis* haben sich einige historisch aufschlußreiche kleinere Moscheen erhalten. Die *Kasbah-Moschee* beispielsweise entstand um das Jahr 1231, also zu Beginn der hafsidischen Herrschaft (1229–1574), und darf als erstes Beispiel des spanisch-marokkanischen Baustils auf tunesischem Boden gelten – sofern man nicht die almohadische Kasbah selbst als solches auffaßt. Das Minarett erinnert in Aufbau und Flechtornamentik an almohadische Bauten etwa in Marrakesh, wie auch der Mihrab mit seiner vorgesetzten Kuppel deutlich westliche Einflüsse zeigt. In Bautypus und Innendekor setzen sich indes die örtlichen Traditionen fort.

In Tozeur, im Stadtteil *Bled el Hader* (Bilad al-Hadhar), steht noch das *Minarett* der Großen Moschee aus dem frühen 11. Jh. Der 1193 geschaffene Mihrab der ansonsten zerstörten Anlage ist in einem benachbarten neueren Gebetssaal in die Kibla-Wand eingelassen.

In der Zeit der osmanischen Herrschaft blieb man in Tunesien beim Bau von Moscheen weitgehend den hafsidischen Traditionen treu. ›Türkisch‹ wirkt am ehesten die *Sidi Mahrez-Moschee in Tunis*, die ab 1675 nach osmanischem Vorbild errichtet wurde. Sie besitzt neun Kuppeln und ist innen mit Fayencedekor aus Rhodos und Kleinasien reich ausgeschmückt. Wegen ihres achteckigen Minaretts und der sehr

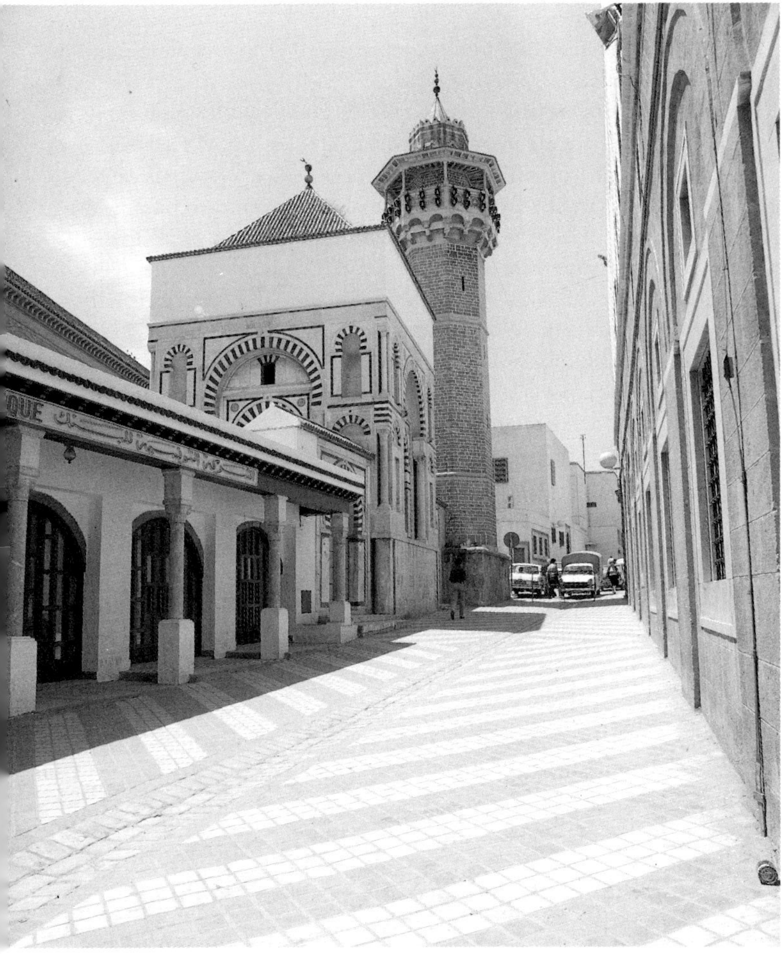

23 Die Yussuf Dey-Moschee (1616), Tunis: mit ihrem achteckigen Minarett typisches Beispiel für den husseinitischen Baustil

regelmäßigen Säulenhalle ist die *Yussuf (Youssef) Dey-Moschee* (Abb. 23) von 1616 zu erwähnen, das Vorbild für die *Hammuda Pascha-Moschee* (1655). Beide Bauten repräsentieren vorzüglich den husseinitischen Stil. Ferner ist in Tunis die *Grabmoschee (1654) des Sidi Ben Arus* (gest. 1463) sehenswert: ein quadratischer Bau, dessen Schmuck aus grün glasierten Fliesen und polychromem Marmor noch von den reichen Stukkaturen übertroffen wird.

Ein ausgesprochen interessantes Bauwerk ist die *Freitagsmoschee von Testour*, die wie ein Mudéjar-Bau anmutet: Ihr Minarett ist spanischen Kirchtürmen nachempfunden, der Dekor folgt spanisch-maurischem Stil. Andalusier – ihre Nachfahren dominieren noch heute in Testour – stifteten die Moschee im 16. oder 17. Jh.

Insgesamt läßt sich feststellen, daß die Grundtypen aghlabidischer Baukunst noch bis in die Neuzeit Verwendung fanden – quadratisches Minarett, Säulenhalle an einem Hof und Zinnen auf den Mauern –, der osmanisch-italienische Einfluß zeigt sich häufig in der Vielfarbigkeit des Dekors, vor allem in den glasierten Majolika-Kacheln.

Als Wallfahrtsort dient noch heute die als *›Zawiya des Sidi Sahab‹* (oder *›Moschee des Barbiers‹*; Farbabb. 6) bekannte Zawiya in *Kairouan*. Sie wurde im 14. Jh. für einen Gefährten des Propheten, für al-Balawi, gestiftet, dessen Grab das Zentrum der Anlage bildet. Von den ursprünglichen Bauten scheint wenig erhalten. Die Moschee wurde zwischen 1613 und 1631 von dem späteren Bey Hammuda Pascha – er amtierte 1631–62/63 – erneuert. Ende des 17. Jh. fügte man ein Minarett und die Medrese hinzu. Aufgrund späterer Restaurierungen (19. und 20. Jh.) läßt sich kaum entscheiden, wie viele der glasierten Kacheln aus dem 17. Jh. stammen. Erhalten sind Medrese, Minarett, der ›Kloster‹komplex, die Bethalle mit vorgelagertem, arkadengesäumtem Hof und eine Kuppel im aghlabidischen Stil.

Die sogenannte *›Säbelmoschee‹* oder *Zawiya des Sidi Amor Abbada*, ein reizvolles Zeugnis Kairouaner Baukunst, entstand 1860 als Grabbau für einen Waffenschmied, den man als Heiligen verehrt. Ihr Name rührt von den Säbeln her, die als Erinnerungsstücke hier niedergelegt wurden.

In *Tunis* ist mit der *Zawiya des Sidi Kasim ad-Djalizi* (Kacem al Jelizi) die Stiftung eines Andalusiers erhalten. Der Grabraum des frommen Stifters folgt spanisch-maurischen Vorbildern. Viele der Majolika-Kacheln bezeugen unverkennbar andalusischen Stil.

Die Mehrzahl der rezenten Moscheen von *Tripolis* stammt aus der Zeit osmanischer Vorherrschaft, ältestes Gebetshaus der Stadt aber ist wahrscheinlich die *an-Nakah-Moschee*. Einer Legende nach soll sie bei der Eroberung der Stadt durch die Araber (647) errichtet worden sein – damit wäre sie älter als die Sidi Okba-Moschee von Kairouan –, eine andere schreibt sie dem fatimidischen Herrscher al-Muizz (reg. 953–975) zu, er soll sie auf seinem Weg nach Ägypten in Auftrag gegeben haben. Die ursprüngliche Bauzeit läßt sich infolge der zahlreichen Renovierungen nicht mehr feststellen; aufgrund einer Inschrift kann man immerhin die letzte Erneuerung auf 1610/11 datieren. Die an-Nakah-Moschee – eine rechteckige Anlage – unterscheidet sich durch ihre Bethalle und die Gestaltung des Dachs von den Sakralbauten in Tunesien. Im Gebetsraum fällen die 36 kurzstämmigen Säulen aus verschiedenem Material (u. a. Marmor, Granit), teils römischen oder byzantinischen Ursprungs, quadratische Joche aus, die jeweils von einer Kuppel überspannt werden. Vor der Halle dehnt sich ein Hof, von Säulengängen umschlossen. Das schlichte, quadratische Minarett (vermutlich 17. Jh.) ist durch eine kleine Bogentür mit dem Gebetsraum verbunden.

Komplizierter ist der Bauplan der *Darghut-Moschee,* die in ihren Ursprüngen möglicherweise in die Hafsiden-Zeit zurückreicht und auf noch älteren Fundamenten ruht. Sie trägt den Namen des osmanischen Statthalters Darghut (reg. 1553–65), der sich für die Befestigung und Verschönerung von Tripolis einsetzte. Später fügte man ihr ein Bad an, errichtet auf den Trümmern des Palastes von Darghut. Im Zweiten Weltkrieg weitgehend zerstört, hat man die Moschee inzwischen wieder aufgebaut und restauriert. Im Zentrum der im wesentlichen trapezförmigen Anlage erhebt sich ein T-förmiger, dreischiffiger Gebetssaal (Abb. 24). Das Mittelschiff wird von 20 Kuppeln überwölbt.

Eine der größten und schönsten Moscheen Tripolis' indes ist die *Karamanli-Moschee,* laut Inschrift über dem Hauptportal 1736–38 erbaut, und zwar auf Veranlassung des Türken Ahmad I., dem Begründer der Karamanli-Dynastie. Der quadratische Komplex, inmitten der Suks von Tripolis gelegen, besteht aus Moschee, Medrese und den Mausoleen der Karamanli-Familie. Ein wuchtiges, achteckiges Minarett überragt die Anlage. Der Betsaal von quadratischem Grundriß (400 m²) gliedert sich in fünf Schiffe mit 25 flachen Pendentifkuppeln. Das Innere der Halle ist reich ausgestaltet mit ornamentierten Kacheln, Stuck und farbigem Marmor. So ist etwa der Minbar mit Einlegearbeiten aus buntem Marmorsteinchen geschmückt, der Mihrab im unteren Bereich mit Kacheln und im oberen mit Stukkaturen.

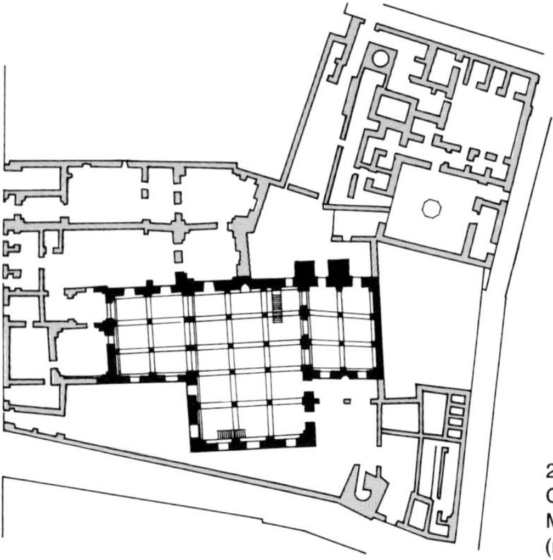

24
Grundriß der Darghut-Moschee, Tripolis
(nach: Warfalli)

Die *Mohammed-Pascha-Moschee* (1698) ähnelt der – prächtigeren – Karamanli-Moschee; bemerkenswert sind ihre reich verzierten Portale. Für die *Gurgi-Moschee* aus dem 19. Jh. gilt Entsprechendes. Hier fällt besonders der exzellente Fliesendekor ins Auge, darunter große Rechtecke mit Darstellungen der Kaaba, sowie die bemalte Holzdecke des Balkons in der Bethalle.

Ribats und Stadtbefestigungen

Die Aghlabiden ließen zu Beginn ihrer Herrschaft wuchtige Festungen, sogenannte Ribats, entlang der Küste errichten. Stark religiös motivierte Krieger, ›Rittermönche‹, bildeten die Besatzung dieser – den omaiyadischen Wüstenschlössern ähnelnden – Trutzburgen. Sie sollten die islamischen Gebiete gegen die ›Ungläubigen‹ verteidigen. Das Innere der meist quadratischen, von mächtigen Mauern umfaßten Anlagen gliedert sich in einen zentralen Hof und umgebende, zum Hof hin in der Regel offene Kammern.

Der *Ribat von Sousse* wurde im letzten Viertel des 8. Jh. auf älteren (u. a. römischen) Fundamenten zunächst als reines Hafenfort gegründet. Ziyadat Allah I. schloß den Bau dann 821 mit der Errichtung eines Wachtturms ab und übertrug ihm damit auch die Funktion eines Signalpostens. Der Ribat verlor allerdings allmählich – nicht zuletzt mit dem Bau der Kasbah von Sousse – an militärischer Bedeutung, wurde schließlich (18. Jh.) in eine Medrese umgewidmet. Die heutige Anlage entspricht in etwa dem Original des 8./9. Jh., da man die Veränderungen des 18. und 19. Jh. zumindest teilweise rückgängig machen konnte.

Im Gegensatz zum Ribat von Sousse verlor der große *Ribat von Monastir* (Abb. 26) seine militärische Bedeutung nicht an die Kasbah:

Der Ribat von Sousse

In der Medina von Sousse, nicht weit entfernt von der Großen Moschee, fällt der 27 m hohe Wachtturm des Ribat ins Auge. Der Ribat selbst erweist sich als ein wuchtiges Bollwerk: Zinnengekrönte Festungsmauern aus Haustein umschreiben ein Quadrat von 38 × 38 m. Halbrunde Bastionen auf quadratischen Plattformen verstärken die West-, Nord- und Ostseite des Gemäuers, dreiviertelkreisförmige seine Ecken. An der Südostecke überragt der erwähnte schlank-runde Wachtturm auf mauerhohem, quadratischem Unterbau die Anlage (Abb. 25). Eine Inschrift des Emirs Ziyadat Allah I. gibt das Baudatum 821. Die Anlage ist sehr schlicht gestaltet. Alleiniger Schmuck der Außenmauern sind die zungenförmigen Zinnen, deren Form ein Nischenband unterhalb des Zinnenkranzes aufgreift.

Der einzige Zugang, gebildet von einem überkuppelten, vorspringenden Torturm, mit markantem Hufeisenbogen, befindet sich an der Südseite. Der Weg führt durch dieses Tor, anschließend dann durch Vor- und Wächterräume, in den nahezu quadratischen Innenhof. Zweigeschossige Gebäude säumen ihn; im Erdgeschoß die Wohnzellen der ›Rittermönche‹, aber auch Lagerräume. Treppen führen hinauf zur Galerie im ersten Stock, auf die an drei Seiten wiederum Zellen münden. Im Süden eröffnen vier Türen den elfschiffigen, tonnengewölbten Gebetssaal; er gilt als einer der ältesten in Afrika überhaupt. Eine enge Wendeltreppe führt von hier hinauf auf den Wachtturm.

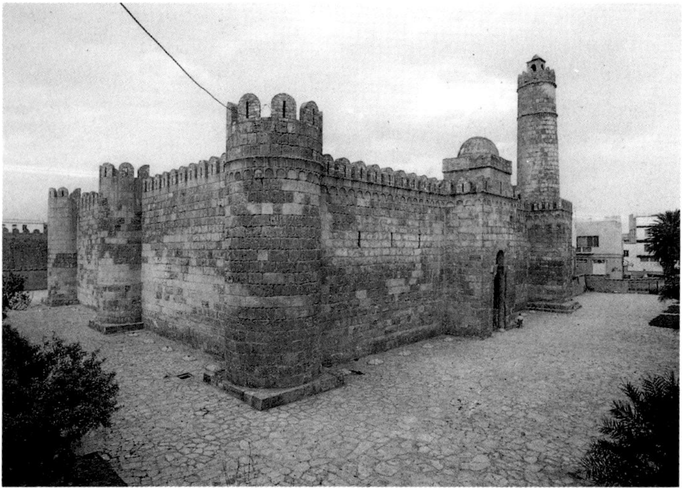

25 Der Ribat von Sousse

Aufgrund der strategisch außerordentlich günstigen Lage errichtete man die Kasbah (10. Jh.) unter Einbeziehung des Ribat, der bereits 796 von Harthama Ibn Aiyan begründet wurde und damit die erste derartige Befestigung der Aghlabiden-Zeit ist. Er maß 32,80 × 32,80 m und entsprach in seiner Grundkonzeption bereits dem etwas späteren Ribat von Sousse: Einen quadratischen Innenhof (allerdings sehr viel kleiner) umstanden zweigeschossige Gebäude, ergänzt um einen runden Wachtturm auf quadratischem Sockel in der Südostecke. Im heute noch erhaltenen südlichen Gebäudekomplex befindet sich im ersten Stock die siebenschiffige Gebetshalle (heute Museum), die sich allerdings nicht über die gesamte Front erstreckt. Der große Mihrab, einst mit einem Rundbogen geschmückt, weist nun einen Hufeisenbogen auf.

Im 9. Jh. erweiterte man den Ribat nach Süden hin. Im Erdgeschoß dieses Anbaus befindet sich ein weiterer kleiner Gebetssaal – vielleicht handelt es sich bei diesem Annex um das in arabischen Quellen erwähnte Frauenkloster. Heute grenzt dieser Teil des Ribat an den Hof der Großen Moschee. Der Ribat erfuhr im 11. Jh. nochmals eine Erweiterung und wurde in späteren Jahrhunderten mehrfach modifiziert.

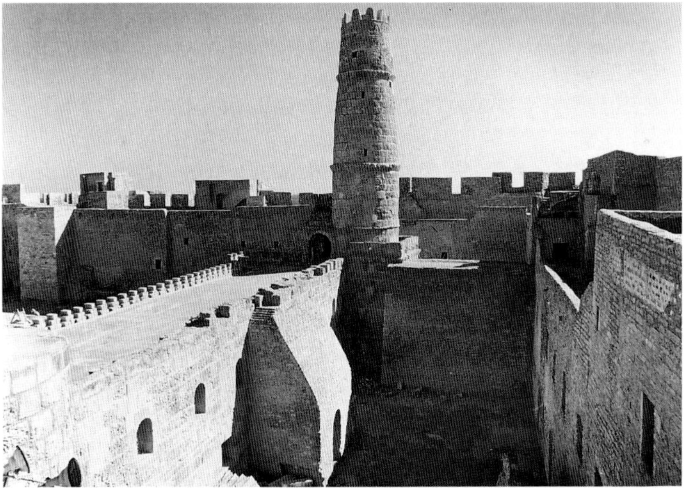

26 Der Ribat von Monastir

Weiter südlich, außerhalb des beschriebenen Komplexes, stehen teilweise restaurierte Relikte eines weiteren aghlabidischen Ribat. Dieser – kleinere – *Ribat Sidi Dhouib* wurde im 9. Jh. als Ergänzungsbau errichtet.

Mahdi Obeid Allah gründete 913 das nach ihm benannte *Mahdia* als zweite Hauptstadt der Fatimiden. Er hatte dazu eine strategisch günstige Lage gewählt: Kap Ifrikiya (Africa). Die Landzunge ließ sich durch massive Mauern zum Festland hin sichern. Ein phönizisches Hafenbecken, aus dem Fels geschlagen, wurde von den Fatimiden erweitert (126 × 57 m) und mit zwei Türmen bewehrt, die eine Brücke miteinander verband.

Als einziger Landzugang der Stadt durchbrach die monumentale Torburg *Skiffa al Kahla* (›Dunkler Vorhof‹; Abb. 27) die etwa 175–200 m lange und fast 11 m hohe Stadtmauer. Beim Wiederaufbau Mahdias (1554) wurde ›La Skiffa‹, wie sie heute genannt wird, auf Fundamenten des 12. Jh. neu errichtet. Sie besteht aus zwei über 20 m hohen Türmen, zwischen denen ein 44 m langer, mehrfach geknickter und überdeckter Torweg in die Altstadt mit dem Basar führt.

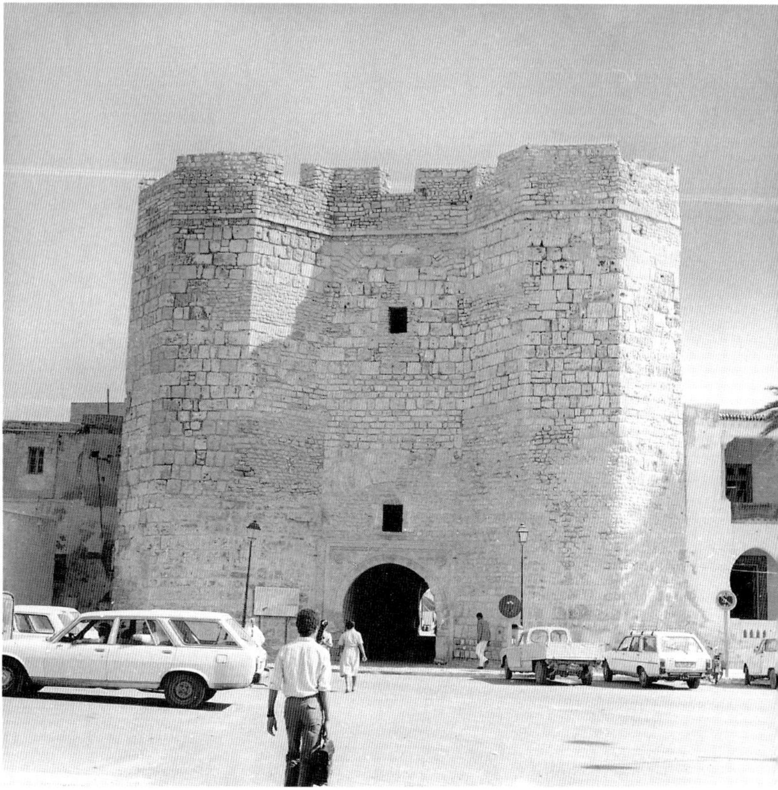

27 Skiffa al-Kahla, Torburg von Mahdia

Die Mauern der *Medina von Sfax* (400 × 600 m) gehen noch auf die Aghlabiden-Zeit zurück, wurden aber – wie auch die in die Stadtmauer einbezogene Kasbah – häufig verändert oder restauriert. So stammt der linke Teil des Bab Diwan, des Haupttors der Medina, von 1306, der Rest aber wurde nach dem Zweiten Weltkrieg rekonstruiert. Bab Diwan weist übrigens die charakteristischen Hufeisenbogen über den Torwegen auf.

Vergleichbar ist die *Stadtmauer von Sousse* (sie ruht teils auf byzantinischen Fundamenten), die noch heute die Medina fast vollständig umschließt. 859 errichtet, wurde sie mehrfach erneuert und verstärkt. Beachtung verdient die Verwendung behauener Steine des römischen Hadrumetum. Die südwestliche Ecke der Stadtmauer wird von der mächtigen Kasbah eingenommen, ebenfalls 859 entstanden – Haupttor sowie Wachtturm stammen noch aus dieser Zeit –, später freilich mehrfach umgebaut.

Die *Kairouaner Altstadt* ist von Lehmziegel-Mauern umgeben, die im 9. Jh. errichtet und u. a. im 11. und 18. Jh. verändert wurden. Halbrunde Zinnen bekrönen den etwa 3,5 km langen und 10 m hohen Wall, den 20 quadratische Wehrtürme verstärken.

Die *Stadtmauern von Tunis* sind zerstört. Der Straßenplan und noch erhaltene Tore lassen jedoch den Verlauf des zweiten (jüngeren) Mauerrings erkennen, den die Franzosen schleiften.

Die *Mauern von Tripolis* sind in ihrem sichtbaren Bestand osmanischen Ursprungs, dürften allerdings teilweise älteren – sogar byzantinisch-römischen – Mauern aufsitzen.

Residenzen, Stadt- und Dorfarchitektur

Leider hat sich keine der alten Residenzen von *Tunis* erhalten, immerhin kennen wir mehrere Stadtpaläste jüngeren Datums.

Andalusischen Einfluß bezeugen Stuck- und Marmorarbeiten des *Dar Othman* (17. Jh.), der im Stil der Hafsiden-Zeit errichtet wurde. Osmanisch geprägt ist der *Dar al-Bey* (Ende des 18. Jh.), vorzüglich restauriert und mit meisterhaften Stukkaturen und polychromen Kachelfeldern geschmückt. In den Außenbezirken von Tunis (Villenvorort Bardo) erbauten schon die Hafsiden um 1420 eine *Gartenresidenz,* die im 18. Jh. erweitert wurde. Sie verrät türkische, italienische, holländische und böhmische Einflüsse. Der Haremstrakt dieses Palastes beherbergt heute das Bardo-Museum.

Eine Stätte von besonderem Ausdruckswert ist *Sabra Mansuriya,* ein in der zweiten Hälfte des 10. Jh. bei Kairouan angelegter Palastkomplex mit vier Toren und der Kalifenresidenz im Zentrum. Sabra Mansuriya war eine Kopie des oder besser: stellte eine Antithese dar zum abbasidischen Baghdad, das al-Mansur 762 als Zentrum der Welt in kreisrunder Gestalt konzipiert hatte. Auch die Fatimiden brachten

Zisternen

Eine der wichtigsten Aufgaben im Maghreb war stets die Wasserversorgung. Mahdia soll 360 große Zisternen besessen haben, die über einen Aquädukt versorgt wurden. Die bekanntesten Reservoire in Tunesien sind die *›Seen der Aghlabiden‹ bei Kairouan* (Abb. 28), die Abu Ibrahim Ahmad im Jahre 862 ausheben ließ. Das große Staubecken hat einen Durchmesser von 129,67 m. Es weist 64 Seiten auf, und jede seiner Ecken ist mit einem runden Pfeiler verstärkt. In der Mitte sind die Reste des Pfeilerfundaments eines Pavillons erhalten. Eine Filterleitung verbindet das Reservoir mit einem kleinen Becken von 37,40 m Durchmesser. Ein 36 km langer Kanal und ein 170 m langer Aquädukt führten Wasser aus den Bergen heran. In *Raqqada* bildete das Hauptbecken ein Trapez von 182 m Seitenlänge. Eine Mauer von 1 m Stärke umfaßte das Wasser. Auch hier stand ein Pfeiler im Zentrum. Ferner haben sich gewaltige *Zisternen bei Sousse* befunden.

28 Die ›Seen der Aghlabiden‹ bei Kairouan

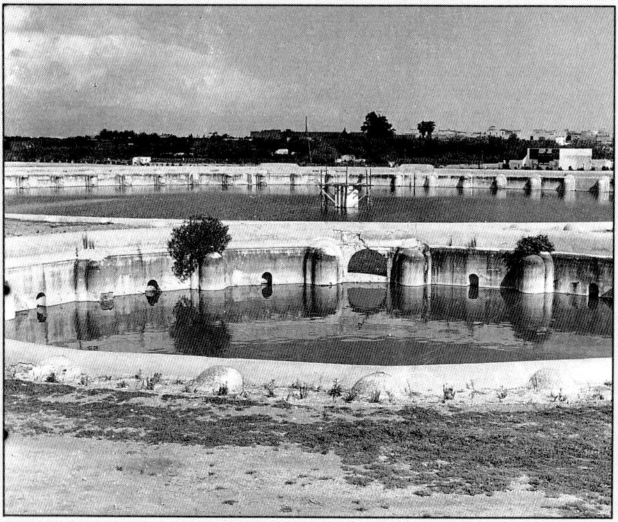

mit der Anlage den Anspruch auf Weltherrschaft zum Ausdruck. Die Ziriden bauten, u. a. mit irakischen Handwerkern, weiter. Leider ist die Stätte heute zerstört. Ausgrabungen haben inzwischen Saalbauten mit fatimidischem Stuck freigelegt, dessen Schnitt an die Arbeiten im irakischen Samarra erinnert.

Die Architektur insbesondere der Wohnhäuser in Ifrikiya läßt sich entsprechend den klimatischen Bedingungen in mehrere Zonen unterteilen: die Bauern- und Stadthäuser Nord- und Mitteltunesiens, die Ziegelarchitektur der Djerid-Oasen und der Parallelregionen; die Bauernburgen Südtunesiens und der Nefusa-Berge in Tripolitanien (Libyen).

Die *Stadt- und Dorfhäuser des Nordens* gehören zum Typus der im Mittelmeerraum verbreiteten nach außen abgeschlossenen Wohnbauten, die um einen oder mehrere Höfe gruppiert sind. Zur Straße hin schmücken Torfassungen und kunstvolle Fenstergitter die Häuser, für die Innenausstattung setzte man bemalte Decken, Kachelfelder und Stukkaturen ein.

Bei den *Lehmziegelbauten der Djerid-Oasen* (Bled el Djerid) zieren Reliefs mit geometrischen Mustern, an iranisch-mittelasiatische Schmuckformen erinnernd, die Fassaden. Es ist eine Architektur ansässiger Oasenbauern. In diese Tradition gehört auch das *Minarett* einer *Moschee* aus dem 9. Jh. in *al-Ouidane* auf römischen Fundamenten errichtet.

Die *Architektur des Südgürtels* bietet drei Hauptformen – die befestigten Bergdörfer der Bauern; die Speicherburgen der Halbnomaden und die in die Berge gegrabenen Wohnbauten der Matmata-Berber.

Das *Matmata-Plateau,* 400–600 m hoch gelegen, wird von Restgruppen der Zenata-Berber bewohnt. Es ist ein typisches Rückzugsgebiet, in dem nur kleine Flecken Landes genug Feuchtigkeit erhalten, um Gerste anbauen zu können. In den Bergboden (unterhalb der oberen Felsschicht liegt Lehm) haben die Bauern durchschnittlich 10 m tiefe Kessel gegraben, deren Boden ihnen als Hof dient. Die Seiten der Kessel hat man in zwei Etagen ausgehöhlt, um so kühle Wohn- und Lagerplätze zu erhalten. Selbst Moscheeräume sind unterirdisch angelegt

29 Die tunesische Bauernburg Chenini ▷

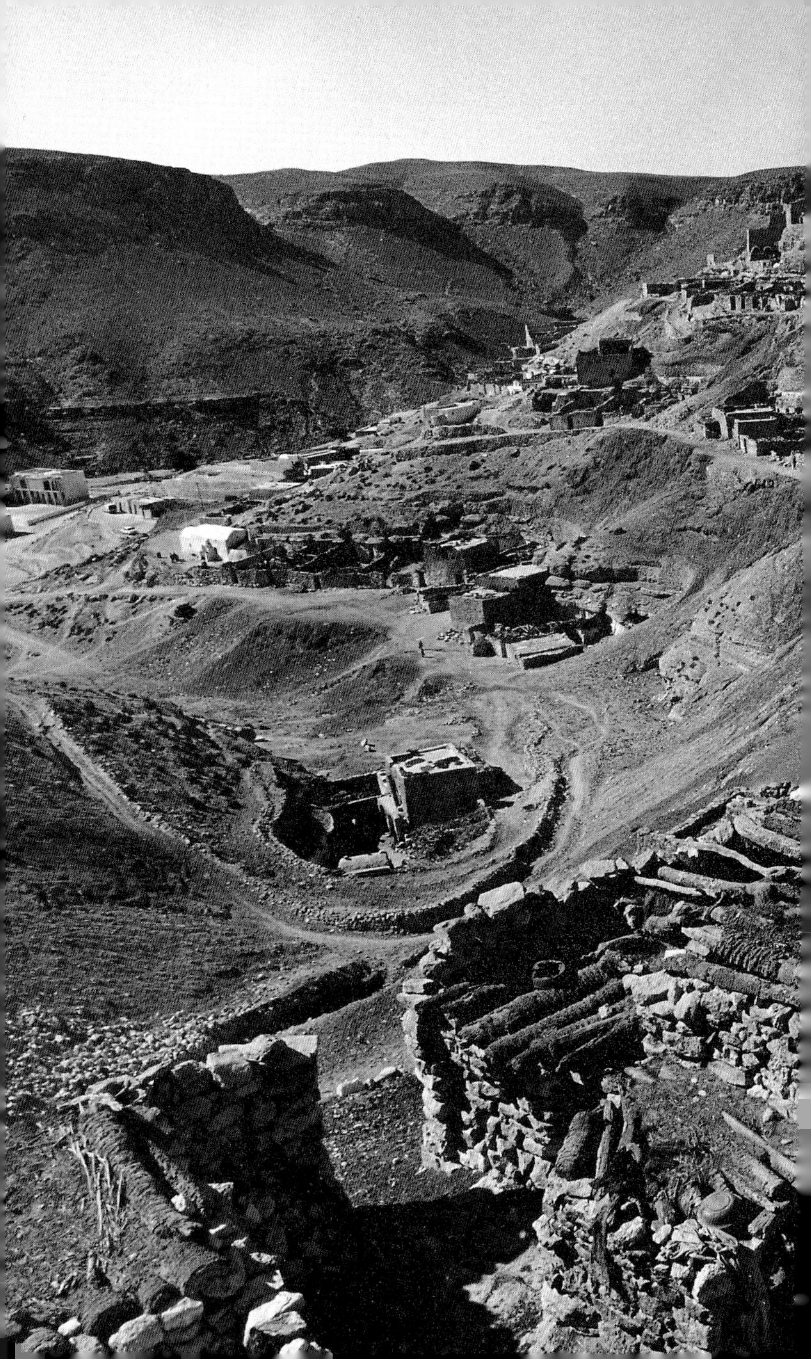

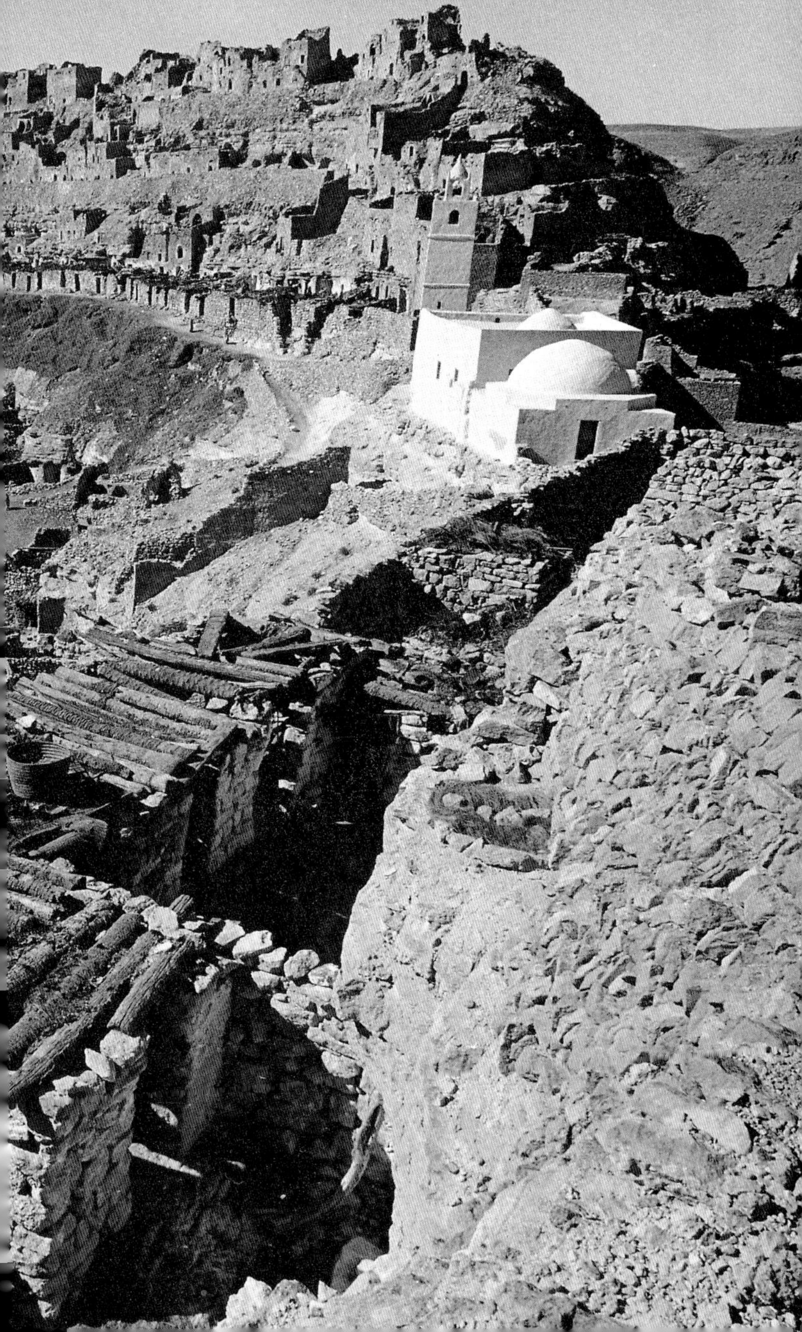

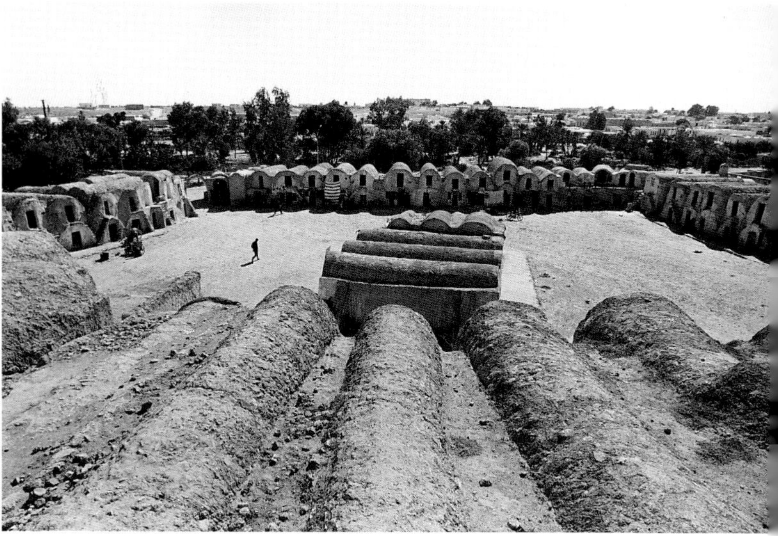

30 Ghorfas in Medenine

(Abb. 8). Außer in der Gegend von Matmata bestehen derartige *Höhlenwohnungen* auf dem gesamten *Djebel Nefusa,* von Südtunesien bis weit nach Libyen hinein. Auf libyschem Gebiet findet sich die größte Konzentration dieser Höhlen bei der Stadt Gharian. Bis vor wenigen Jahren noch bewohnt, werden sie dort heute nur noch als Vorratsplätze und Ziegenställe benutzt.

Arabische und berberische Bewohner des Südens haben die *Speicherburgen* der Halbnomaden gebaut: ein- oder zweigeschossige Gebäude, die sich um einen Hof gruppieren. Jedes Geschoß ist ein abgeschlossener, halbtonnenförmiger Bau (Ghorfa), in dem die jeweilige Familie ihr Hab und Gut deponierte, wenn sie auf den jahreszeitlichen Wanderungen zwischen Gerstenfeldern, Weiden und Obstplantagen unterwegs war. In Südtunesien stehen noch heute einige solcher Speicherburgen, etwa in *Medenine* (Abb. 30), *Metameur* und *Foum Tatahouine.* Entsprechende Bauten gibt es auch in den angrenzenden Bergregionen Tripolitaniens, so in Kabao und Nalut.

Die *Bauernburgen,* etwa das tunesische *Chenini* (Abb. 29), sind auf fast unzugänglichen Bergrücken angelegt. Überwiegend scheint es sich um Gründungen der Zenata zu handeln. Diese Höhensiedlungen fungierten als Karawanenstationen und sind zum Teil bereits im 10./11. Jh. errichtet worden. So erinnert die bis heute genutzte *Moschee von Sharwas* (Djebel Nefusa) aus eben dieser Zeit noch an eine im 12. Jh. zerstörte derartige Siedlung. Ihr Inneres hat durch unsachgemäße Restaurierungen gelitten, doch Sharwas läßt noch immer die organische Bauweise der einheimischen Architektur erkennen.

Der Einfluß des Islam auf das normannische Sizilien und Süditalien

Die von Konstantinopel aus regierte Insel Sizilien fiel 827 an die Aghlabiden. Ziyadat Allah I. hatte Truppen entsandt, die in neunjährigen Kämpfen die Insel eroberten und sie in eine Außenprovinz des formell noch fatimidischen Ifrikiya verwandelten. Trotz der muslimischen Herren blieb die Mehrheit der Bevölkerung christlich, die Araber und Berber stellten die landbesitzende Stadtaristokratie. Nach Angaben des arabischen Geographen Ibn Haukal zählte die Hauptstadt Palermo unter den Aghlabiden 300 000 Einwohner und besaß ebenso viele Moscheen wie Córdoba.

Sizilien entging der Zerstörung durch die Beni Hilal, fiel aber nach bitterem Widerstand an die Normannen (Eroberung 1061–91), die sich weitgehend ›mediterranisierten‹. Relikte der arabischen Zeit selbst sind kaum vorhanden; in Palermo scheint als Kernbau der Kirche S. Giovanni degli Eremiti ein Moscheegebäude erhalten zu sein (s. S. 105).

Die Bauten der normannischen Könige indes zeigen deutlich den Einfluß der ifrikiyanischen Architektur: ob in den Kuppelreihen der Dächer, den hohen Spitzbogen als Blendarkaden an den Fassaden oder in den quadratischen Türmen der Burgen. So erhebt sich auf der kleinen Insel *Ortygia* vor Syrakus (heute mit dem Festland verbunden) ein ›arabischer Ribat‹, das *Kastell Maniace.* Seine quadratische Anlage und runde Ecktürme rufen den Ribat von Sousse oder von Monastir in Erinnerung. In der sizilianischen Hauptstadt *Palermo* zeugen Kirchen und Paläste von arabischer Inspiration. Die *Cuba,* Palast Wilhelms II. aus dem Jahr 1180, kopiert in vielem den Stil des Dar al-Bahr der Ziri-

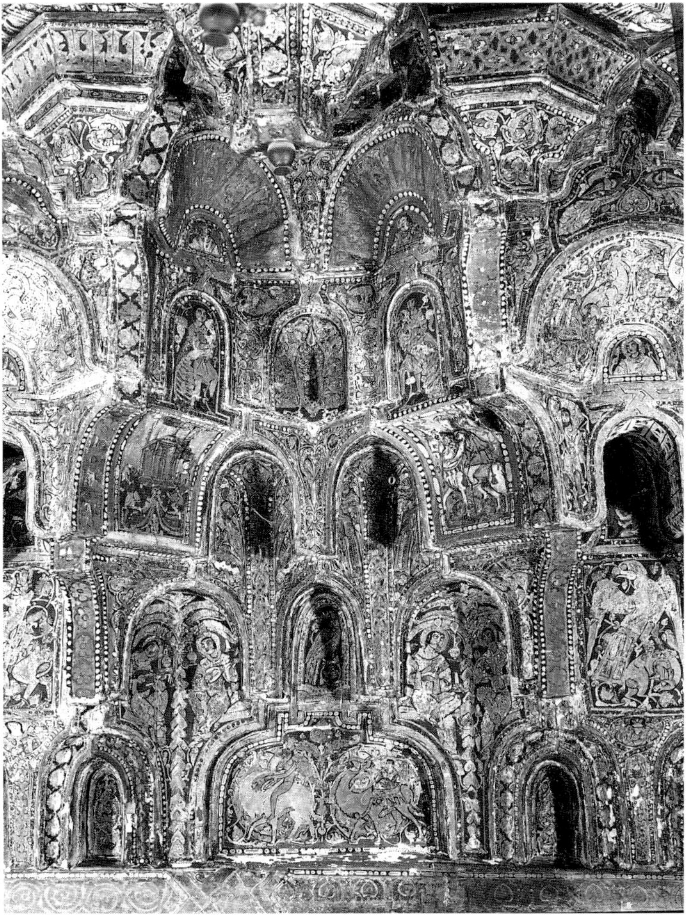

31 Ausschnitt aus der Stalaktitendecke der Cappella Palatina im Normannenpalast von Palermo

den (s. S. 116). Ein massiver Kubus von 30 × 10 m weist an jeder Seite einen rechteckigen Vorsatz auf. Schlanke Spitzbogen zieren die Fassaden, und eine arabische Inschrift nennt den Namen des Königs und das Datum der Errichtung. Die Bezeichnung Cuba geht auf die Überkuppelung des Mittelsaals zurück. Im Park des Palastes steht ein

›Pavillon‹, der islamische Mausoleen (Kubba) nachbildet, die Cubola. Den quadratischen Block von 6,33 m Seitenlänge krönt eine flache Kuppel, die von den vier Eckpfeilern getragen wird und jenen der Moschee an-Nakah in Tripolis gleicht (s. S. 90f.).

Ein zweiter Palastbau, die *Zisa* – Lustschloß der normannischen Könige Wilhelm I. und Wilhelm II. – tradiert, wenn auch in rudimentärer Form, einen arabischen Namen: al-Aziza, ›die Ruhmreiche‹. Die Zisa, als Rechteckblock (32 × 23 m) zwischen 1154 und 1160 angelegt, erhebt sich auf einer Terrasse. Ein arkadenartiger Vorbau deutet durch seine Fassadengliederung drei Etagen an. Der dreitorige Eingang erinnert an die ›Moschee der Drei Tore‹ in Kairouan (s. S. 88, 183f.). Auch Stalaktiten und Mukarnas als Elemente der Innendekoration (Brunnenhof) verweisen auf arabisches Erbe.

Prunkstück der arabischen Kunst auf Sizilien aber ist die *Cappella Palatina* im Normannenpalast (Palazzo dei Normanni) mit ihrer Stalaktitdecke aus Holz, prachtvoll bemalt, deren Motive und Gestaltungsform abbasidische und fatimidische Dekorkunst aufgreifen (Abb. 31, 72; s. S. 190f.).

Einige *Kirchen* Palermos zeugen ebenfalls von orientalischem Einfluß. *S. Giovanni dei Lebbrosi,* ein Bau Rogers I. aus dem Jahre 1070 oder 1071, wird arabischen Baumeistern zugeschrieben. Über dem Allerheiligsten erhebt sich eine ›aghlabidische‹ Kuppel, der Kirchturm erscheint als quadratisches, zweistufiges ›Minarett‹, ebenfalls von einer Kuppel abgeschlossen.

Bei der oben erwähnten *Kirche S. Giovanni degli Eremiti,* einer für Roger II. 1132 ausgebauten und erweiterten Moschee, decken abgeflachte nordafrikanische Kuppeln den ›neuen‹ Langraum und den minarettartigen Kirchturm (Abb. 32). Der kleine Klosterhof, gesäumt von Spitzbogen-Arkaden, erinnert an die Hofhallen-Moscheen Ifrikiyas.

Vergleichbar ist auch *S. Cataldo* (um 1160), hier zieren drei Kuppeln das Mittelschiff der Kirche. Bei der *Kirche La Magione* oder *SS. Trinità,* einer Zisterzienserkirche von 1193, dem *Dom zu Palermo* (1185) und der *Chiesa di S. Spirito* von 1178 kehren die Blendarkaden der normannischen Paläste wieder. In S. Spirito wurde sogar die Anrufung Gottes einer Säule in arabischer Sprache eingeschrieben.

Bemerkenswert ist ferner der *Dom von Monreale* (1174), dessen raffinierte Feinheit in der Gestaltung bereits Granadas Stil vorwegnimmt, auch byzantinischen Prunk integriert und zugleich mit seinen geo-

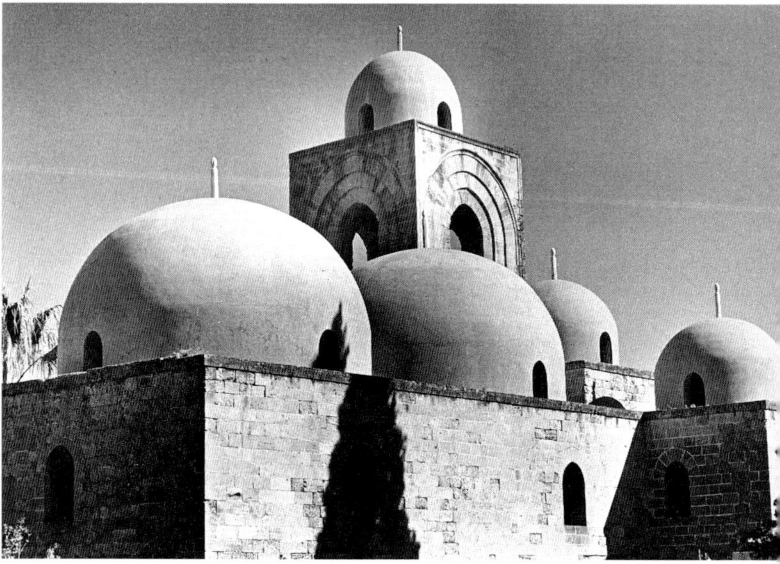

32 Kuppeln und Kirchturm von S. Giovanni degli Eremiti, Palermo (1132 ausgebaut)

metrischen Volumina das Raumgefühl des arabischen Kubusbaus entstehen läßt. Die Außenfassade des Ostwerks wird von den typischen Blendarkaden aus sich überschneidenden, hohen Spitzbogen mit Intarsien geschmückt.

Aber nicht nur in und um Palermo zeigt sich Arabisches. Der *Normannendom von Cefalù* etwa, entstanden zwischen 1131 und 1240, weist eine ähnliche Kombination byzantinischer und islamischer Elemente auf. Markant sind die beiden massigen, minarettähnlichen Türme, die eine dreibogige Vorhalle verbindet. Die Fassaden weisen einmal mehr spitzbogige, sich überschneidende Blendarkaden auf. Die Deckenbemalung im Innern ist teils arabisch, teils byzantinisch geprägt.

Die *Chiesa dei Ss. Pietro e Paolo in Casalvecchio Siculo* zieren ebensolche Blendarkaden, allerdings in polychromem Steinwerk ausgeführt.

Viele weitere Bauwerke Süditaliens belegen islamische Bau- und Zierformen, so die *Chiesa di Santa Maria in Scalea* und der *Palazzo Spinelli* im selben Ort. Der *Campanile von Salerno* (1167) gleicht nordafrikanisch-syrischen Minaretten. Die *Abtei der Dreieinigkeit in Venosa* trägt eine aghlabidische Flachkuppel. Das *Mausoleum des Bohemund von Antiochia* in der Kathedrale S. Sabeno in *Canosa* (12. Jh.) lehnt sich an islamische Heiligengräber an, und der *Dom von Molfetta* zeigt wiederum Blendarkaden aus verschlungenen Spitzbogen.

Es ließen sich noch weitere Bauten aufführen, da besonders der Architekturdekor bis in das 13. Jh. islamische Anregungen aufnahm. Diese Phase der süditalienisch-sizilianischen Kunst ist dem Mudéjar-Stil Spaniens in vielen Zügen verwandt.

Noch die Baukunst des Staufers Friedrich II., der anerkanntermaßen tief von der arabisierten Kultur des normannischen Sizilien beeindruckt war, ist von orientalischen Vorstellungen bestimmt. Die *Burgen der Staufer, Térmoli, Lucera* oder *Namace,* bewahren Anklänge an die Ribats der Muslime. Oft erörtert wurde Friedrichs apulisches Schloß, *Castel del Monte,* südwestlich von Barletta als Oktogon mit oktogonalem Hof angelegt und an jeder Ecke mit wiederum oktogonal angelegten Türmen bewehrt. Der Achtstern ist der Vorstellungswelt des Orient entlehnt und erklärt auch den achtseitigen Grundriß des Felsendoms in Jerusalem (692) als spirituelles Reichszentrum.

Algerien als Übergangszone zwischen Ifrikiya und Marokko

Zwischen den Siedlungsgebieten im Osten (Ifrikiya) und Westen (Marokko) Nordafrikas bilden der Küstenstreifen und das nördlich der Wasserscheide des Atlas-Gebirges gelegene Land das heutige Algerien. Geprägt wurde seine Stadtarchitektur vor allem von den Almoraviden, die unter Yussuf Ibn Tashfin (reg. 1061–1106) das Land eroberten (1079). Er gründete gegenüber dem Agadir Idris' I. die Lagerstadt Tagrart (1082), Keimzelle des heutigen Tlemcen. Ihre Bauten sollten deutlich spanisch-maurischen Einfluß aufweisen, nicht zuletzt, weil Ali Ibn Yussuf (reg. 1106–38/39), der Sohn und Nachfolger des Yussuf, ihren Ausbau fortführte. Ali war in Tanger, einer andalusisch geprägten Stadt aufgewachsen.

Unter Yussuf Ibn Tashfin wurde auch der Bau der *Großen Moschee von Tlemcen,* der *Djami al-Kabir,* in Angriff genommen (fertiggestellt 1136 unter seinem Sohn). Die Ziyaniden (Abd al-Wadiden), die nach dem Zerfall des Almorawiden- und des Almohaden-Reichs von Tlemcen aus einen blühenden Staat regierten (ab 1235/36), ließen die Moschee weiter ausbauen: Der Innenhof wurde umgestaltet, und in seine Nordarkaden integrierte man ein Minarett (1236). (Die eigenartige Verkürzung der Hofarkaden im Norden und Westen, durch die die Gesamtanlage fünfeckig wird, war aufgrund des angrenzenden Palastes notwendig; Abb. 33). Abweichend von den Bauten in Ifrikiya folgt die Bedachung der Moschee dem Verlauf der 13 Schiffe im Betsaal, so daß 13 Satteldächer parallel laufen.

Hispano-maurischer Einfluß zeigt sich in den Zackenbogen (Hufeisen- oder Spitzbogen) und in den Stukkaturen mit floralen wie epigraphischen Motiven, aufs delikateste ausgeformt in den beiden Kuppeln des Mittelschiffs.

Etwa 3 km westlich von *Tlemcen* finden sich innerhalb der Ruinen des Militärlagers *Mansura* die Reste einer *Moschee.* Ihr Bau, 1302/03 von Abu Yakub während der Belagerung von Tlemcen begonnen, wurde etwa dreißig Jahre später bei der Rückkehr der Meriniden fortgesetzt. Die Konzeption der Anlage läßt deutlich erkennen, daß hier an die Grundstruktur der al-Aksa-Moschee angeknüpft wurde. Die Außenmauern der Mansura-Moschee umschrieben ein Rechteck von 85 × 60 m. Trat man durch das ins Minarett integrierte Haupttor hindurch in den Innenhof, so blickte man in gerader Linie nach Süden auf das Mittelschiff des Betsaals. An Hand der Ruinen läßt sich die Gliederung der Halle rekonstruieren: Die 13 Längsschiffe – mit verbreitertem Mittelschiff – laufen senkrecht auf die Kibla-Wand zu, wobei hier nicht ein, sondern drei Querschiffe die charakteristische T-Form entstehen lassen. Das Minarett (Abb. 34) und insbesondere sein Nordtor sind Meisterwerke almohadischer Baukunst, die den Vergleich mit den Türmen von Marrakesh (Kutubia), Rabat (Hassan-Turm) und Sevilla (Giralda) nicht zu scheuen brauchen.

Auch die Stadt *Algier* besitzt eine Moschee, die auf Yussuf Ibn Tashfin beziehungsweise seinen Sohn Ali zurückgeht; die *Große Moschee* entstand Ende des 11. Jh. Bogengänge säumen ihren Hof an

Die Große Moschee von Tlemcen – Djami al-Kabir

Von den Almorawiden gegründet und von nachfolgenden Dynastien prachtvoll ausgebaut, fasziniert die von almohadischen Mauern umschlossene Altstadt von Tlemcen bis heute.

Das älteste und bedeutendste Bauwerk der Stadt ist die Große Moschee, die Djami al-Kabir, an der Nordseite des nach dem Emir Abd al-Kabir benannten Platzes. Eine Kursivinschrift nennt das Jahr 1136 als Zeitpunkt der Fertigstellung, der Name des Bauherrn – Yussuf Ibn Tashfin bzw. dessen Sohn Ali – indes ist ausgelöscht.

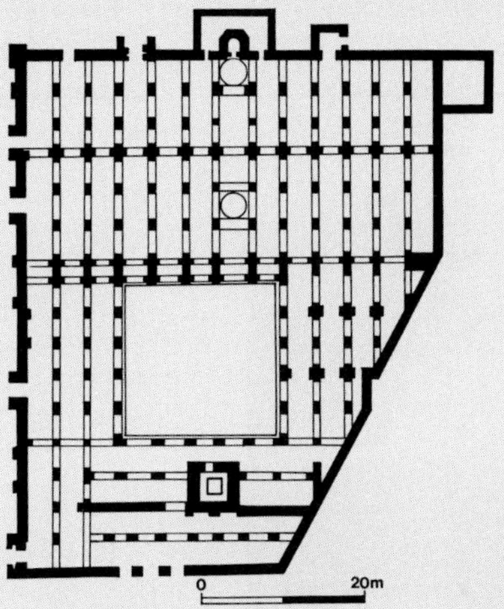

33 Grundriß der Großen Moschee von Tlemcen (nach: G. Marçais)

Der Besucher betritt die nach Osten orientierte Hofhallenmoschee von Westen (Abb. 33). Vier Bogengänge durchquerend, vorbei am Minarett von 1236, erreicht er den quadratischen *Hof*, den tiefe Bogengänge auch im Norden und Süden säumen. Ein Blick auf die *Bethalle* verrät bereits, daß hier 13 Schiffe senkrecht auf die Kibla-Wand zuführen – denn 13 Dächer markieren ihren Verlauf. Im Innern beeindruckt die im schlichten Weiß gehaltene Halle nicht zuletzt durch den Wechsel der weitgeschwungenen Hufeisenbogen der Schiffe und der Zackenbogen der transversalen Arkade, die den Betsaal unterteilt. Die Stukkaturen der Bogen - behangartig, mit floralen Mustern - erinnern an die Aljafería in Zaragoza. Interessant ist, daß hier - wie bei den almohadischen Bauten - Pfeiler statt Säulen die Bogen tragen. Das leicht verbreiterte Mittelschiff wird zusätzlich von zwei Kuppeln betont, eine davon die faszinierende Kuppel vor dem Mihrab: Zwölf Rippen, paarweise von Konsolen aufstrebend, formen die Wölbung; durchbrochene Stukkaturfelder füllen die Segmente zwischen den Rippen aus und schaffen eine Kuppel von einer außerordentlichen Leichtigkeit, wie sie selbst in Córdoba nicht erzielt wurde. Der *Mihrab,* eingeleitet von einem Hufeisenbogen, den Ornament- und Kalligraphiebänder einfassen, erscheint als polygonale Nische, wie sie auch in einstigen spanischen Moscheen zu finden ist.

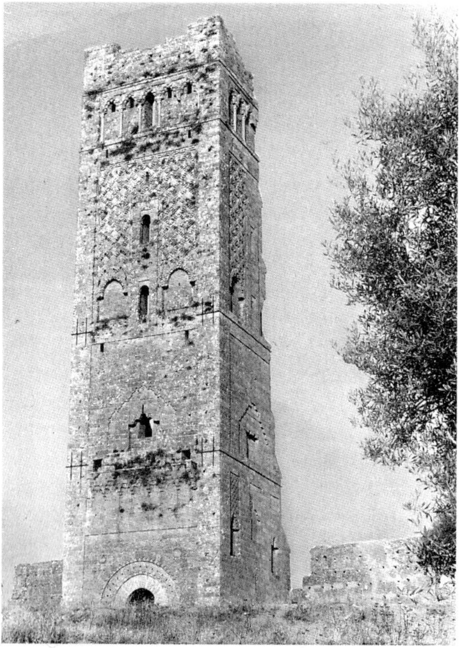

34 Almohadisches Minarett der Mansura-Moschee bei Tlemcen

drei Seiten, an der vierten öffnet sich der Betsaal. Weit ausladende, teils gezackte Hufeisenbogen auf niedrigen Pfeilern verlaufen sowohl in Längs- als auch in Querrichtung, was die T-Form der Halle etwas ›verschleiert‹. Eindeutig erkennbar ist sie allerdings am verbreiterten Mittelschiff, dem der Kibla-Wand vorgelagerten Querschiff und – von außen – an den elf Dächern, welche die elf Längsschiffe decken. Der ursprüngliche Mihrab sowie die Kuppel davor fielen dem französischen Bombardement von 1682 zum Opfer. Das Minarett von 1323 ist eine Stiftung der Ziyaniden.

Die *Große Moschee von Constantine*, die bis ins 19. Jh. immer wieder umgebaut wurde, enthält noch einige ältere Bausubstanz, wohl aus dem 13. Jh. Die älteste Inschrift datiert auf das Jahr 1063, also in die Dynastie der Beni Hammad (Ziriden). Der Mihrab, 1135/36 eingebaut, weist ein weiteres ziridisches Epigraph auf.

Kleinere Moscheen und Grabanlagen

Eines der wenigen Bauwerke in Algerien, das in der aghlabidischen Tradition steht, ist das kleine ziridische *Bethaus in Annaba*, die *Moschee Sidi Bu Marwan* aus dem 11. Jh. Die Decke der fast quadratischen Gebetshalle (19,3 × 19,6 m) einschließlich der Kuppel vor dem Mihrab tragen antike Säulen.

Neben den Großen Moscheen bezeugen in Algerien auch einige kleinere Sakralbauten aus der Zeit der ziyanidischen Herrschaft (1235–1554) die Abkehr vom puritanisch-schlichten Stil almohadischen Sakralbaus.

Zu ihnen zählt die *Sidi Bel Hassan-Moschee in Tlemcen*, eine 1296/97 errichtete dreischiffige Hallenmoschee (zur Zeit als Archäologisches Museum genutzt). Hufeisenbogen, Dekor der Kapitelle und ein reich verzierter Mihrab – flankiert von Onyx-Säulen, überwölbt von Stalaktiten – weisen auf andalusischen Einfluß hin, ebenso das mit Ziegelkompositionen geschmückte Minarett.

Etwa 2 km südöstlich des Tores Sidi Bu Medine (Tlemcen), im *Dorf al-Ubbad*, steht eine der schönsten *Grabmoscheen* der Ziyaniden. Sie wurde 1339 zu Ehren des Schutzheiligen von Tlemcen, Bu Madyan (Bu Medine; 1197 in dieser Gegend verstorben), neben seinem Grabmal errichtet. Die Moschee, vermutlich von andalusischen Künstlern ausgestaltet, weist nahezu alle Elemente hispano-maurischer Baukunst auf. Eine monumentale Treppe führt zu einem Hufeisenbogen-Portal, geschmückt mit ineinanderverwobenen Blattbogen und Einlagen aus farbiger Keramik. Die Zedernholztür selbst ist mit bronzenen Sternen beschlagen und mit zwei Türklopfern ausgestattet, das Dach der Moschee auf marokkanische Weise – mit grünen Ziegeln – gedeckt. In der Eingangshalle der Moschee beeindruckt eine Decke aus Mukarnas. Epigraphische Bänder und keramische Einlagen verwandeln den Vorraum in eine der Perlen nordafrikanischer Architektur. Der Innenhof, mit Keramikplatten gefliest, besitzt einen kleinen quadratischen Teich. Hufeisen-Arkaden umschließen drei Seiten des Hofes, Ziegelfriese schmücken das Minarett.

Im Jahre 1353 entstand in *Tlemcen* die kleine *Sidi al-Halawi-Moschee*, bekannt für den Fayencenschmuck ihres Minaretts. Die mit glasierten Ziegeln gedeckten Dächer, das Minarett und ein fein verziertes Eingangstor verleihen dem Sakralbau einen gewissen Prunk.

Nicht weit entfernt von der Sidi al-Halawi steht das *Minarett der Stadtmoschee des alten Agadir*. Die Ziyaniden hatten es im 13. Jh. der um 800 gegründeten Moschee hinzugefügt, die inzwischen untergegangen ist.

Weitere ziyanidische Bauten in Tlemcen sind die *Sidi Brahim-Moschee* aus dem Jahre 1358 und die *Tashfiniya-Medrese*, während die *Yussuf Ibn Tashfin-Moschee in Nedroma* aus almorawidischer Zeit stammt (allerdings schlecht erhalten).

Die meisten Moscheen *Algiers* gehen auf die Zeit der osmanischen Herrschaft (1596–1830) zurück. Eine der wenigen früheren Bauten ist die um 1200 errichtete *Sidi Ramdan-Moschee*. Sie greift auf marokkanische bzw. spanisch-maurische Bauprinzipien zurück. So befindet sich etwa der Mihrab unterhalb des Minaretts, dessen Aufbau an die Türme der Almohaden-Zeit erinnert.

Unter den Osmanen stiftete der italienische Seeräuber Piccanino (Piccinini), der zum Islam übergetreten war, 1622 eine kleine Moschee im türkischen Stil. Sie trägt seinen islamischen Namen: *Ali Bitshine*. Die mächtige, oktogonal unterlegte Kuppel der Moschee wird von vier Pfeilern gestützt, die anschließenden Bogengänge sind mit 20 kleineren Kuppeln gedeckt (Abb. 35).

Bekannt ist die für die Janitscharen 1660 erbaute *›Moschee am Fischmarkt‹*, die *Djami Djadid*. Ihr Bauplan erinnert an byzantinische Kir-

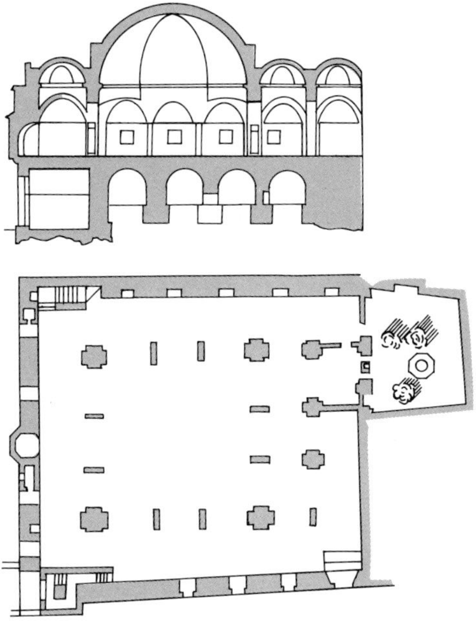

35 Grundriß und Querschnitt der Moschee Ali Bitshine, Algier

chen in Konstantinopel: zwei Schiffe schneiden sich kreuzförmig. Über der Vierung wölbt sich, gestützt auf vier Pfeiler, eine zentrale Kuppel. Der Mihrab ist mit Mosaiken ausgeschmückt, der Minbar aus Marmor gefertigt.

Die *Ketshawa (Ketchaoua)-Moschee,* 1512 errichtet und 1794 von Pascha-Dey Hassan umgebaut, diente in der ›Franzosenzeit‹ als Kathedrale. Sie wurde mehrfach restauriert, nur ihre Kuppel stammt vermutlich noch aus dem 16. Jh. Eine weitere Kuppelmoschee türkischen Typs in Algier ist die *Djami Safir,* 1826 unter Pascha-Dey Hüseyin Ibn Hassan umgebaut, der auch zwei kleinere Moscheen innerhalb der Kasbah errichten ließ (1818).

Die Moscheen in *Constantine,* außer der bereits erwähnten Großen Moschee, sind ebenfalls türkisch bestimmt. So geht die *Moschee Suk al-Ghazal* auf das Jahr 1730 zurück und vereinigt lokale und türkische Traditionen. Der Bau der *Salah Bey-Moschee,* auch als *Djami Sidi al-Kettani* bekannt, wurde 1776 abgeschlossen. Er folgt dem ostislamischen Bauplan mit fünf Schiffen, die parallel zur Kibla-Wand stehen und von einem sechsten, auf den Mihrab zulaufenden Längsschiff geschnitten werden.

Stadtpaläste des 16.–18. Jh. sowie Residenzen regionaler Berber-Dynastien

In Algier sind aus der Osmanen-Zeit und der Dey-Periode mehrere Paläste und Stadthäuser islamischer Notabeln erhalten geblieben.

Das *Dar as-Sultan* aus der Zeit der frühen Korsaren (16. Jh.) ist im Kernbau bewahrt und dient heute dem Touristenamt als Verwaltungssitz. Dieser Palast vor der Ketshawa-Moschee ist ein Hofbau mit umlaufenden Galerien. Fayencekacheln, Stukkaturen und bemalte Holzdecken bilden den Schmuck des Gebäudes. Vergleichbar ist der sogenannte *Winterpalast* oder *Palast Hassan Paschas* von 1791.

Der *Mustafa Pascha-Palast* von 1799, das *Dar as-Suf* von 1798 und andere Paläste folgen ebenfalls diesem Schmuckstil. Reich verziert sind jeweils die Portale, die zu einem Vestibül führen, das mit Fayencen ausgestaltet ist. Daran schließt sich ein Warteraum an, der sich zu einem Hof hin öffnet. Galerien umgeben den in der Regel rechteckigen

36 Fundamente der Moschee in der Kalaa der Beni Hammad

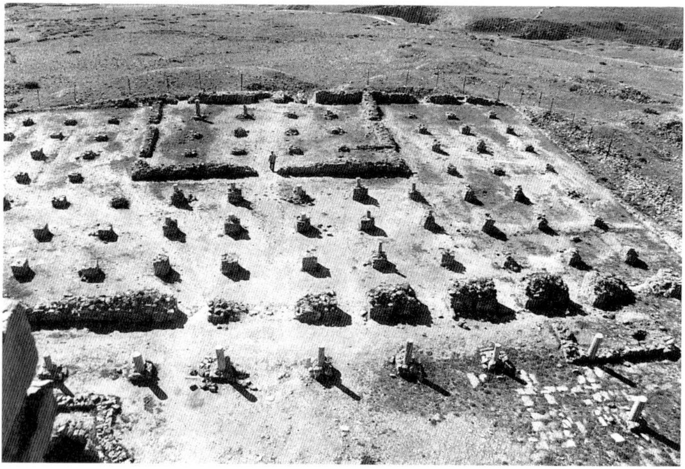

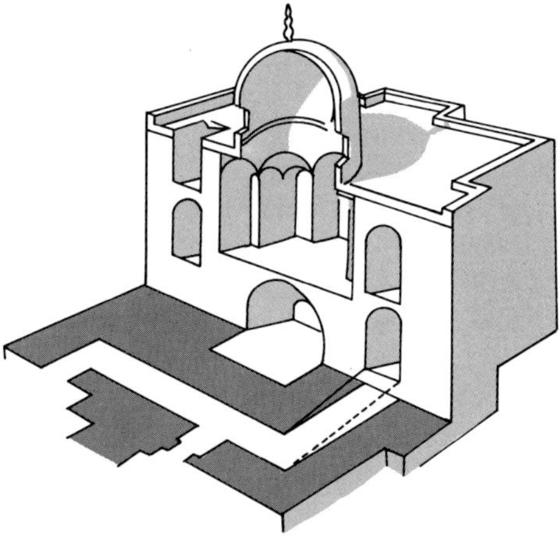

37 Perspektivischer Querschnitt durch den Wachtturm des Kasr al-Manar

Hof, Wandplatten schmücken ihn. Die Balkone der Gebäude tragen reiche Holzschnitzereien. Die Räume sind mit tunesischen, italienischen, holländischen und türkischen Fliesen dekoriert. Vergoldetes Holzwerk, Stukkaturen, venezianische Spiegel und Leuchter sowie französische Möbel gehören zur Ausstattung. Die Außenfassaden sind in der Regel schmucklos.

Die Architektur in den Oasen Algeriens ist bisher kaum untersucht worden. Die repräsentativsten Bauten befanden sich 800 km südlich von der Hauptstadt, etwa 14 km von der Oase Ouargla entfernt. Es handelt sich um die *Ruinen von Sedrata,* der Hauptstadt der strenggläubigen Ibaditen, die 908/909 von den Fatimiden aus Tahert vertrieben worden waren. Ihr letzter Imam führte die Sekte in die Sahara, wo ihre Mitglieder im 10. und 11. Jh. in Sedrata residierten. 1072 erneut vertrieben, siedelten sie dann im noch abgelegeneren Mzab. Grabungen legten in Sedrata Ruinen mehrerer Häuser frei, die unter dem Sand der Wüste begraben lagen. Reich skulptierte Alabasterplatten zierten Häuser, Nischen, Pfeilerkapitelle, Halbsäulen und Bogen. Sie zählen zu den schönsten Schmuckplatten islamischer Zierkunst.

Ursprünglich als Zuflucht vor den Fatimiden angelegt, wurde die *Kalaa der Beni Hammad* (ca. 100 km südlich von Bujaya/Bejaia) Anfang des 11. Jh. zur ersten Residenz der ziridischen Dynastie. Die

Stätte ist schwer zugänglich und liegt heute in Ruinen. In den Fundamenten der Moschee lassen sich 13 Schiffe erkennen (Abb. 36); den Hof der Sakralanlage umgaben Galerien. Bis heute erhalten ist das Minarett (noch 24,70 m hoch), dessen Südseite mit Fayenceplatten und Bogennischen verziert ist – ein Dekor, der überleitet zum hispanomaurischen Typus. Des weiteren lassen sich drei Paläste ausmachen, die zum Teil freigelegt wurden: Im Zentrum der Stadt das Dar al-Bahr (›Palast des Meeres‹), im Ostteil die Kasr al-Manar (›Burg des Turms‹) und im Südwesten der Palast des Grußes.

Vom *Kasr al-Manar* hat sich die Ruine eines kreuzförmigen Wachtturmes (Manar; Abb. 37) erhalten, dessen Fassade halbzylindrische Nischen zieren. Wahrscheinlich deckte ihn einst eine hohe Kuppel. Der Palast gliederte sich in eine Folge von Höfen und Hallen um einen Zentralhof. Reste des Dekors, besonders Stukkaturen, bestätigen die Datierung in das 11. Jh.

Der *Dar al-Bahr* trägt seinen Namen wegen eines Beckens von 64 × 45 m im Zentrum, das von einer Galerie umgeben war. Die Ruinen bedecken heute eine Fläche von 260 × 160 m. Offenbar bildete der ›Palast des Meeres‹ den eigentlichen Regierungssitz der Beni Hammad.

Die Baukunst Marokkos

Die Grundform der Moschee blieb in Marokko die Hofhallen-Anlage, wie sie auch in Ifrikiya auftritt und wie sie schon die Omaiyaden erbauten. Charakteristisch ist das verbreiterte, senkrecht auf die Kibla-Wand zulaufende Mittelschiff, meist begleitet von weiteren Längsschiffen, das mit dem der Kibla-Wand vorgelagerten Querschiff die T-Form bildet. Allerdings finden sich auch Bethallen, in denen – außer dem Mittelschiff – alle Schiffe parallel zur Kibla-Wand verlaufen.

Große Moscheen

Die marokkanische Stadt *Fès* birgt das Hauptheiligtum des westlichen Islam und zugleich eine der ältesten islamischen Hochschulen, die

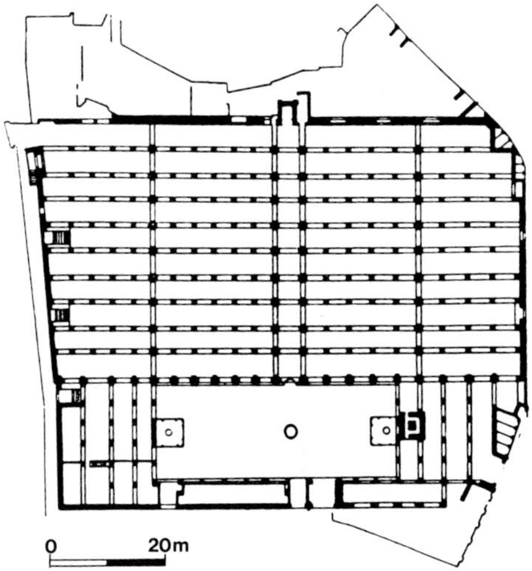

38 Grundriß der Karawiyin-Moschee, Fès (nach: G. Marçais)

Karawiyin (Kairaouine). In dem Namen erhält sich die Bezeichnung des Wohnviertels der Kairouaner in Fès, die vor den Fatimiden aus ihrer Heimatstadt geflohen waren. Gegründet 859, zunächst als vierschiffige Hallenmoschee errichtet, wurde sie 956 erweitert und mit einem Minarett versehen. Das Minarett, ein quadratischer Turm syrisch-ifrikiyanischer Grundform, erhebt sich an der Westseite des Moscheehofes. Im Jahre 1135 erhielt sie dann unter dem Almorawiden Ali Ibn Yussuf (reg. 1106–38/39) ihre heutige Gestalt und Ausdehnung: Die Gesamtanlage mißt nun 85 m in der Breite und 70 m in der Länge. Der Gebetssaal der Karawiyin weist eine Besonderheit auf: Seine zehn Schiffe verlaufen parallel zur Kibla-Wand (Abb. 38). Ein überkuppeltes Mittelschiff aber schneidet sie und läuft direkt auf den Mihrab zu. Die Kuppeln zeigen verschiedenste Formgebung: Es finden sich zwei in Holz gearbeitete, eine gerippte, eine mit Mukarnas ausgeschmückte und mehrere mit Stalaktiten überzogene Kuppeln. Besondere Beachtung verdient der hölzerne Minbar aus dem 12. Jh. (wahrscheinlich aus Córdoba importiert), der als einer der schönsten der islamischen Welt gilt. Die prachtvolle Ausgestaltung der Moschee – mit feinstem Stuckdekor – stilisierten Pflanzen und kalligraphischen Bändern –, mit Stalaktitgewölben sowie gerundeten Hufeisenbogen lassen die Karawiyin als eine Perle maurischer Architektur erscheinen. (Die Almohaden

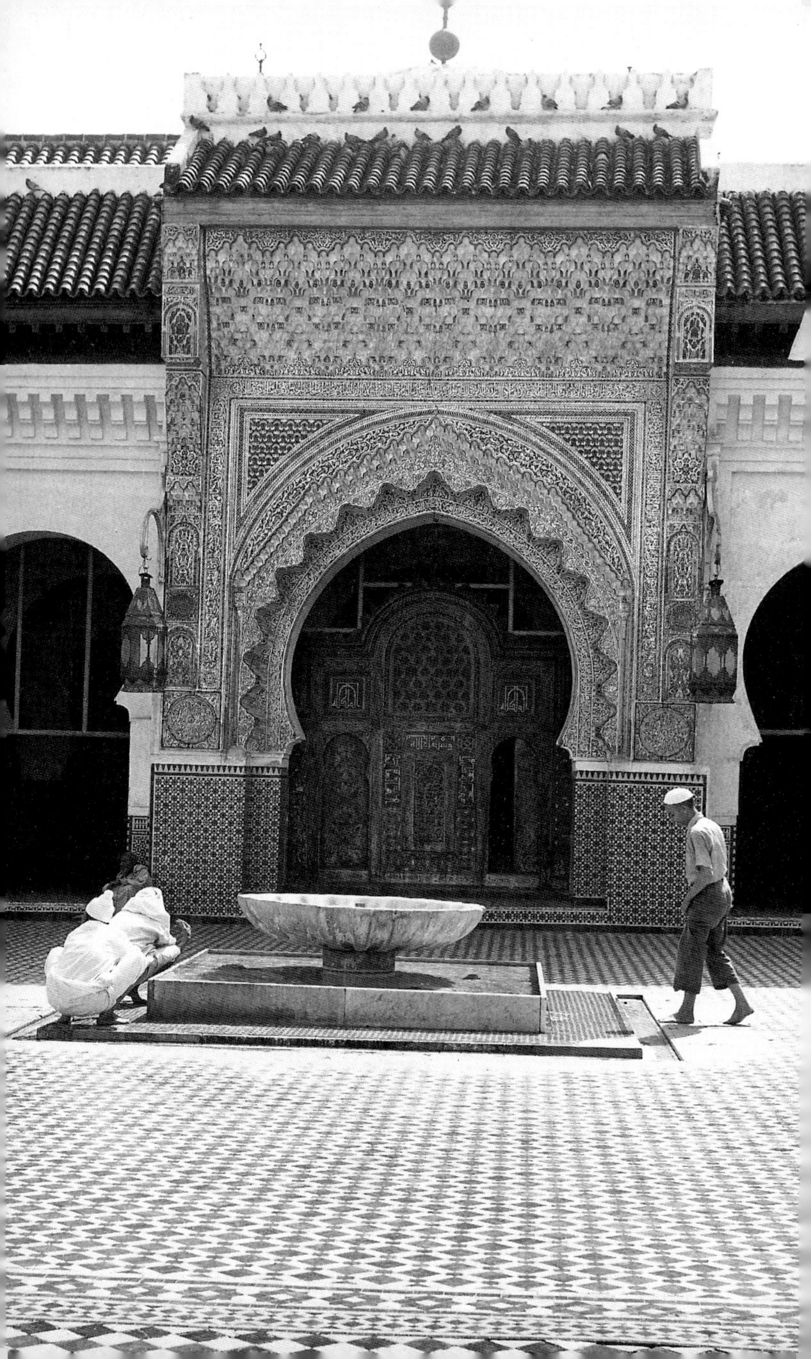

deckten zwar im 12. Jh. die Dekorationen mit weißem Putz ab, dieser wurde aber inzwischen in Teilen wieder entfernt.) Im 17. Jh. gaben die neuen saadischen Herren dem Hof übrigens sein an Granada erinnerndes Flair: Sie ließen die beiden Waschpavillons errichten, die mit dem Springbrunnen in der Hofmitte eine Linie bilden – parallel zur Kibla-Wand.

Ebenfalls 859, zeitgleich mit der Karawiyin, entstand die *›Moschee der Andalusier‹*. Der Kalif von Córdoba, Abd ar-Rahman III. (reg. 912–961) ließ sie ebenso wie sie ausbauen und mit einem ähnlichen Minarett versehen. Nach mehrfachen Restaurierungen wurde sie 1207 unter dem almohadischen Sultan an-Nasir sogar nahezu neu errichtet, ohne daß man dabei allerdings die Grundstruktur veränderte. Diese steht im Einklang mit dem Bauplan der Karawiyin. Sieben quergelagerte Schiffe, der Kibla-Wand parallel, werden axial durch ein weiteres, zum Mihrab strebendes Schiff geschnitten. Von den beiden Minbars im Betsaal stammt einer noch aus dem 10. Jh., der andere aus der Almohaden-Zeit. Der Moscheehof ist trapezförmig angelegt, an seiner Westseite ziehen sich zwei, an der Ostseite drei Galerien entlang. Das Minarett erhebt sich über den östlichen Galerien. Die Meriniden (1248–1465) schmückten die Moschee mit fein gearbeiteten Dekorationen weiter aus, in leichter Abwandlung der almohadischen Ornamentik.

Die ›Moschee der Andalusier‹ war Vorbild für die *Djami al-Hamra* in Fès al-Djadid (erbaut 1276, wurde diese 1395 erneuert). Hier laufen sechs Schiffe parallel zur Kibla-Wand, wiederum geschnitten von einem axialen Mittelschiff mit zwei Kuppeln. Den rechteckigen Hof umgeben an drei Seiten einfache Bogengänge, das Minarett erhebt sich an der Nordwestecke.

In der Stadt *Taza* erbauten die Almohaden 1135 eine *Große Moschee,* die von den Meriniden 1291 erweitert und umgestaltet wurde. Die Rippenkuppel vor dem Mihrab ist mit skulptiertem Stuck prachtvoll verziert. Die großen Bronzeleuchter der Moschee sollen aus Glocken christlicher Kirchen, erbeutet in Spanien, gefertigt worden sein.

Eines der bedeutendsten almohadischen Bauwerke ist die *Kutubiya,* die *Große Moschee von Marrakesh,* deren Minarett zum Wahrzeichen

◁ 39 Innenhof und Portal des Betsaals der Karawiyin, Fès

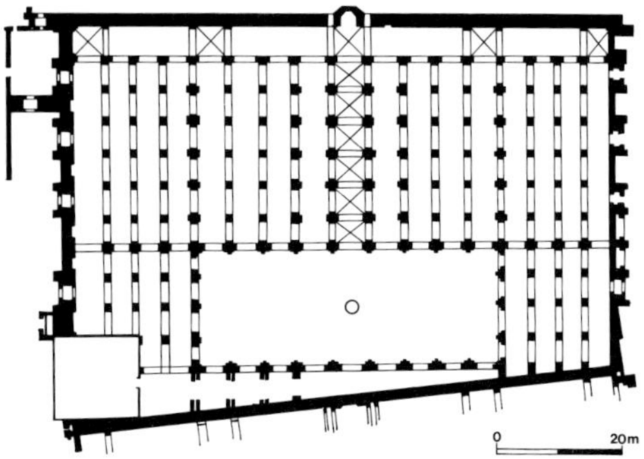

40 Grundriß der Kutubiya, Marrakesh (nach: G. Marçais)

der Stadt geworden ist (Abb. 41). Von Abd al-Mumin 1147 nach dem Sieg über die Almorawiden demonstrativ an der Stelle des almorawidischen Palastes errichtet und 1157 fertiggestellt, sollte die erste Kutubiya nicht lange genutzt werden. Sie wurde bereits 1162 (oder 1196) durch die zweite, heutige Kutubiya ersetzt, deren Ausgestaltung Yakub al-Mansur (reg. 1184–98/99) vollendete. Der Grund für den Neubau – 4 m breiter, aber den Plan der ersten Moschee beibehaltend – ist unbekannt. Möglicherweise steht er in Zusammenhang mit der veränderten Ausrichtung der Kibla-Wand im zweiten Bau.

Legenden der Farbabbildungen

1 Im Innenhof der Karawiyin-Moschee, Fès
2 Sidi Okba-Moschee, Kairouan
3 Große Moschee von Sousse
4 Innenhof und Minarett der Sidi Okba-Moschee, Kairouan
5 Eingangstor zur Hedrashe Kasbah, Meknès
6 Azulejo-Dekoration in der Zawiya des Sidi Sahab, Kairouan
7 Deckengemälde, auf Leder gemalt, in einem Alkoven der Sala de los Reyes in der Alhambra, Granada (Ausschnitt mit ›Prinzessinnen-Turm‹)
8 ›Säulenwald‹ der Großen Moschee von Córdoba (erster Bauabschnitt)
9 Wabenkuppel über der Sala de las Dos Hermanas in der Alhambra, Granada
10 Blick über den Patio de Montería auf das Eingangsportal des Alcázars Don Pedros I., Sevilla

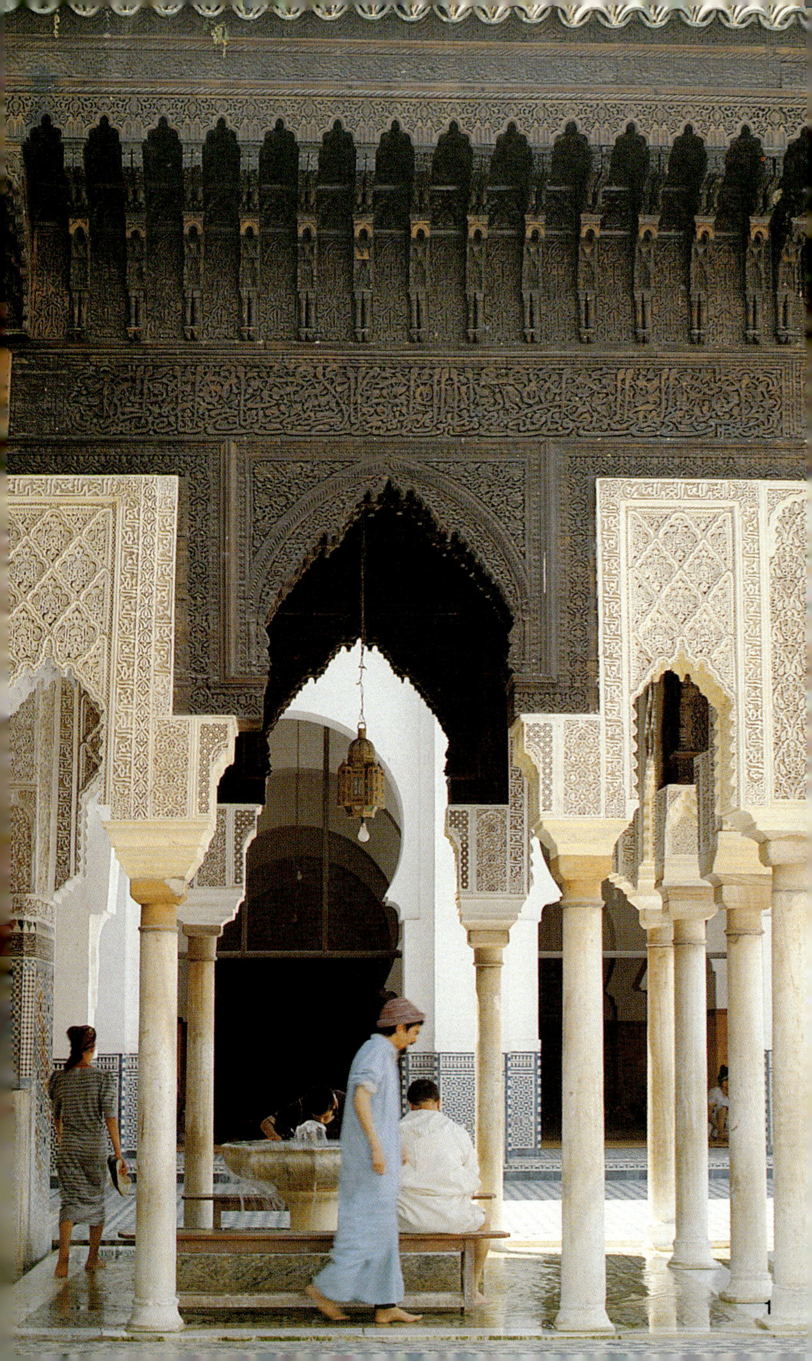

1

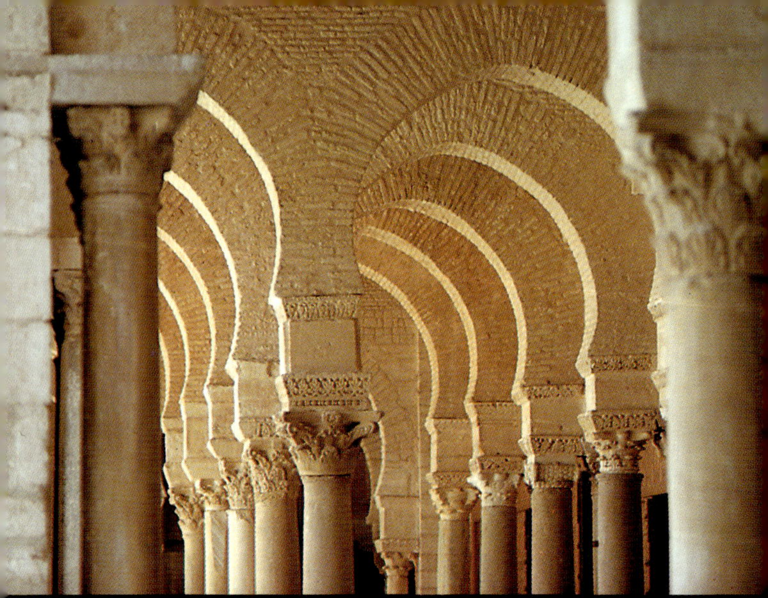

2

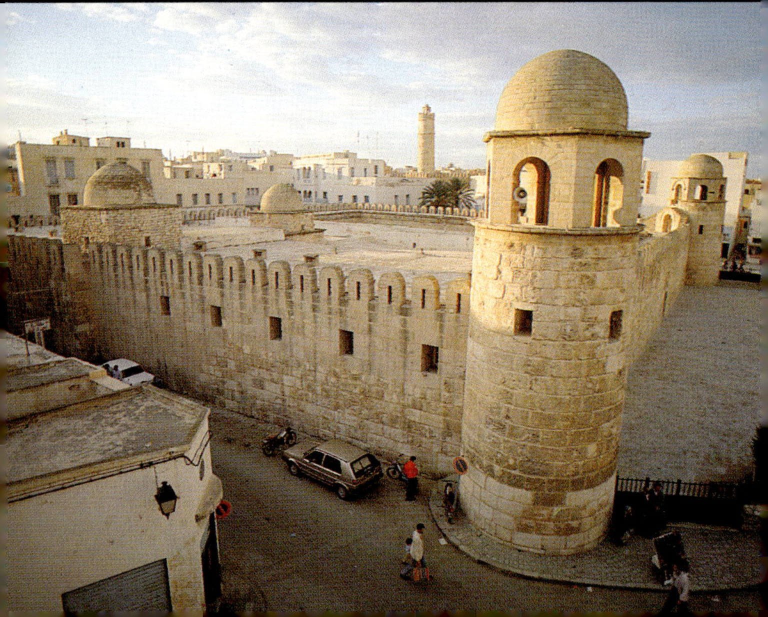

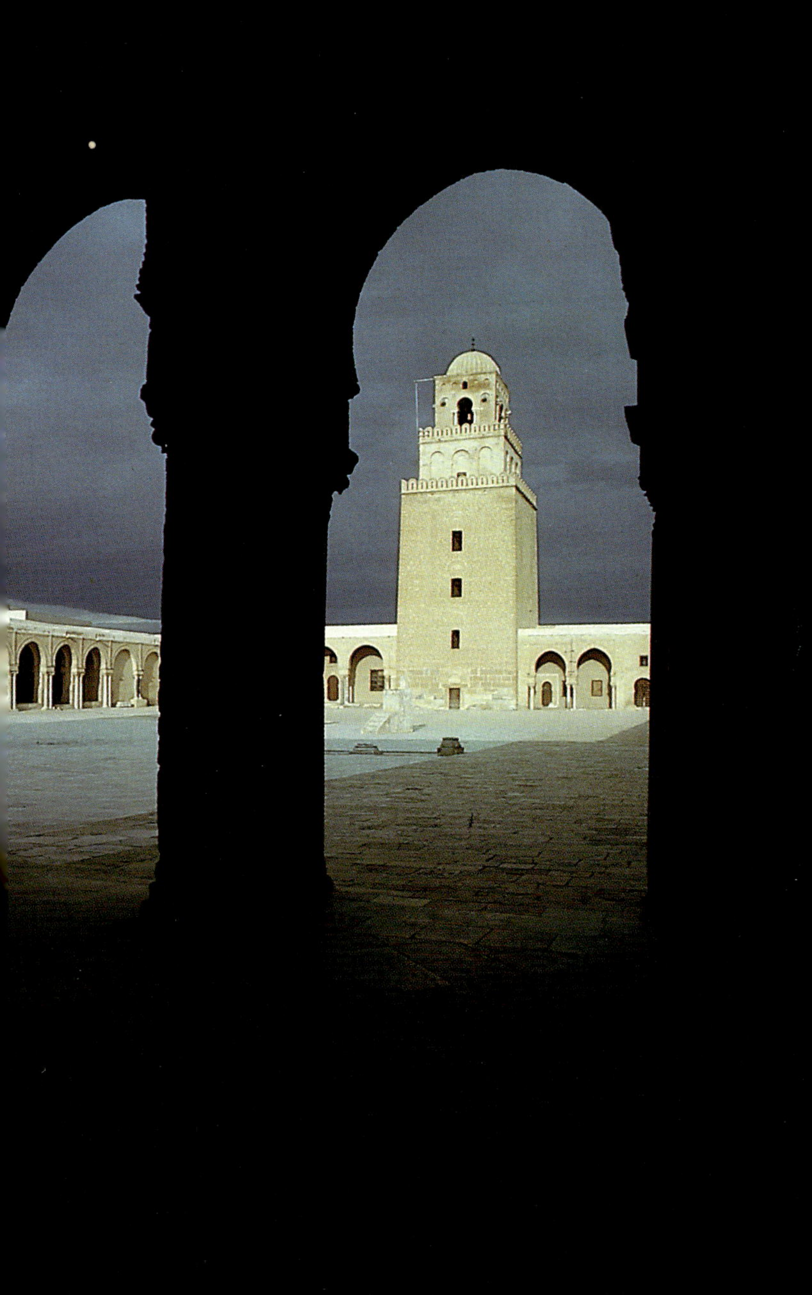

4

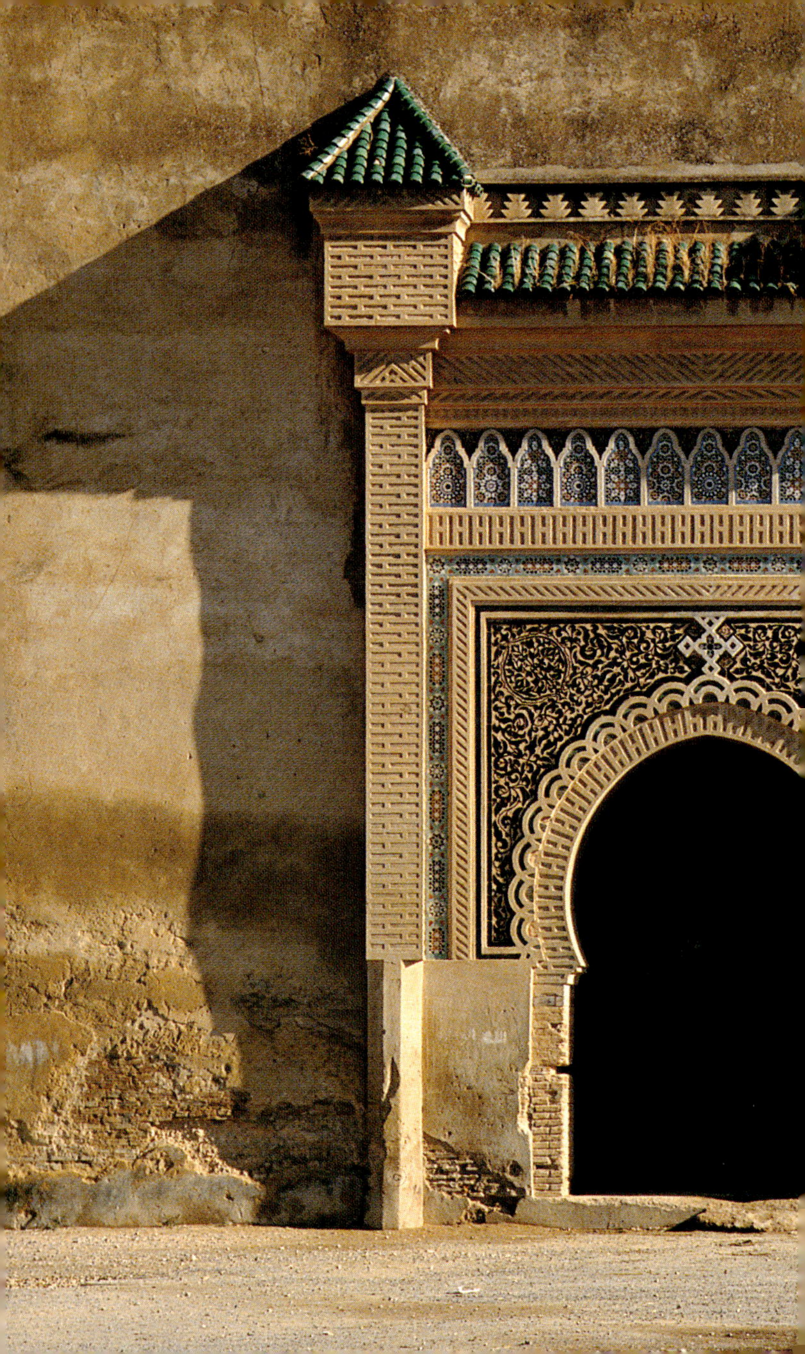

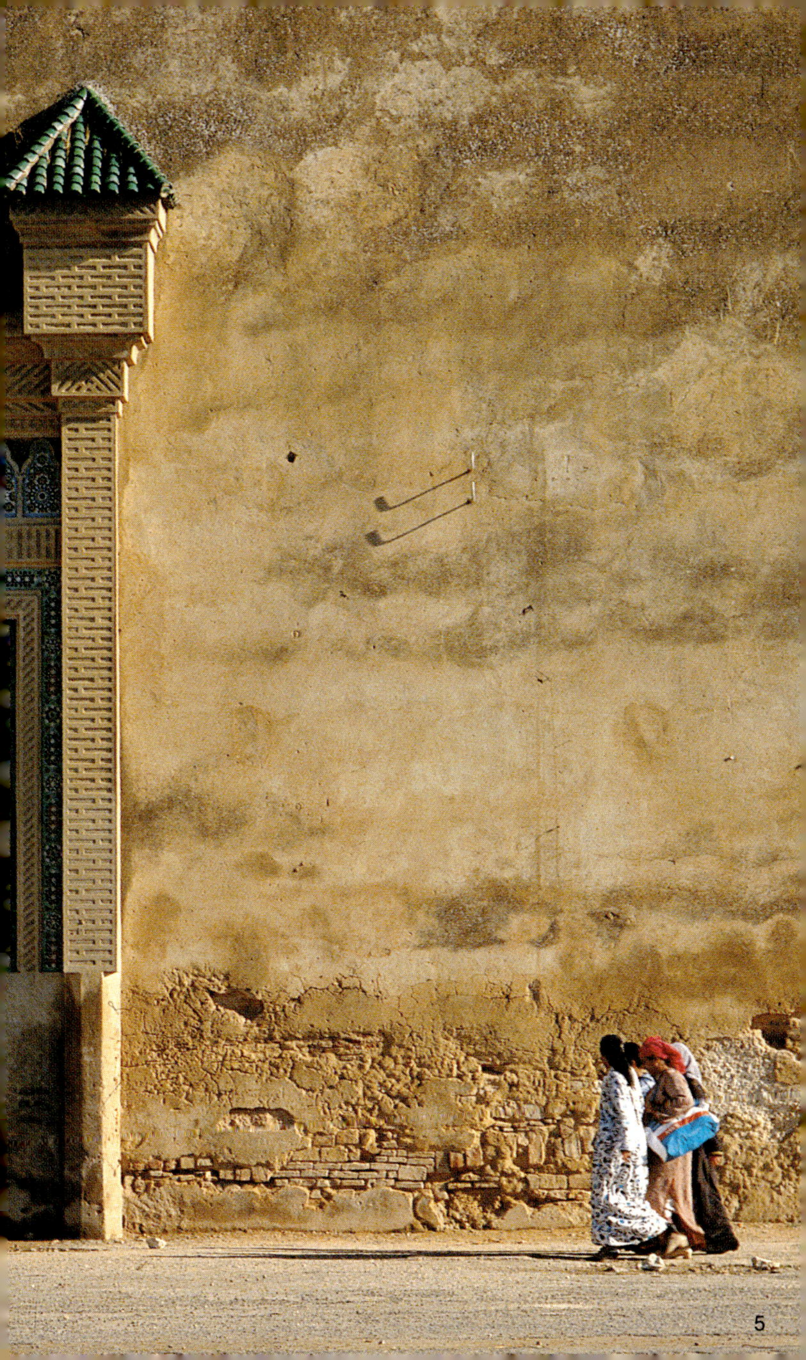

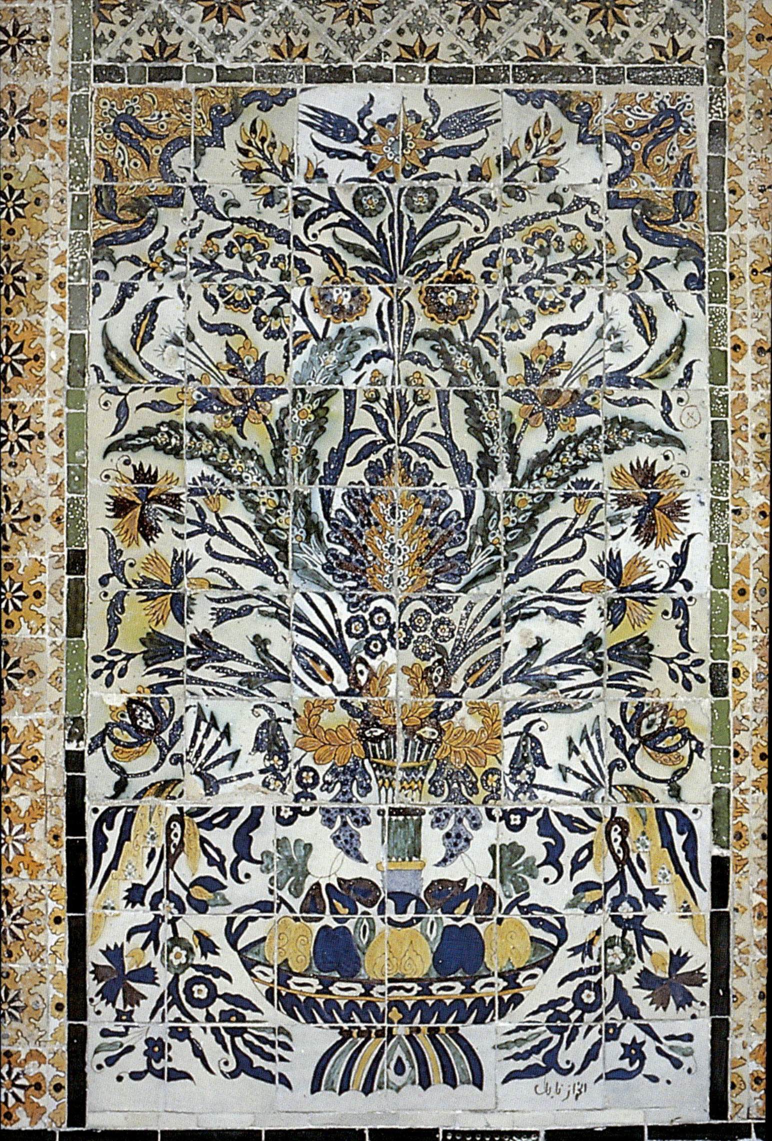

6

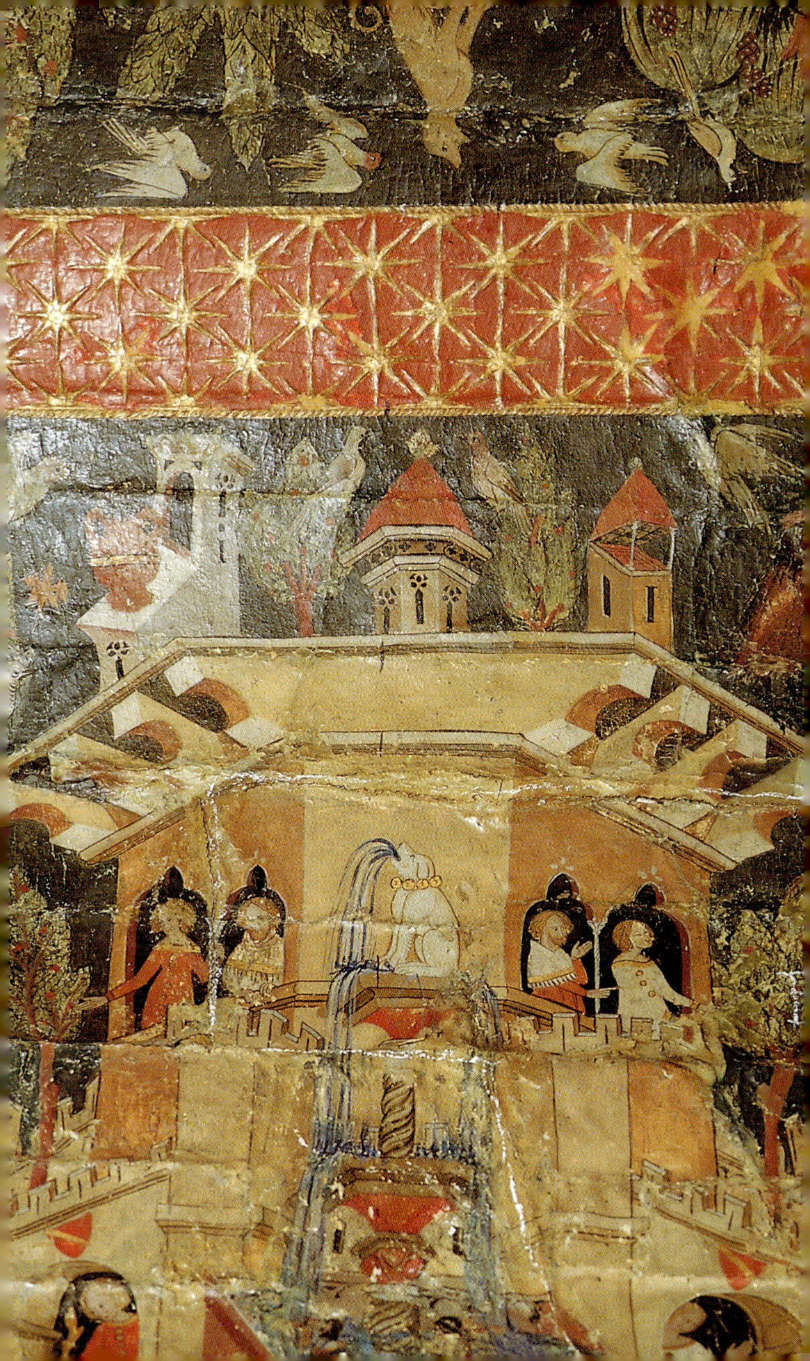

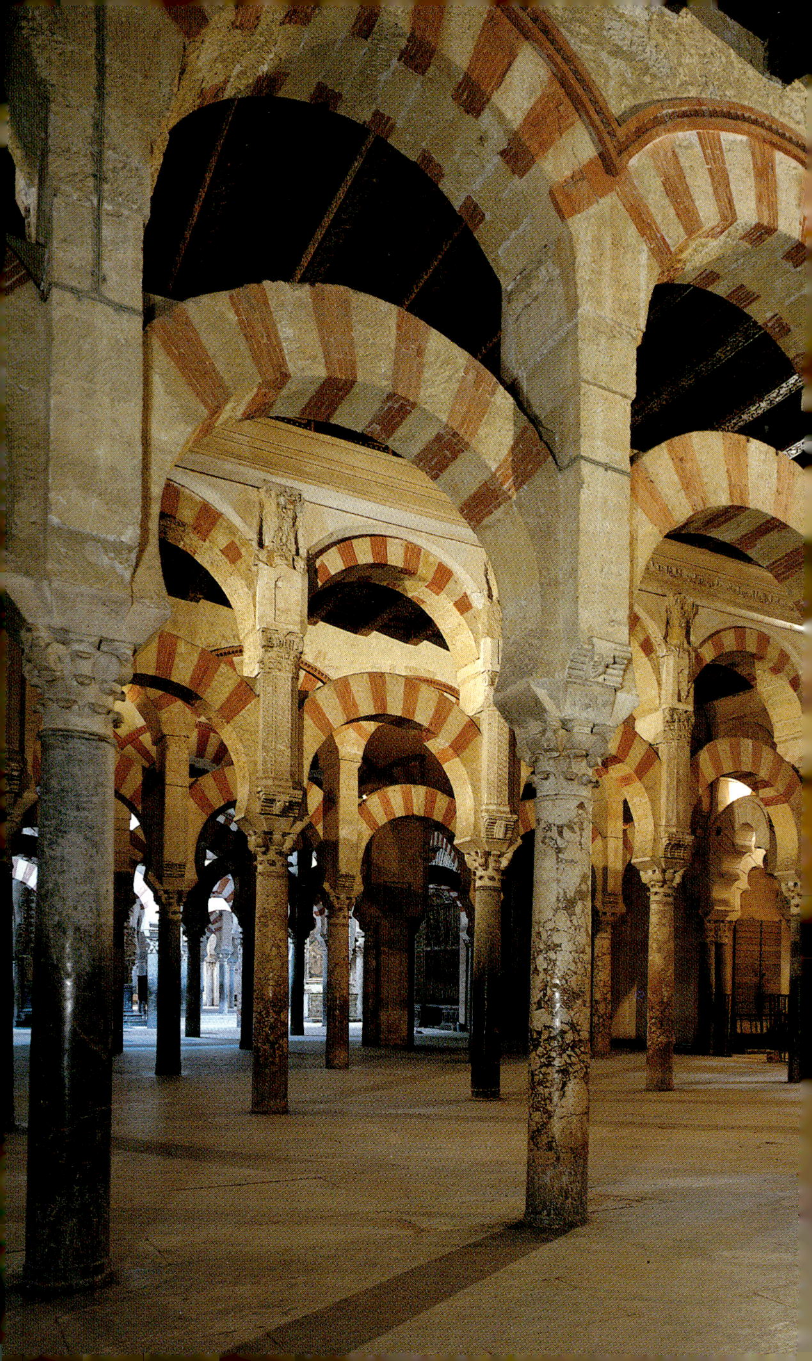

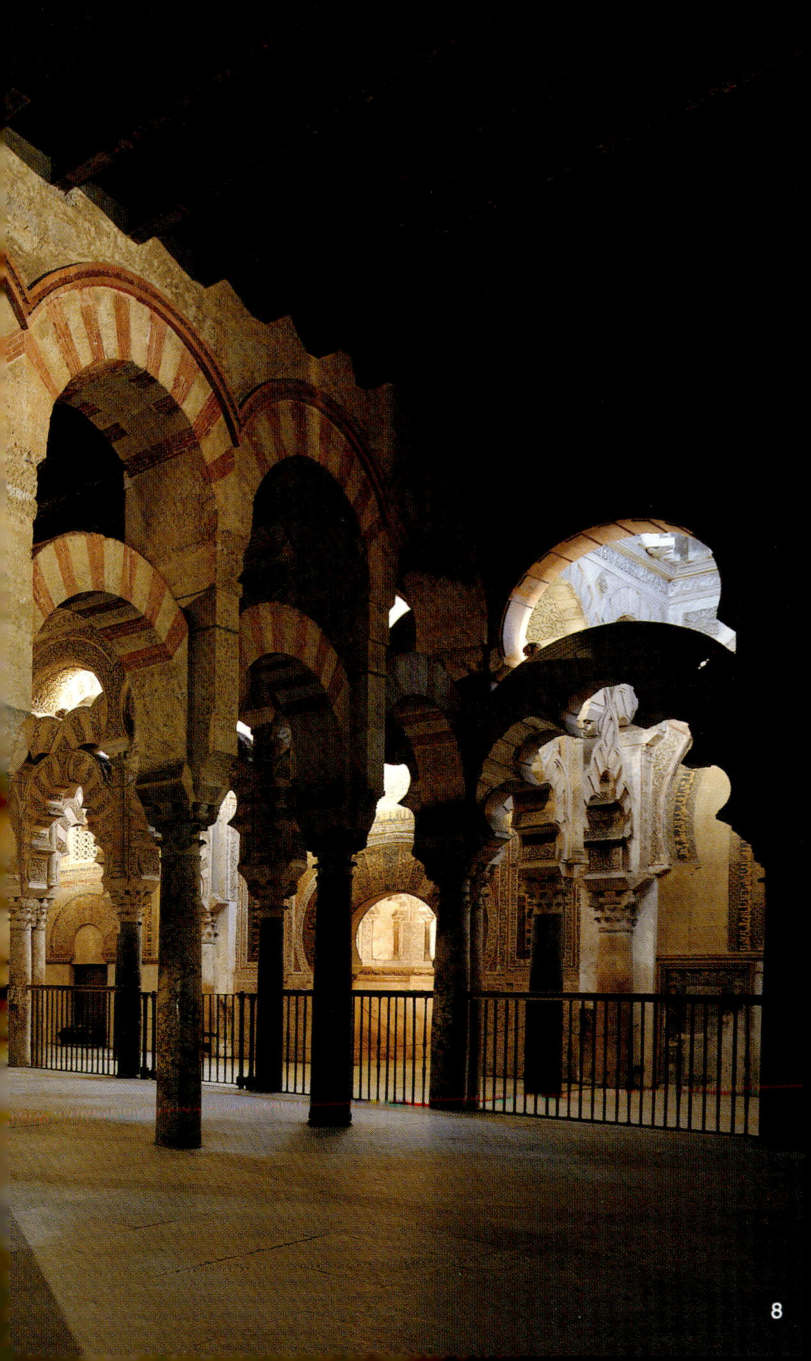

8

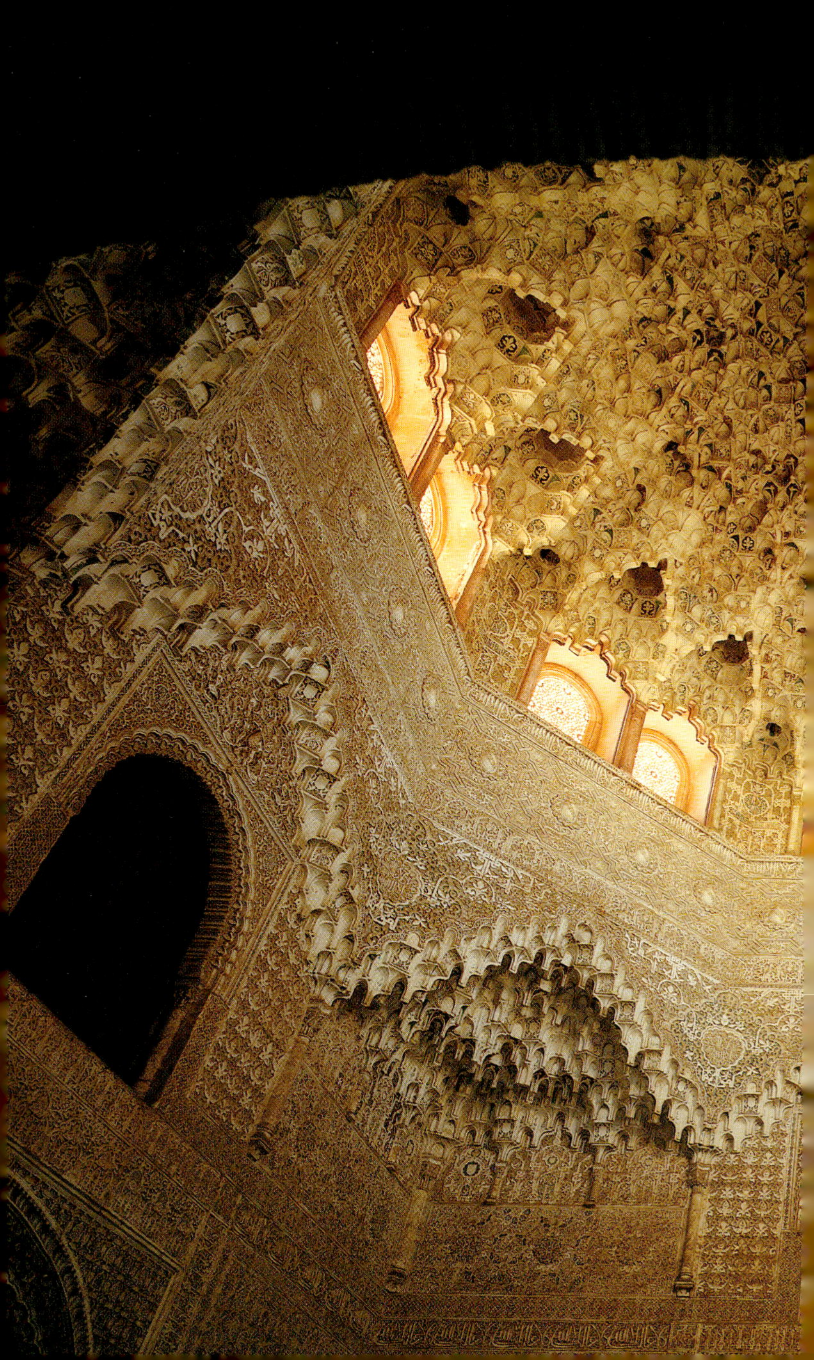

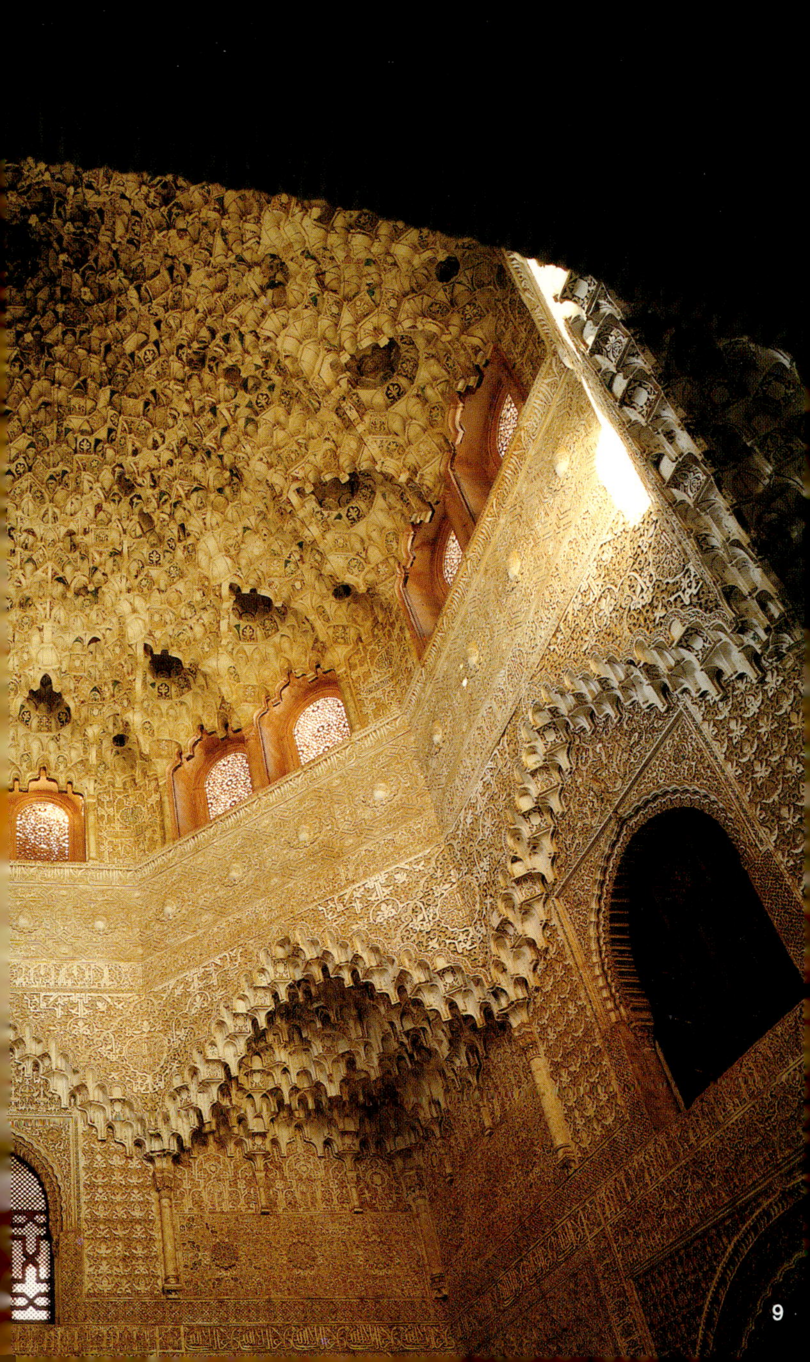

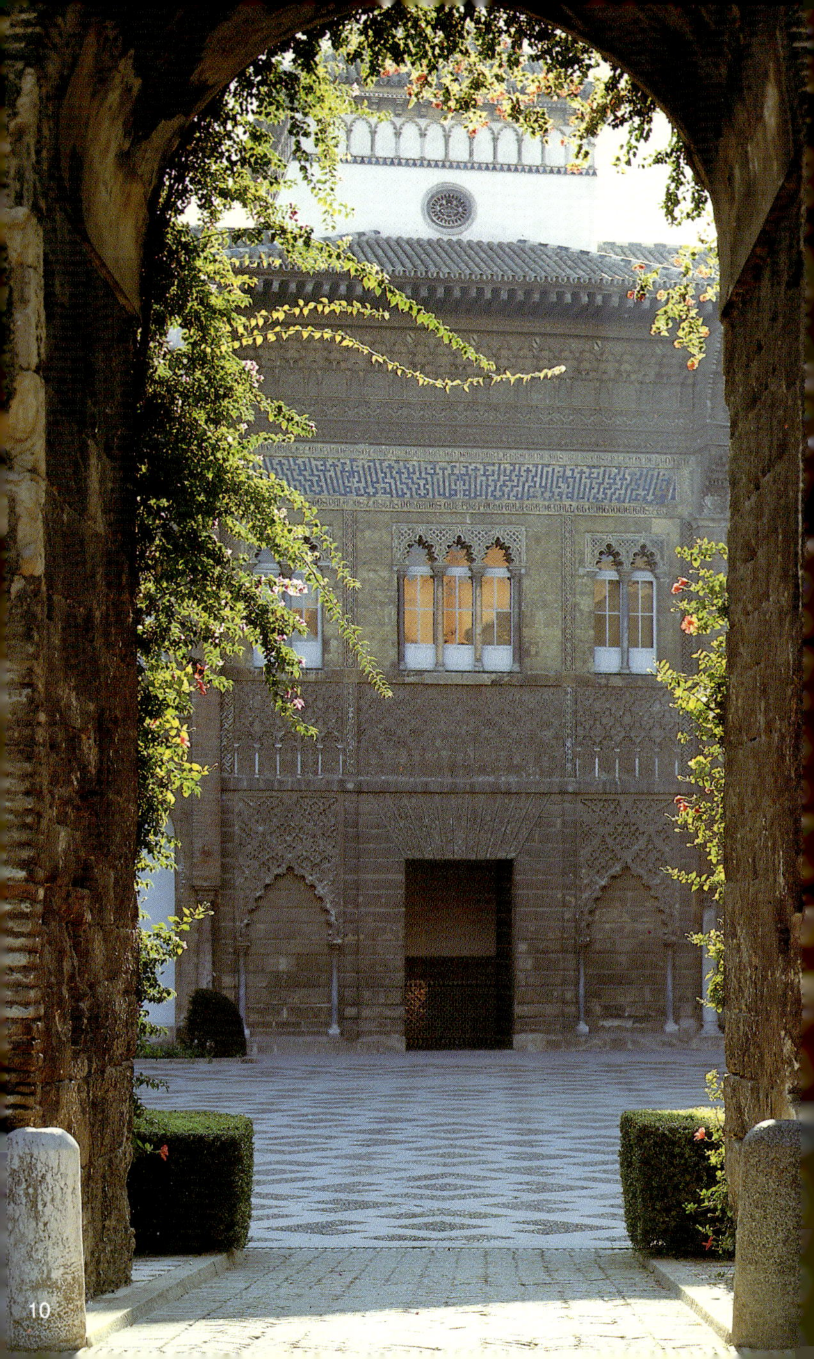

10

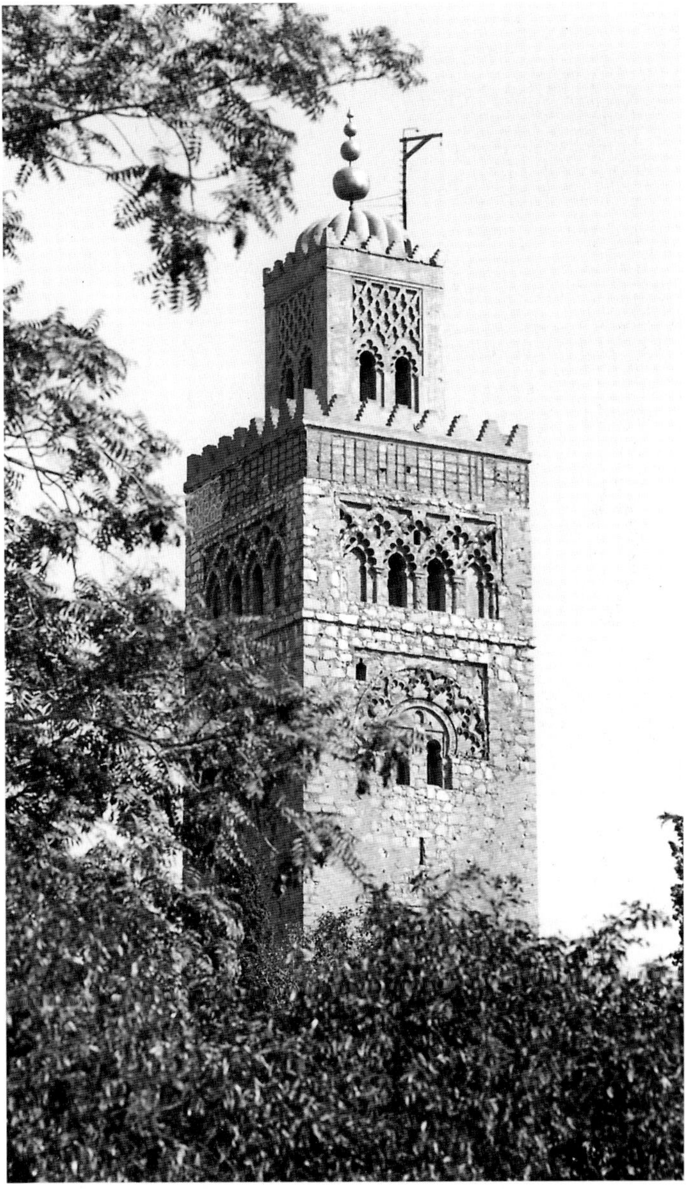

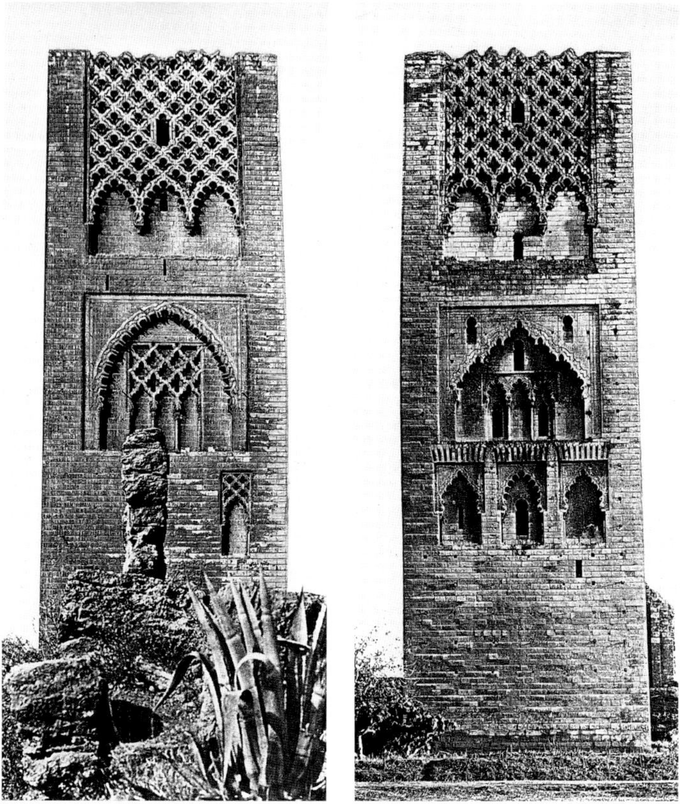

42 Das unvollendete Minarett – der Hassan-Turm, Rabat

Die Moschee bedeckt eine Fläche von 90 × 60 m, ihren rechteckigen Innenhof flankieren im Westen und im Osten je drei Bogengänge beziehungsweise vier Schiffe, in denen sich die äußeren Schiffe der Bethalle verlängern. Diese Bethalle weist die typische T-Form (Abb. 40) auf, die Kuppeln noch betonen: das Mittelschiff besitzt sieben Kuppeln, das Querschiff fünf prachtvolle Mukarnas-Kuppeln (jeweils einschließlich

◁ 41 Minarett der Kutubiya, Marrakesh

der Mihrab-Kuppel). Hufeisenbogen in den 17 Längsschiffen und Zackenbogen im vor der Kibla-Wand verlaufenden Querschiff – ihren Pfeilern sind unterhalb der Bogen jeweils Halbsäulen vorgesetzt – prägen den almohadisch-maurischen Gebetssaal.

Das Steinminarett der Kutubiya, geschmückt mit einem ornamentalen Ziegeldekor, der von Fenster zu Fenster das Grundmotiv des Zackenbogens abwandelt, ähnelt der Giralda von Sevilla (Abb. 57; s. S. 161f.) und dem Hassan-Turm in Rabat (Abb. 42; s. S. 135). Den oberen Abschluß des Kutubiya-Turms ziert ein Band blaugrüner Glasurziegel, wahrscheinlich noch aus der Zeit Yakub al-Mansurs.

Ein ehrgeiziges, aber nie vollendetes Projekt dieses Herrschers war die *Hassan-Moschee in Rabat;* mit ihren Maßen von 183 × 139 m wäre sie die größte Moschee des Maghreb geworden. Wie ihr berühmtes Minarett, der Hassan-Turm (Abb. 42), blieb sie unvollendet. Nur der Unterbau des Turms wurde fertiggestellt; an allen vier Seiten ist er unterschiedlich mit plastischen Ornamenten geschmückt. Die Moschee war axial in Nord-Süd-Richtung angelegt, mit dem Minarett am nördlichen Ende der Achse. 21 Schiffe sollten senkrecht zur Kibla-Wand verlaufen, unterbrochen – so erscheint es aufgrund der Bodenfunde – von zwei Lichthöfen. Säulen statt der für almohadische Bauten charakteristischen Pfeiler sollten die Bogen tragen.

An einem weiteren Almohaden-Bau, der *Kasbah-Moschee von Marrakesh* (1185–90), fällt die atypische Anlage auf. Von nahezu quadra-

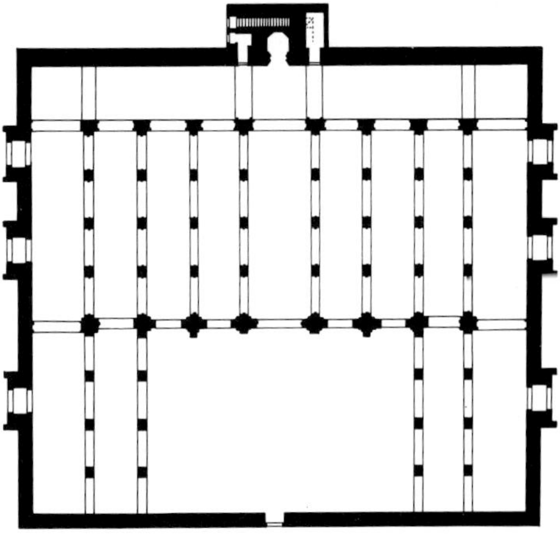

43 Grundriß der Gedenkmoschee für Ibn Tumart, Tinmal

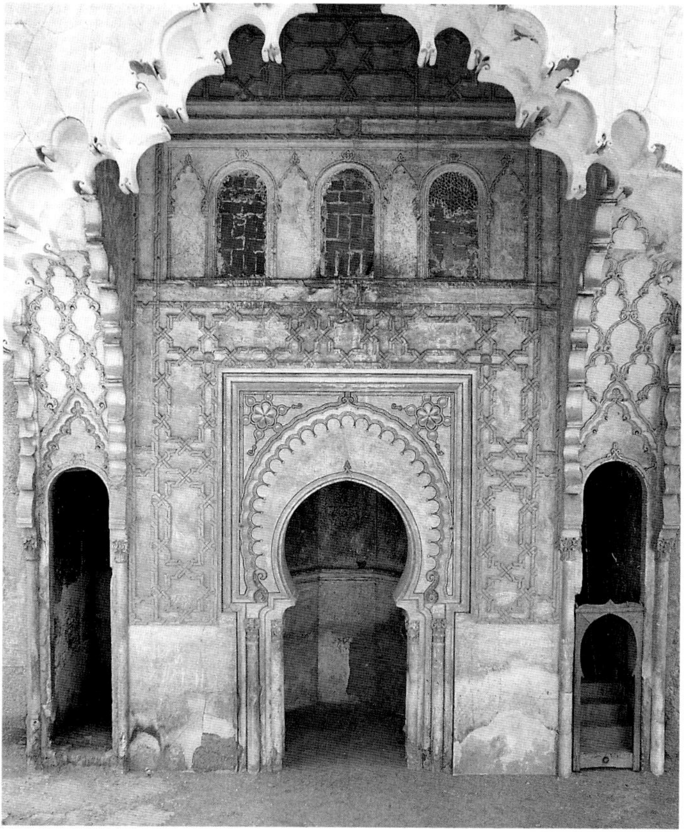

44 Mihrab-Wand in der Gedenkmoschee für Ibn Tumart, Tinmal, mit almohadischen Stukkaturen

tischer Form (71 × 78 m), besitzt sie dennoch einen außerordentlich schmalen, elfschiffigen Gebetssaal. Der Haupthof wirkt fast wie eine extrem verbreiterte Verlängerung des Mittelschiffs, ihm schließen sich links und rechts je zwei kleinere Höfe an, die durch kleine Schiffe voneinander getrennt sind. Das der Kibla-Wand vorgelagerte Querschiff beschließen drei Kuppeln. Die Ornamentik im Betsaal greift die der Karawiyin in Fès auf, das reich verzierte Minarett läßt sich mit dem der Kutubiya vergleichen.

Kleinod in den Bergen – Tinmal

Etwa 75 km südlich von Marrakesh stößt der Reisende in einem abgelegenen Dorf auf ein wahres Kleinod almohadischer Baukunst. Der Besuch lohnt sich für den Liebhaber islamischer Schmuck- und Baukunst, dem die Unzugänglichkeit der Kutubiya in Marrakesh die Freude getrübt haben mag. Er findet hier in Tinmal die Gedenkmoschee für den Gründer der Almohaden-Bewegung, Ibn Tumart, dessen pantheistische Lehre in der Vergangenheit Hunderttausende bewegte und eine Kulturblüte im Maghreb hervorbrachte.

Der Besucher sollte sich bewußt sein, daß diese Moschee weitgehend verfallen war und nur vorsichtig restauriert wurde. Die *Umfassungsmauern* des Komplexes umschreiben ein Quadrat von nahezu 50 m Seitenlänge, sie bestehen aus Stampflehm, mit Kalk verfestigt und tragen die an Pilze erinnernden Zinnen der Almohaden-Zeit. Die Moschee ist fast exakt nach Süden orientiert. Sieben Portale öffnen die Mauern, je drei an der West- und Ostseite (wobei zwei direkt in den Betsaal führen) und eines an der Nordseite. Tritt man durch dieses letzte Tor in den Hof der Moschee, so befindet man sich genau in der Achse des Mittelschiffs. Eigentümlicherweise wurde das *Minarett,* von dem nur noch der Rumpf erhalten ist, nicht im Norden oder an einer der Hofseiten errichtet, sondern im Süden – über dem Mihrab. Den rechteckigen Hof flankieren jeweils zwei Bogengänge. Der *Betsaal* besitzt neun Längsschiffe, wobei das breitere Mittelschiff mit dem Querschiff vor der Kibla-Wand, von drei Mukarnas-Kuppeln überwölbt, eine deutlich ausgeprägte T-Form bildet. Leider sind nur wenige der die Längsschiffe tragenden Pfeiler, nur einige der Backsteinbogen erhalten (Abb. 15, 43). Um so stärker fällt der *Mihrab* (Abb. 44), ins Minarett eingelassen wie in der Sidi Ramdan-Moschee in Algier, mit seiner klaren Ornamentik auf, wie auch der Gesamtbau mathematisch genau die zur Architektur gewordene Harmonie der almohadischen Lehre widerspiegelt. Die von Ibn Tumart betonte ›Einheit‹ der Welt in Allah wurde im Dekor und in den Proportionen ebenso wie in den geometrischen Beziehungen der Bauteile nachgestaltet. Die beiden äußeren Längsschiffe (das vermutete nördliche Querschiff ist zerstört) führen in ihren Proportionen und im Dekor die Manier der Kibla-Halle fort.

Eine der einstmals schönsten almohadischen Moscheen, die *Gedenkmoschee für Ibn Tumart*, steht in *Tinmal* (Abb. 15). 1153/54 unter Abd al-Mumin erbaut, repräsentiert sie – wie auch die Kutubiya in Marrakesh – den ›klassischen‹ almohadischen Baustil: T-förmig angeordnete Schiffe, Ausrichtung nach Süden (Abb. 43), Verwendung von Pfeilern an Stelle von Säulen als Bogenstützen, Hufeisen- und Zackenbogen (Abb. 44), Mukarnas-Gewölbe.

Grabmoscheen und Medresen

Die weitgehende religiöse Autonomie marokkanischer Fürsten hat die Grabmoscheen zu besonderen Kultzentren werden lassen, die jedoch mit dem Wechsel der Dynastien an Bedeutung verloren.

Die Grabmoscheen und *Mausoleen der Meriniden*, die als Sultane im 13. und 14. Jh. herrschten, bilden in *Rabat* eine ummauerte Nekropole, die *Shellah*. Es handelt sich um einen Komplex aus Höfen, Beträumen, Minaretten und Grabanlagen. Zwar liegt die Stätte in Ruinen, doch läßt sich gut erkennen, daß die Meriniden, almohadische Traditionen aufgreifend, zierlicher arbeiteten und stärker ornamentierten. Augenfällig wird dies bereits am Eingangstor zur Shellah: ein im Umfeld reich dekorierter Spitzbogen wird von zwei markanten Türmen flankiert, deren oktogonaler Unterbau von viereckigen, eigenwillig gestalteten Bastionen gekrönt ist (Abb. 45).

Die zweite bedeutende Nekropole Marokkos sind, in einer weiten Parklandschaft gelegen, die *Saadier-Gräber in Marrakesh*. Die in der zweiten Hälfte des 16. Jh. angelegten Mausoleen zeigen andalusische Schmuckformen. Man findet an die Alhambra von Granada erinnernde Elemente (Säulenhalle, Bogenformen) ebenso wie Rückgriffe auf den Dekor der Moschee von Córdoba. Die Ausgestaltung der Saadier-Gräber gilt manchem Kunsthistoriker bereits als ›dekadent‹, doch erscheint die Delikatesse ihrer geometrisierenden und floralen Dekorationen in Stuck, Holz und Farbe bemerkenswert (Abb. 46).

Völlig im schlichten Stil der frühen Scherifen-Zeit ist in *Moulay Idris* die *Grabmoschee für Idris I.* (reg. 789–791) gehalten. Die 1660

45 Eingangstor zur Shellah, Rabat ▷

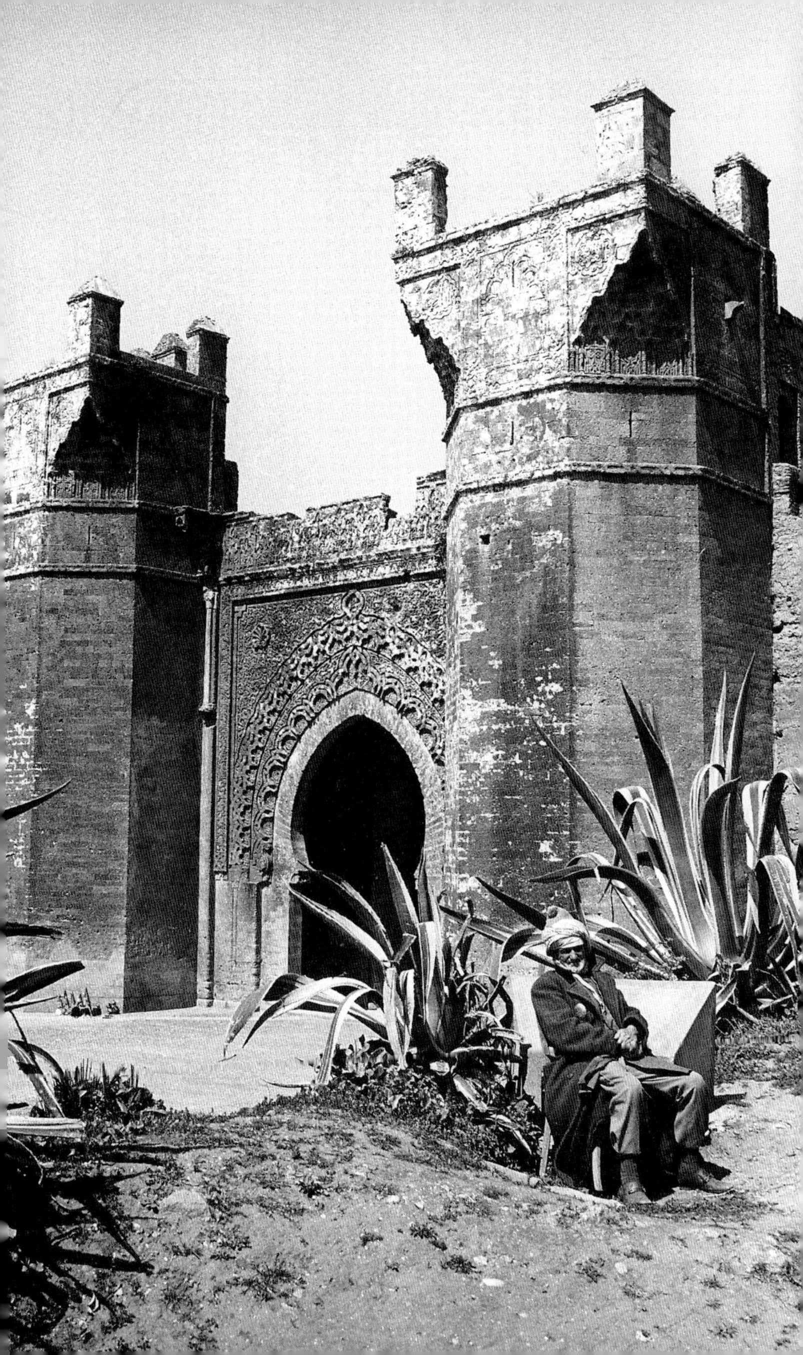

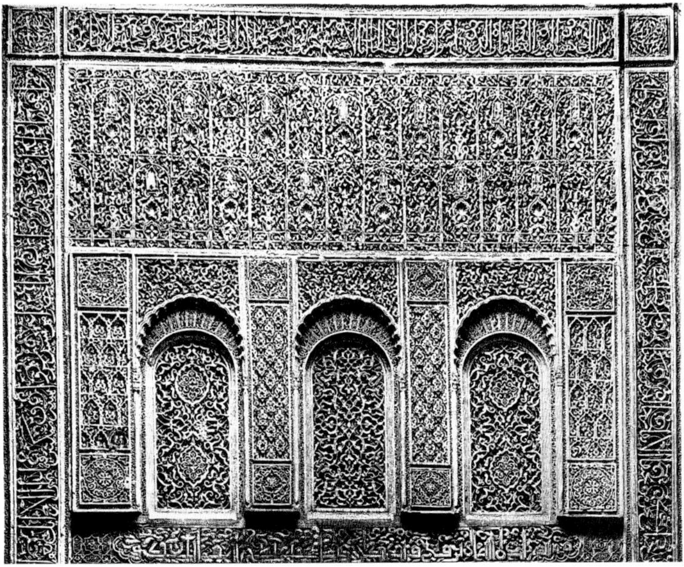

46 Stukkaturen in den Saadier-Mausoleen, Marrakesh

geschaffene und 1699 erweiterte Anlage gewinnt ihren Reiz aus dem Kontrast der mattgrünen Glasurdächer zum Weiß der geometrisch klar geordneten Bauten (Abb. 13).

Marokko, dessen Vielzahl kleinerer Moscheen hier nicht im einzelnen aufgeführt werden kann, ist reich an prunkvollen *Medresen.* Der Maghreb hat zwar die Einrichtung der religiösen Hochschulen aus dem vorderasiatischen Islam übernommen, jedoch weder die Institution der Grabmedrese, noch das im Osten seit den Seldschuken beliebte Vier-Iwan-Schema. Vielmehr bevorzugte man im islamischen Westen die einfacher strukturierte Form eines Hofes, umgeben von Wohnzellen, mit Lehr- und Beträumen. Torfassung und Innenhof sind reich verziert. Als Bau- und Dekormaterial kamen Ziegel, Stuck und Keramik zum Einsatz, dazu Holz. Wie bei allen Sakralbauten in Marokko benutzte man grüne – Grün ist die Farbe des Islam – Dachplatten. Mit den reichlich verwendeten Fayencen und den bemalten Holzteilen am Hof und in den Haupträumen, etwa der Bethalle und der

Bibliothek, erscheinen die marokkanischen Medresen als Meisterwerke dekorativer Kunst.

Die Meriniden stifteten zahlreiche Medresen. Die große Bedeutung der Karawiyin-Moschee als Lehranstalt zog zahlreiche Studenten nach *Fès*, für deren Unterbringung und Ausbildung gesorgt werden mußte. Schon die erste, um 1280 gegründete Medrese der Stadt, die *as-Saffarin*, folgt dem beschriebenen maghrebinischen Schema. Aus dem 14. Jh. sind über 30 Medresen dieses Typs erhalten, darunter *as-Sahridja* (1321–23), *as-Sabayin* (aus der gleichen Zeit), *al-Attarin* (1323–25; Abb. 47), die *Bu Inaniya* (1350–57) und die große *Misbahiya* (um 1346).

Auch in *Meknès* wurden Medresen gebaut, etwa die wie ihre Namensschwester in Fès unter Abu Inan (reg. 1348–58) vollendete *Bu Inaniya*, eines der elegantesten merinidischen Bauwerke.

In *Marrakesh* sind die *Saadier-Medrese Ben Yussuf* zu nennen, die größte Koranschule im Maghreb – 1565 errichtet, gleicht sie dennoch den sehr viel älteren merinidischen Medresen in Fès –, sowie die *Moschee Bab Dukkala*, ebenfalls aus dem 16. Jh.

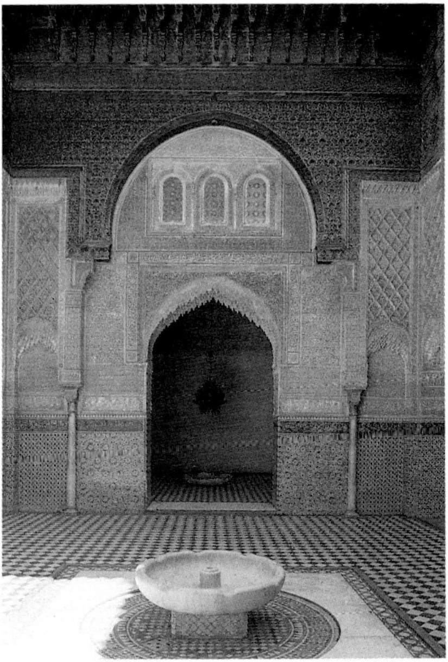

47 Innenhof der Medrese al-Attarin, Fès

Auch in der von Moriscos angelegten Hafenstadt *Salé* ließen die Meriniden mehrere religiöse Bauten errichten. Besonders zu erwähnen ist die 1340 oder 1341 von *Abu al-Hassan* gestiftete *Medrese,* an der der spanisch-maurische Einfluß besonders deutlich wird.

Stadtmauern, Tore und Paläste

Viele Altstädte Marokkos haben bis heute ihre Kasbahs und Stadtmauern mit zum Teil prachtvollen Stadttoren bewahrt. In *Rabat* stehen noch zwei der almohadischen Tore, das *Bab ar-Ruah* und das *Bab Udaya (Oudaia).* Letzteres hat einen komplizierten Torweg, der durch mehrere verschränkt angelegte Räume führt. Epigraphische Bänder und dekorative Ornamente schmücken die Außenfront. Der Torweg des Bab ar-Ruah ist dreifach geknickt angelegt, um das Eindringen von

48 Das Bab al-Mansur, Meknès

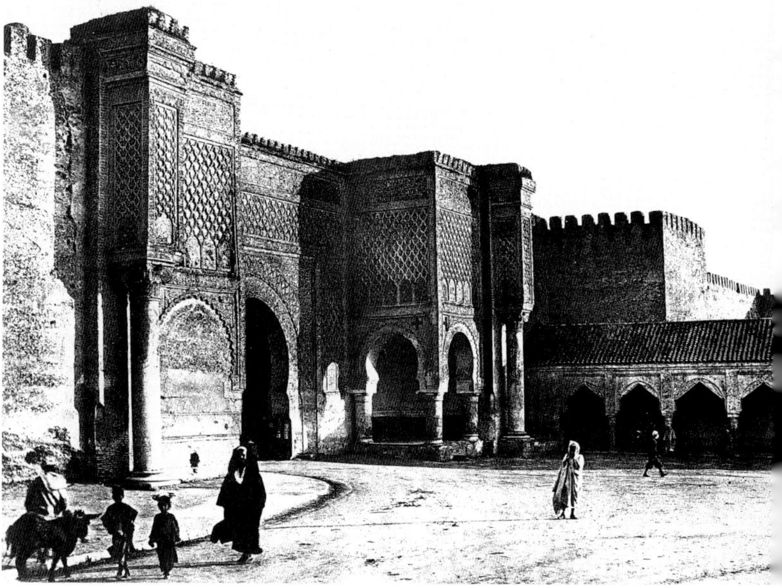

Die ›Kaiserstadt‹ des Mulay Ismail

Meknès, eine der ›vier Königsstädte‹ Marokkos und einst größte Residenzstadt des Landes, ist wissenschaftlich und touristisch kaum erschlossen. Sie war das Werk des so begabten wie grausamen Sultans Mulay Ismail (reg. 1672–1727), der Meknès zur Hauptstadt erhob und eine gewaltige Residenz aus dem Boden stampfen ließ. Heute liegt die ›Ville Imperiale‹ bis auf einige Relikte religiöser Bauten in Ruinen. Mit einer archäologischen Karte und einem detaillierten Führer aber erschließt sich dem Interessierten ein großartiges Bauprogramm, dessen Verwirklichung nur mit der Arbeit von 30 000 Sklaven und mit Tausenden von Opfern möglich war. Die Residenz dehnt sich vor der Medina von Meknès etwa 4,5 km nach Südwesten aus und war einst fast 2,5 km breit.

Der Besucher beginnt die Besichtigung am besten von der Altstadt aus, am Tor al-Mansur (Bab Mansur al-Eldj; Abb. 48) oder auch am nahegelegenen Bab Djami an-Nuwar, welche die gewaltige Mauer aus Stampflehm durchbrechen. Deren Wucht und Ausdehnung wie auch der Glanz des *Bab al-Mansur* (von 1732) wecken große Erwartungen, die dann allerdings nicht erfüllt werden. Die Außenfassaden sind mit geometrischen Ziegelornamenten und reich dekorierten Hufeisenbogen versehen, während die Rück- oder Innenseiten nicht gestaltet wurden. Vor dem Besucher liegt nun südöstlich ein Armenviertel, in dem er nur anhand einer Karte, sich orientierend an der erhaltenen Moschee Lalla Aouda und dem restaurierten Mausoleum des Stadtgründers, den einstigen Hauptpalast, den Dar al-Kabira (das ›Große Haus‹), ausmachen kann. Nimmt er den Plan zu Hilfe, erkennt er die dreifachen Mauern um den kompakten Palast, in dem die *Djami Lalla Aouda* als Königsmoschee diente. Ihr nach Südwesten vorgelagert ein Palasthof; dagegen sind die alten Palastkonstruktionen kaum mehr zu erschließen.

Das Moscheetor ziert ein spitzer Hufeisenbogen, über den ein Zackenbogen mit ornamentalen Arabesken in den Zwickeln gesetzt ist. Die Moschee selbst kann nicht besichtigt werden. Es handelt sich um eine Hofmoschee (106 × 48 m) mit vier Querschiffen vor der Kibla-Wand und einem senkrecht zum fein dekorierten Mihrab gestellten Hauptschiff. Der Hof ist rechteckig, die

Tore zur Bethalle besitzen einfache Hufeisenbogen. Das Minarett an der Westecke erhebt sich als quadratischer Turm syrisch-ifrikiyanischer Bauweise.

Weiter südlich, am Bab Mulay Ismail, steht das gut restaurierte *Mausoleum* des Stadtgründers, das mit Ausnahme der Grabkammer auch von Nicht-Muslimen betreten werden darf. Das Eingangstor zur Grabstätte – mit Hufeisenbogen und reichem Ziegeldekor – ist ein gelungenes Beispiel maghrebinischer Baukunst. Der weitläufige Komplex selbst gliedert sich in Höfe und Hallen mit zum Teil prachtvollen Wanddekorationen und Mihrabs. Der Haupthof mit seinen Galerien erinnert an spanisch-islamische Patios. Kurze Säulen tragen auf spanisch-maurischen Kapitellen und hohen Kämpfern reich verzierte hohe Schmuckplatten, in deren Dekor sogar türkische Elemente eingingen.

Östlich des Mausoleums steht ein massiger Bau, die *Kubba al-Khyatin,* ein Pavillon, der vermutlich dem Empfang ausländischer Gesandter diente, ein fast quadratisches Haus mit einem Zentralsaal.

Weiter Richtung Süden passiert man den *Dar al-Madrasa,* eine riesige Hoffläche (700 × 400 m), umgeben von einer Wehrmauer. Mulay Ismail hatte sie als Park anlegen lassen, heute ist sie ein Golfplatz. Nördlich dieses Areals ist ein langgestreckter *Wohnpalast* (240 × 60 m) erhalten, der einen Betsaal mit ebenfalls langgestrecktem Hof aufweist. Als Zentralstück fungiert der *Dar as-Sultan,* ein großer Wohnpalast marokkanischer Prägung. Umstritten ist die Funktion der *›Manza‹*, eines massiven Lehmziegelblocks von einst rund 50 m Länge, 22 m Tiefe und ungefähr 24 m Höhe. Vielleicht sollte er einen Pavillon tragen.

Am Dar al-Madrasa vorbei führt den Besucher ein ummauerter Gang nach Südosten, den erhaltene Tore begleiten. Hier schließt ein weiterer Bau an, das *Kasr al-Muhannasha,* ein Empfangspalast von 400 × 240 m Grundfläche. Der nur fragmentarisch erhaltene Palast ist vom Südosten her zu betreten. Ein langgezogenes Tor mit neun Torbogen führt in einen ersten Hof, um den sich ein Verwaltungskomplex mit einer eigenen Moschee im Zentrum schließt. Erst von dort aus gelangt der Besucher durch komplizierte Torwege nach Nordosten und Nordwesten in einige quadratische Innenhöfe. Dem Nordosthof (88 × 89 m), der ein quadratisches Becken aufweist, schließen sich rechteckige Wohnkomplexe an. Das Schatzhaus stand an der Südseite. Westlich

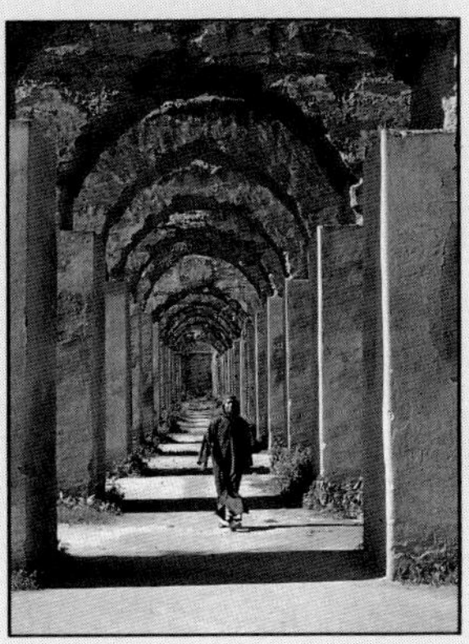

49 Bogengänge in der ›Kaiserstadt‹

des Hofes gelangt der Besucher in einen Park, den im Nordwesten die *Kubba as-Sawira* abschließt, ein auch als Ruine ohne Dach noch prachtvolles Gebäude mit Zackenbogen und reichen Stukkaturen.

Wege, die sich im Zentrum des Parks schneiden, gliedern die Anlage wie den Löwenhof in Granada in vier gleiche Abschnitte. Weitere Gärten folgen nach Westen und Norden. Die sie umgebenden Mauern sind mit langen Reihen einräumiger Wohnzellen besetzt.

Einen vierten kleinen Wohnpalast, den *Heri al-Mansur,* findet der Besucher mehr als einen Kilometer weiter nach Süden an der Außenmauer der ›Kaiserstadt‹. Er wirkt wie eine massive Burg (79 × 92 m) und steht heute noch 20 m hoch. Im erhaltenen Untergeschoß befanden sich Lagerräume, das Obergeschoß nahm die Wohnräume auf.

Von den vielen in Ruinen liegenden Wirtschaftsgebäuden sollte man den *Heri as-Suani* aufsuchen, nahe dem großen Wasserreservoir südlich des Kasr al-Muhannasha. In diesem Gebäude sind in zehn zwölfeckigen Räumen zehn Wasserräder (mit dem Becken verbunden) aufgestellt, zwischen diesen Räumen befindet sich jeweils ein Rechtecksaal mit Tonnengewölbe. Andere Vorratsgebäude sind zumindest in ihren Grundmauern erhalten.

Die alte Residenz Mulay Ismails gibt mit ihren gewaltigen Ausmaßen und mächtigen Mauern einen Eindruck von den Bauleistungen, die unter den Alawiten-Sultanen erbracht wurden.

Feinden zu erschweren. Der Hufeisenbogen seines Eingangs wird von einem recht kräftig reliefierten Flechtband gerahmt. Ältestes erhaltenes Tor der Stadt *Salé*, gegenüber der Medina von Rabat gelegen, ist das sorgfältig gestaltete *Bab Mrisa.*

Meknès wurde unter Mulay Ismail (reg. 1672–1727) in umfassender Weise ausgebaut. Die massigen Bauten sind nie vollendet worden und lassen daher den zarten Dekor vermissen, der anderen marokkanischen Großbauten ihre Schwere nimmt. Die Stadttore der Medina von Meknès aber sind sehenswert, so das mit Fayenceplatten und Inschriften dekorierte *Bab al-Khamis,* das dem Stil almohadischer Tore folgende *Bab al-Bardayin* oder das *Bab al-Mansur* (Abb. 48; s. S. 143) als Eingang zur dreifach ummauerten ›Kaiserstadt‹ Mulay Ismails.

Die *Paläste der Scherifen-Zeit,* insbesondere des 17. und 18. Jh., aber auch noch des 19. Jh., wie sie etwa in *Marrakesh, Fès, Meknès, Rabat* und *Casablanca* zu finden sind, und die *Wohnbauten* der städtischen Oberschicht befolgen durchweg das traditionelle Prinzip strikter Trennung von privatem Lebensraum und Außenwelt. Kunstvolle Parks und die Naturlandschaft werden als Elemente in die Palastanlagen einbezogen. Die Palastarchitektur dominieren rechteckige Raumgruppen mit farbiger Innengestaltung bei weißer oder roter Außenwand unter grünen Dächern aus glasierten Ziegeln.

Die Dorfarchitektur des marokkanischen Südens

Die vorwiegend berberischen Bauern Südmarokkos haben eine Ziegelarchitektur entwickelt, über deren Alter bisher kaum Aussagen möglich sind. Sie ist mit der südalgerischen und südtunesischen Architektur zu vergleichen und weist daneben Ähnlichkeiten mit der südarabischen Baukunst auf, die allerdings eher als Reaktion auf ein verwandtes Klima als aus historischen Beziehungen zu erklären sein dürften.

Die südmarokkanische Baukunst nutzt natürliche Voraussetzungen geschickt aus und hat unter dem Jahrhunderte währenden Druck der Nomaden in fast allen Siedlungsformen die Schutzfunktion stark betont. Hinzu kommen die lange erhaltenen Stammes- und Großfamilienstrukturen, die gegen Einzelhäuser sprachen.

Die Grundform ist der *Ksar* (Plural: Ksour), die befestigte Dorfsiedlung, mit Gemeinschaftshaus, Moschee (oder Synagoge), Bad und Tor.

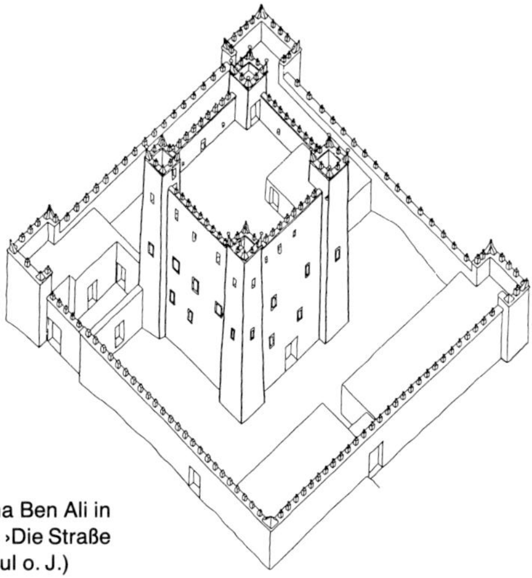

50 Tighremt des Sidi Moha Ben Ali in Semrir (aus: W. Wrage, ›Die Straße der Kasbahs‹, Radebeul o. J.)

Einige Ksour werden von *Tighermatim* (Singular: Tighremt; Abb. 50) beherrscht, quadratischen Wohnbauten mit vier Ecktürmen, die auch allein stehen können. Unbefestigte Dörfer werden zumeist an von Natur aus schwer zugänglichen Stellen angelegt. Befestigt ist dann jedoch stets der Gemeinschaftsspeicher, der *Agadir.*

Die Bewohner gehören zu den Masmuda- und Senhadja-Berbern. Ein Ksar kann bis zu 1000 Einwohner zählen. Hervorgehoben ist in der Regel das Tor, in dessen Räumen Fremde empfangen und untergebracht werden, Ratssitzungen stattfinden, Leichen aufgebahrt werden und auch der Dorfstier seinen Stall findet. Die Wohnhäuser der Ksour weisen bis zu vier Stockwerke auf, die Tighermatim können sogar bis zu sieben Geschosse hoch sein und enthalten die Räume für autarke Familienwirtschaften einschließlich der Stallungen. Dem Schmuckbedürfnis dienen Ziegelversatzfelder und beschnitzte Tore.

Nur muslimische Heilige wohnten außerhalb der Ksour. Sie bedurften keines Schutzes.

Die Architektur der Andalusier

Die maurische Architektur Spaniens gilt zu Recht als eine der eindrucksvollsten Äußerungen einer islamischen Regionalkultur. Zwar blieb nur ein Teil des Baubestands erhalten, darunter jedoch so einzigartige Bauwerke wie die Große Moschee von Córdoba und die Alhambra von Granada.

Die Bindung an ein räumlich gut abgrenzbares Gebiet läßt im folgenden eine historische Darstellungsweise gegenüber einer typologischen als sinnvoll erscheinen.

Die Architektur der Omaiyaden-Zeit

Nachdem sich die Araber 711 in Spanien festgesetzt hatten, wählten sie 756 *Córdoba* zu ihrer Residenzstadt. Die neue, islamische Gemeinde der Stadt benötigte einen Gebetssaal, so daß man die eine Hälfte der Kirche San Vicente in eine Moschee umwidmete; die andere Hälfte beließ man den Christen. Die steigende Zahl der Muslime erforderte alsbald eine Erweiterung der Moschee. Unter Abd ar-Rahman I. (reg. 756–788) kaufte die muslimische Gemeinde den ›christlichen‹ Flügel des Gotteshauses auf; zum Ausgleich gestattete man den Christen, andere Kirchen auszubauen. An Stelle der ehemaligen Kirche entstand nun eine ganz neue *Moschee,* konzipiert nach dem Vorbild der Großen Moschee von Damaskus. Der Bau Abd ar-Rahmans I., eine elfschiffige, zwölfjochige Hallenmoschee (Farbabb. 8), wurde unter Abd ar-Rahman II. (reg. 822–852) ab 833 um weitere acht Joche verlängert. Mohammed I. (reg. 852–886) ließ eine Maksura einbauen, Abd ar-Rahman III. (reg. 912–961) ein neues Minarett errichten. Al-Hakam II. (reg. 961–976) erweiterte die Moschee ab 961 erneut. Ihm sind prachtvoll mit Mosaiken geschmückte Bauteile – der Mihrab (Abb. 71) und die neue, überkuppelte Maksura, diesem vorgesetzt – zu verdanken. Byzantinische Handwerker brachten die Mosaiken und den Marmorschmuck an. Aber auch al-Mansur, der von 978 bis 1002 für Hisham II. regierte, ließ die Moschee ausbauen: Sie wurde um acht auf 19 Schiffe verbreitert (Abb. 52). Nach der christlichen Rückeroberung Córdobas baute man im 15. Jh. erstmals eine Kirche in den Betsaal ein (im

Die Große Moschee von Córdoba

Den beeindruckendsten Anblick bietet die einstige Residenzstadt der spanischen Kalifen dem Besucher, wenn er sich ihr von Süden her nähert – über das Wadi al-Kabir, das Tal des Guadalquivir. (Flußabwärts stehen übrigens noch Ruinen arabischer Wassermühlen.) Eine Brücke, bereits von den Römern erbaut, überspannt den Fluß. Ein befestigter Brückenkopf, der massige Festungsturm La Calahorra, schützt hier den Zugang zur einstigen Kasbah, der heutigen Altstadt von Córdoba. Auf dem jenseitigen Flußufer liegt auch die Große Moschee, die Mezquita, deren Minarett im 16. Jh. in einen Glockenturm umgewandelt wurde. Dies ist nicht das einzige Zeichen dafür, daß die Zeiten des Kalifats vergangen sind: Inmitten der flachen Satteldächer der Moschee ragt eine Renaissance-Kathedrale empor, im 16. Jh. innerhalb des islamischen Gebetssaals errichtet (Abb. 51). Gegenüber der Moschee, an der Calle Torrijos, ersetzte der Bischofspalast (inzwischen Diözesanmuseum) die islamische Fürstenresidenz.

Hat man die Brücke überschritten, geht man auf die südwestliche Ecke der Moschee zu. Die Anlage ist nicht exakt nach Mekka ausgerichtet, vermutlich bedingt durch das Areal, das nach Abriß der westgotischen Kirche San Vicente hier zur Verfügung stand. Am besten folgt man nun der Calle Torrijos, die zwischen Bischofspalast und der westlichen Längsmauer der Moschee hindurchführt. Die Portale zeigen hier deutlich die spanisch-omaiyadische Prägung des Bauwerks. So passiert man kurz hinter einer höher in die Wand eingelassenen Pforte (einst durch eine Brücke mit dem früheren Alcázar verbunden und zur Maksura al-Hakams II. führend) drei Tore, die sich sämtlich in den von al-Hakam II. errichteten Moscheetrakt öffneten. Alle sind ähnlich gestaltet, das erste (von Süden kommend) sei hier beschrieben:

Die schlichte Tür des *Postigo del Palacio* (Abb. 75) ist in einen Hufeisenbogen gesetzt, dessen Laibung die auch für das Moscheeinnere typischen rot-weißen Segmente aufweist. Hier sind die weißen Keilsteine durch Rankenwerk gegliedert. Ein Alfiz

51 Große Moschee und Kathedrale von Córdoba ▷

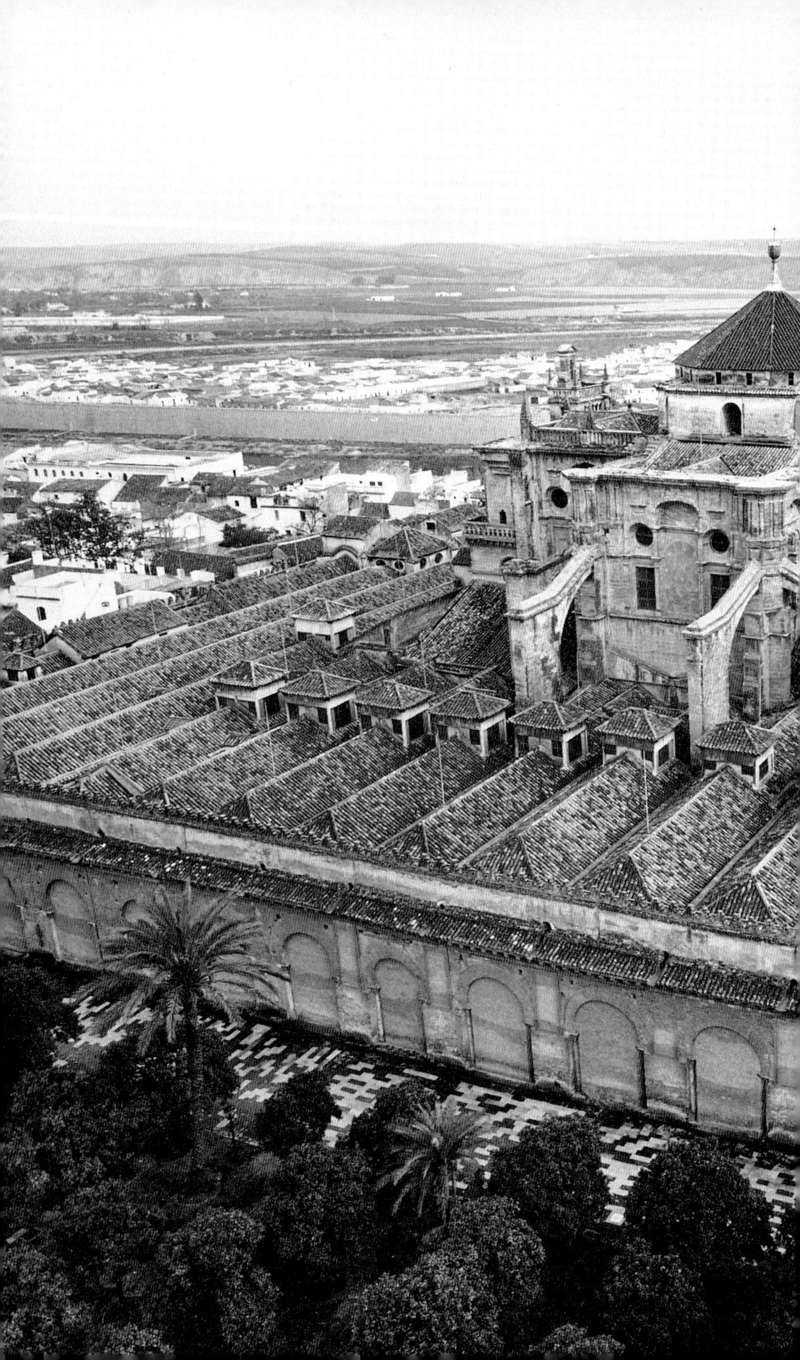

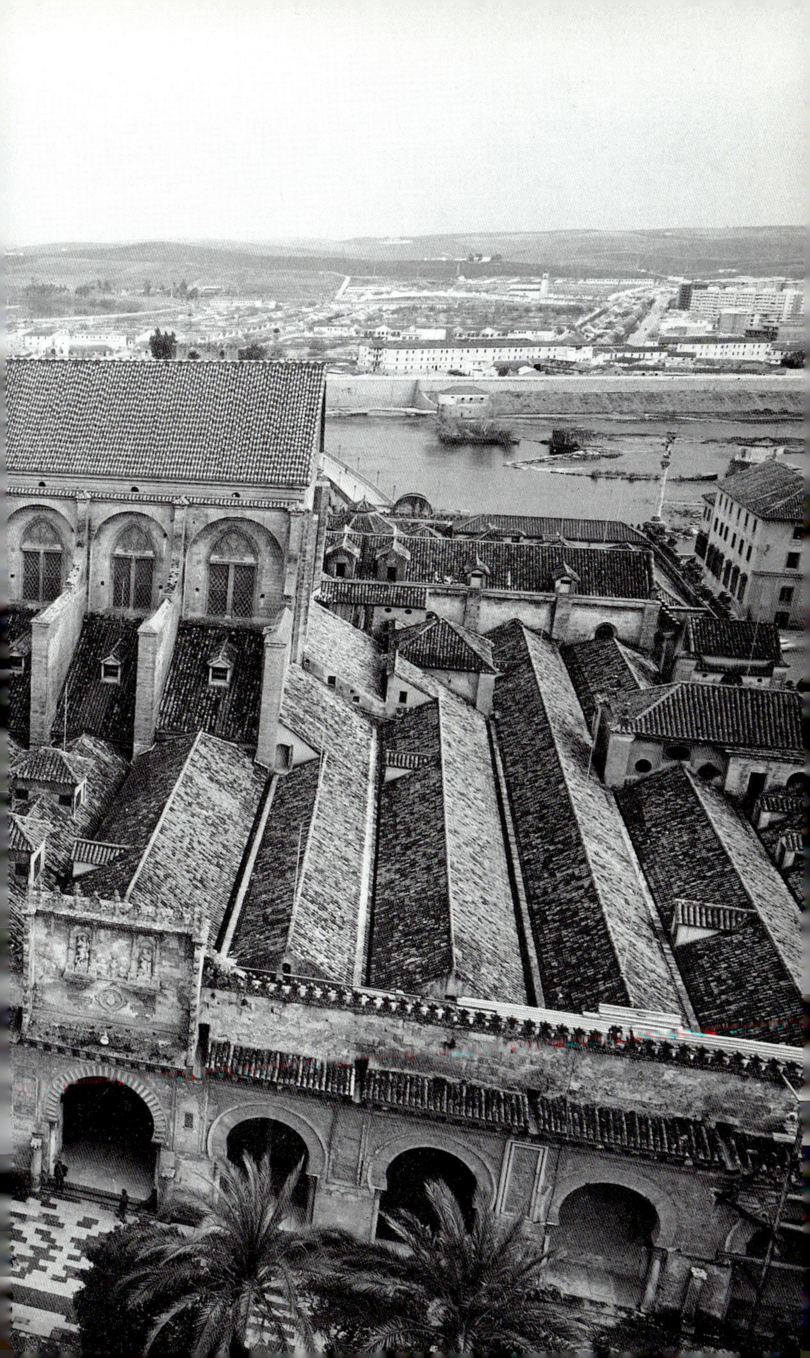

umschließt den Bogen mit rot-weißem geometrischem Mosaik im äußeren Rahmen und weißem vegetabilem Stuck im inneren Rahmen, abgeschlossen von einem Kufi-Fries. Den Fassadenteil oberhalb des Alfiz gliedern Halbsäulchen, auf denen einander überschneidende Blendnischen aus Spitzbogen aufsitzen. Die Nischenfelder sind im Wechsel ausgefüllt mit rot-weißen Mosaiken, die verbundene Swastikas darstellen, und mit weißen, vegetabilen Stukkaturen. Der umlaufende Rahmen sowie das abschließende Kufi-Fries sind ebenfalls in Weiß gehalten. Den Alfiz flankieren durchbrochene Steinfenster, gerahmt von je zwei Säulen, die Zackenbogen stützen.

Im Prinzip haben die Baumeister dieser Periode sich an den Portalen des ältesten Moscheeteils orientiert, die Fassaden aber prunkvoller gestaltet. Man vergleiche das gerade beschriebene Portal mit der bescheidener verzierten Puerta de San Esteban aus dem 8. Jh.

Erreicht man nun die Nordseite des Gebäudes, so lohnt sich der Aufstieg auf den *Glockenturm,* von dessen Höhe aus man einen guten Überblick über das einstmals islamische Gotteshaus und die Altstadt gewinnt.

Der Haupteingang der Mezquita befindet sich direkt neben dem Turm. Durchschreitet der Besucher nun die *Puerta del Perdón,* so gelangt er in einen weiten, arkadengesäumten Innenhof, den *Patio de los Naranjos,* mit Orangenbäumen und einem Brunnen, der den Muslimen zur rituellen Reinigung vor dem Gebet diente. Die Arkaden an der Seite des Betsaals sind übrigens noch immer vermauert, lediglich zwei Eingänge zum Saal geöffnet. Der Säulenwald im Innern der Moschee ist dadurch in ein mystisches Halbdunkel getaucht, geschaffen im 16. Jh. von den Christen.

Durch das Haupttor, die Puerta de las Palmas, betritt man zunächst den ältesten Teil des Betsaals, mit dessen Bau noch unter Abd ar-Rahman I. (reg. 756–788) begonnen wurde. Römische Säulen aus Marmor und Jaspis tragen hier die aus rotem Ziegel und weißem Stein gefertigten Hufeisenbogen, denen jeweils rot-weiße Rundbogen aufgesetzt sind (Farbabb. 8). Die flache Balkendecke zeigt Verzierungen in Gold, Blau und Rot (restauriert). Bei den späteren Erweiterungen der Moschee suchte man das Gesamtbild zu erhalten, setzte die Farbgebung der Bogen fort, auch wenn nun weniger kostbares Material verwendet, das Rot und Weiß der Bogen nur mehr aufgemalt wurde.

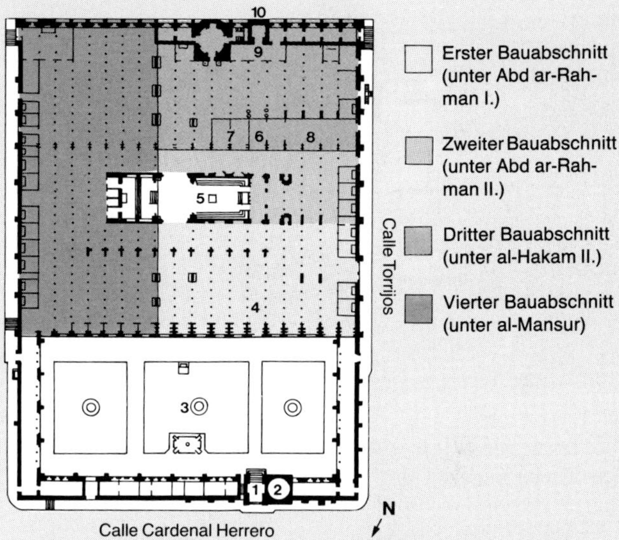

52 Grundriß der Großen Moschee von Córdoba 1 Puerta del Perdón; 2 Glockenturm; 3 Patio de los Naranjos; 4 Ursprüngliches Mittelschiff; 5 Kathedrale; 6 Capilla de la Villaviciosa; 7 Capilla Real; 8 Kirche des 14. Jh. (nicht mehr existent); 9 Maksura; 10 Mihrab

Folgt man dem etwas breiteren Schiff hinter dem Hauptportal, dem einstigen Mittelschiff der Moschee (erster bis dritter Bauabschnitt), so passiert man – inmitten des weiten Säulenwaldes – die *Kathedrale,* deren Prunk den Sieg des Christentums über den Islam demonstrieren sollte. Der anschließende, reicher gestaltete Hallentrakt entstand unter al-Hakam II. Am Beginn dieses Bereichs findet sich die heutige *Capilla de la Villaviciosa,* überwölbt von einer steinernen Rippenkuppel, der ersten von vier Lichtkuppeln, die notwendig wurden, um auch den Erweiterungsbau al-Hakams II. hinreichend auszuleuchten (Abb. 53). Drei weitere, ähnlich konstruierte Kuppeln bekrönen die Maksura vor dem neuen Mihrab. Einen künstlerischen Höhepunkt stellen die mittlere dieser drei Kuppeln und der Eingang zum Mihrab (Abb. 71) dar, aufs prächtigste überzogen von byzantinischem polychromem Glasmosaik, das geometrische und pflanzliche Ornamente

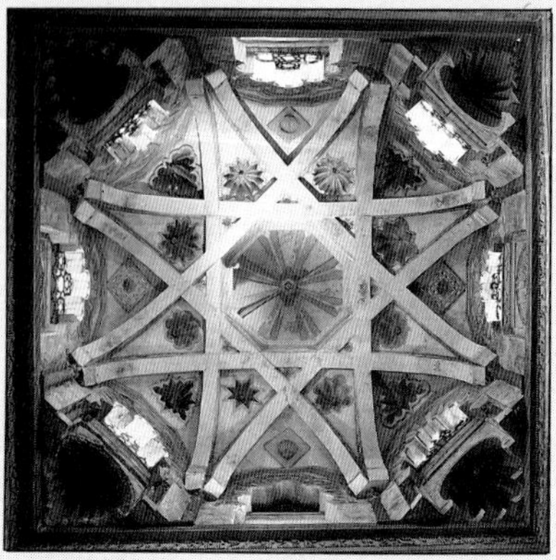

53 Rippenkuppel über dem Westteil der Maksura in der Großen Moschee von Córdoba

auf goldenem Grund bildet. Der *Mihrab* selbst ist als achteckiger Raum angelegt und von einer muschelförmigen Kuppel – geschnitten aus einem einzigen Block – überwölbt.

Ähnlich wie in der Capilla de la Villaviciosa lösen im Bereich der Maksura nahezu filigran ornamentierte Zackenbogen die schlichte Hufeisenform ab (Abb. 54). Die unteren Bogenreihen bestehen aus fünfpassigen Bogen, denen phantasievoll ineinandergreifende Zackenbogen aufgesetzt sind.

Der letzte Erweiterungsbau – 987 auf Wunsch al-Mansurs begonnen –, der die Gebetshalle nach Osten hin um acht Schiffe verbreiterte, kopiert den Baustil der älteren Moscheebereiche, ohne wesentlich neue Elemente hinzuzufügen.

Der Besucher kann hier wie an kaum einem anderen Ort die Unterschiede christlichen und islamischen religiösen Bauens und damit des jeweiligen Gottesbildes auf sich wirken lassen. Die Kathedrale weist der sich im Innenraum zusammendrängenden Gemeinde den Weg nach oben und beherrscht sie vom hohen Altar aus, während die Moschee den Gläubigen in die Weite der Säulenhalle stellt – allein oder in der Gemeinschaft der vor Allah Gleichgestellten. Die Kathedrale bietet die Gottheit und die Heiligen in reichem Bildwerk, zur Verehrung der personifizierten Heiligkeit aufrufend. Die Moschee stellt den Gläubigen in den scheinbar endlosen Raum der nur durch ihr Wort (in kalligraphischer Gestaltung) repräsentierten allgegenwärtigen Gottheit.

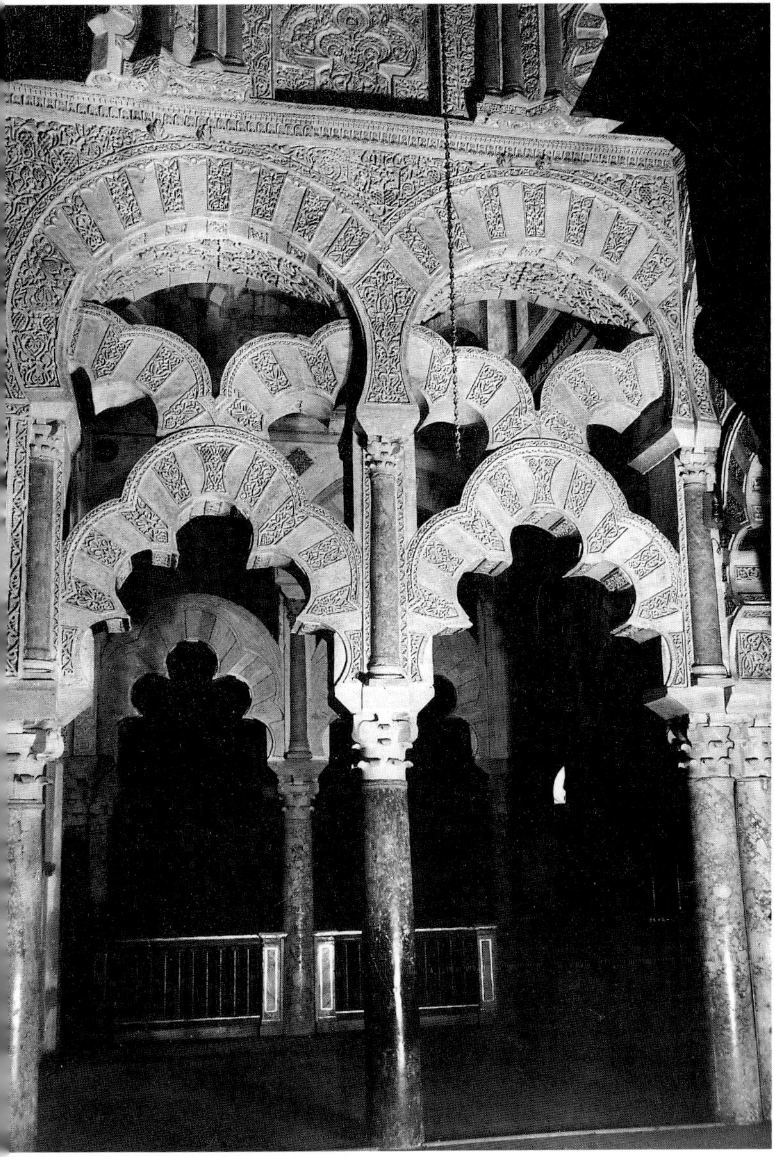

54 Zackenbogen-Stellung in der Großen Moschee von Córdoba

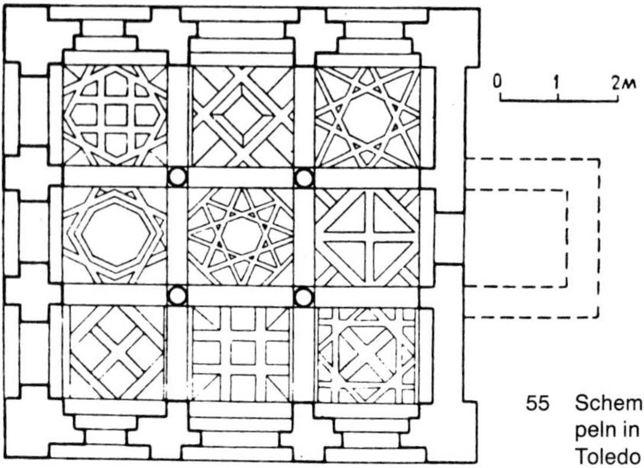

55 Schema der Rippenkuppeln in der Bib Mardum, Toledo (nach: Jaroslav)

Bereich westlich der Capilla de Villaviciosa), im 16. Jh. entstand dann die gewaltige Kathedrale in der Mitte des Saales, ein Bau, dem viele Säulen der Moschee zum Opfer fielen (Abb. 51). Dennoch stützen noch heute über 800 Säulen aus Marmor, Granit und Jaspis die Hufeisen- und Zackenarkaden der Moschee. In den älteren Abschnitten dominieren antike Säulen, teils von weither geholt, in den jüngeren wesentlich schlankere Säulen persischer Tradition - bevorzugt wurden übrigens die königlichen Farben Schwarz und Rot.

Einige kleinere Moscheen überdauerten ebenfalls die Reconquista, da man auch sie in Kirchen umwidmete. So ist beispielsweise die Moschee *Bib Mardum in Toledo* erhalten - als Kirche Cristo de la Luz. Inschriften datieren die Moschee, deren Bauplan sich mit dem der Bu Fatata-Moschee von Sousse (s. S. 88) vergleichen läßt, auf das Jahr 980 oder 999. Ihre Fassade zieren sich überschränkende Hufeisenbogen, ausgeführt in Ziegelreliefmanier. Im Innern des Gebäudes erkennt man, daß die neun Rippenkuppeln, welche einen quadratischen Deckenabschnitt gliedern, den Lichtkuppeln der Mezquita von Córdoba nachempfunden sind. Ihre Rippen bilden unterschiedliche Muster aus - darunter immer wieder Sterne, Quadrate, Sechs- oder Achtecke (Abb. 55).

Die Omaiyaden manifestierten den neuen Glauben und ihre Herrschaft nicht nur mit dem Bau von Bethäusern, sondern ebenso mit Palast- und Festungsanlagen.

Die *Omaiyaden-Residenz in Córdoba* wird in der arabischen Literatur mehrfach beschrieben, indes blieb nichts von ihr erhalten. Bekannt ist, daß der Palast – vermutlich auf den Fundamenten eines westgotischen Vorgängerbaus errichtet – in einem weiten Park stand. Die christlichen Herrscher ließen ihn im 15. Jh. ihrerseits abreißen und bauten an seiner Statt einen Bischofspalast, das heutige Diözesanmuseum.

Durch Ausgrabungen und Rekonstruktionen im Wiedererstehen begriffen ist die *Kalifenpalaststadt Medinat az-Zahra* (Medina Azahara; Abb. 56) bei Córdoba. Seit 936 arbeitete hier eine ›Armee‹ von Künstlern und Handwerkern für Abd ar-Rahman III. Während 16 Jahren sollen hier 1,8 Millionen Golddinare aufgewendet, 4313 Säulen herangeschafft worden sein – darunter 140 aus Konstantinopel. Medinat az-Zahra, von einer Schutzmauer umgeben, die ein Areal von 750 × 1500 m umschreibt, wurde in drei Terrassen angelegt. Auf der obersten Ebene standen u. a. der Palast des Kalifen mit dem Harem, der den meisten Raum im Palast beansprucht haben soll, und Adelsresidenzen. Die mittlere Terrasse scheint vor allem Repräsentationszwecken gedient zu haben. Inmitten einer Gartenanlage dominieren zwei Bauten diesen Bereich, einer davon vermutlich das Empfangsgebäude des Kalifen

56 Tor der Palastmauern, Medinat az-Zahra

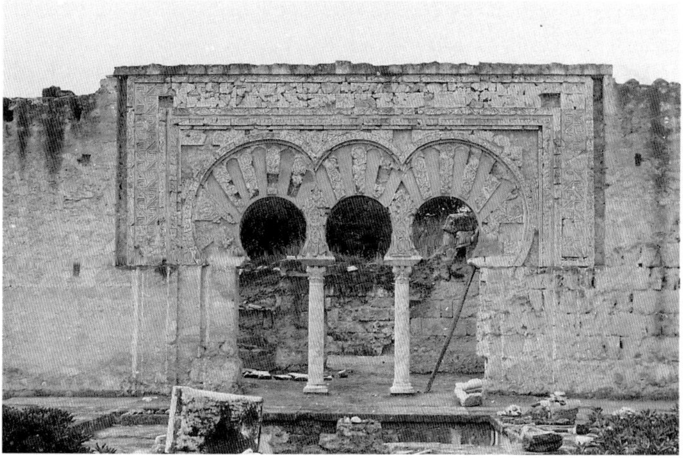

(teilweise rekonstruiert). Inschriften zufolge soll es unter al-Hakam II. (reg. 961–976) errichtet worden sein. Seine Haupthalle, 49,3 × 52 m groß, gliedert sich in fünf Schiffe. Ihr nach Süden hin vorgelagert war ein rechteckiges Wasserbecken – in dichterischer Überhöhung berichtet die Tradition, es sei mit Quecksilber gefüllt gewesen, dessen Lichtreflexe abends die tiefe Halle ausleuchteten. Kamen fremde Gesandte zur Audienz, sollen Sklaven das Wasser mit Ruten gepeitscht und damit die Lichtwirkung in der Halle unterbrochen haben, um die Fremden zu verunsichern. Der deutsche Archäologe Christian Ewert hat bei den Ausgrabungen ein Experiment durchgeführt, das diese Überlieferung bestätigt.

Die unterste Terrasse bot Platz für eine Wohnstadt mit Moschee, Werkstätten, Unterkünften für die Reiterei, einer Münzpräge, aber auch einem Wildgehege.

Den Hauptzugang zur Kalifenstadt soll eine Statue der Favoritin des Kalifen, az-Zahra, geziert haben, die der Almohade Yakub al-Mansur (reg. 1184–98/99) später entfernen ließ.

Interessant ist in der Medinat die Ausrichtung der repräsentativen Haupthallen, die sich stets nach Süden öffnen, während der Thron des Herrschers vor der Nordwand aufgestellt wurde – eine im Islam ungewöhnliche Konzeption. Vermutlich geht sie auf den Einfluß slawischer Militärsklaven zurück, die in Medinat az-Zahra zum Teil hohe Funktionen ausübten. Sie waren geprägt von nomadischen Traditionen in Osteuropa, nach denen der Norden als die heilige Himmelsrichtung galt.

Außer der Kalifenpalaststadt errichteten die omaiyadischen Herrscher mehrere Festungen, so etwa die *Burg al-Vacar* nördlich von Córdoba, die als ein Mauerrechteck mit acht Bastionen angelegt wurde. Die Stadtbefestigung von *Sevilla,* in ihren Anfängen sicherlich römischen Ursprungs, wurde von den Omaiyaden im 9. Jh. neu angelegt. In *Mérida* entstand im 9. Jh. unter Abd ar-Rahman II. über dem Ufer des Guadiana eine *Feste,* die den Flußübergang sicherte. Befestigungen entstanden auch in *Tarifa* und *Gormaz.* Die Ruinen der *Burg von Gormaz* (10. Jh.) – eine der einstmals größten maurischen Anlagen in Europa – erheben sich auf einer Felsnase über dem Ort. Die Feste bewachte den Übergang über den Duero.

Mit dem endgültigen Zerfall des Kalifats von Córdoba im Jahre 1031 begann die Zeit der Reyes de Taifas, der ›Kleinkönige‹. Über zwanzig unabhängige Kleinreiche entstanden, in fast allen Festungen und Städten erhoben sich Gouverneure, Kadis oder auch Abenteurer zu Herrschern von eigenen Gnaden. So regierten in Valencia und Almería Slawen, in Málaga Berber, in Zaragoza und Sevilla Araber. Viel wurde gebaut, aber nur wenig blieb uns erhalten.

Im 11. Jh. gründete dann ein Kadi in *Sevilla* die Dynastie der Abbaditen (1023–91), die für ihre glänzende Hofhaltung berühmt werden sollte. Auf ihren Dichterkönig al-Mutamid (Mohammed II.; reg. 1069–91) dürfte der *Alcázar* der Stadt zurückgehen, von den Almohaden im 12. Jh. weiter ausgebaut und mit einer weitläufigen Festungsmauer gesichert. Aber auch diese Anlage sollte nicht von Dauer sein, sondern wurde nach der Reconquista stark verändert. Ihren heutigen Kern bildet der Mudéjar-Palast von Pedro I. (s. S. 175 ff.).

Aus der Zeit der Taifas stammt der prunkvolle *Palast von Zaragoza*, die *Aljafería*, errichtet unter Abu Djafar Ahmad (reg. 1046–81/82). Erhalten ist die Palastmoschee, ein kleiner quadratischer Raum von 5,4 m Seitenlänge, der sich nach oben hin in einer Kuppel auf oktogonalem Tambour fortsetzt: die Verwandlung des Quadrats als Symbol der Materie in den Kreis als Symbol des Geistes und zugleich das Abbild der Welt (Kubus) unter der Himmelskuppel.

Die *Alcazaba*, die *Palastburg von Málaga*, geht in ihren Ursprüngen auf eine Residenz omaiyadischer Gouverneure zurück, die später von den Nasriden restauriert und teils neu errichtet wurde.

Die Auseinandersetzungen zwischen den einzelnen Reyes de Taifas, der Wechsel der Dynastien und Rebellionen machten Stadtbefestigungen notwendig. Oberhalb des Örtchens *Monteagudo*, 5 km östlich von Murcia, liegen die Ruinen einer *Burg* arabischer Herren (um 1150), und bei *Calatrava la Vieja* (in der Nähe von Ciudad Real) wird seit 1986 eine *islamische Stadt* freigelegt, deren Befestigungsanlagen ebenso wie die Stauwerke zur Wasserversorgung gut erhalten sind. Häufig integrierte man in solche Befestigungen ältere Baustrukturen oder erweiterte – wie im Falle der *Burgen von Játiva und Denia* – römische Gründungen. Natürlich fehlten auch Zisternen und Aquädukte nicht, um die Städte mit Wasser zu versorgen; zur Sicherung der Verkehrswege gehörten

Brückenbauten. So soll z. B. ein Kadi 1055 in *Granada* die *Puente de Kadí* gestiftet haben.

Die Moscheen, welche die verschiedenen Herrscher errichten ließen, sind heute weithin zerstört. So wurde etwa in *Granada* im 11. Jh. eine *Große Moschee* für die Gouverneure der Ziriden errichtet, jener nordafrikanischen Dynastie, die 1012–90 Südostandalusien regierte. Nach den Baubeschreibungen und archäologisch erfaßten Resten handelte es sich um eine elfschiffige Hofhallenmoschee von 45×26 m Grundfläche, mit der charakteristischen T-Form, gebildet aus dem Mittel- und einem Querschiff vor der Kibla-Wand. Ihr Plan ähnelt also dem tunesischer Großmoscheen des 9. Jh. Die Säulen der Bethalle schmückten Kapitelle aus dem alten Omaiyaden-Palast von Granada.

Auch die Almohaden, die ab 1147 das islamische Spanien eroberten, sahen sich veranlaßt, ihre Territorien zu schützen. So verstärkten sie die Befestigung *Sevillas* unter Einbeziehung alter Mauern. Am Guadal-

57 Die Giralda von Sevilla

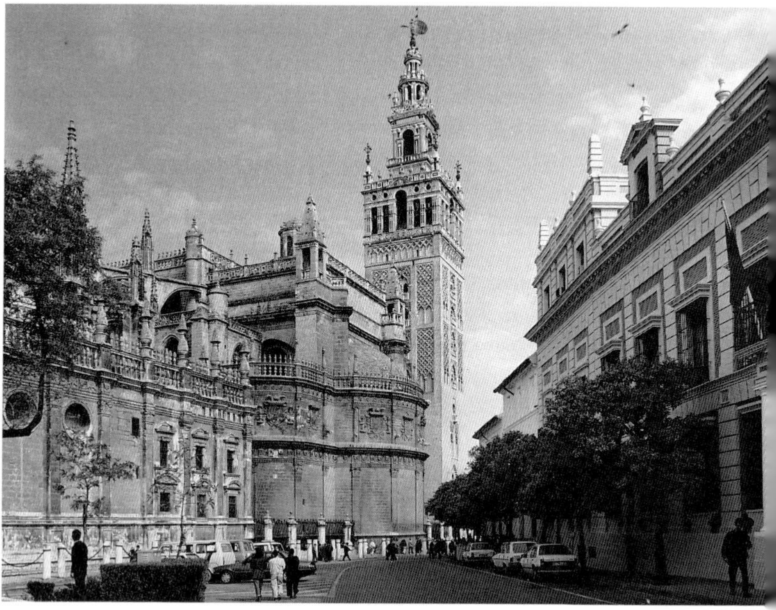

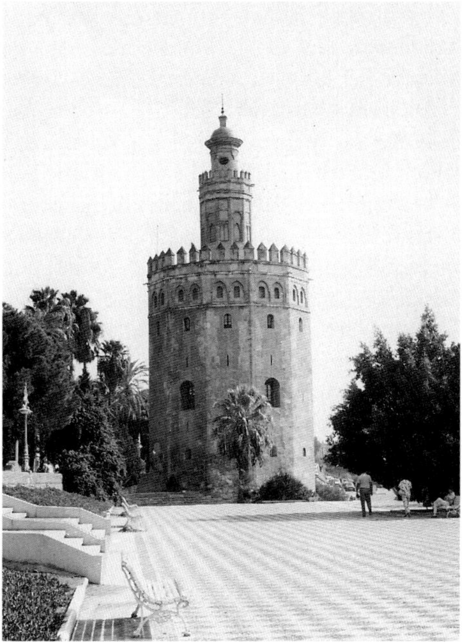

58 Torre del Oro, Sevilla

quivir ragt noch heute der *›Goldturm‹* empor (um 1220), die *Torre del Oro* (Abb. 58), Endbastion der vom Alcázar zum Hafen führenden Mauer. Einst besaß die Torre am gegenüberliegenden Flußufer ein Pendant; mit einer Kette, zwischen beiden ausgespannt, konnte die Hafenzufahrt gesperrt werden.

Weitere almohadische *Festungen,* teilweise erhalten, finden sich etwa in *Badajoz,* in *Cáceres* und in *Alcalá de Guadaira.* Die in arabischer Lehmziegeltechnik aufgeführten und turmbewehrten Mauern der *Burg von Alcalá de Guadaira* bieten noch immer eine großartige Silhouette. Heute stark verfallen, zählte die Feste einst zu den schönsten almohadischen Bauwerken Spaniens.

Nach der Eroberung *Sevillas* ließ Yakub al-Mansur (reg. 1184–98/99) den westgotischen Dom der Stadt zerstören und an seiner Stelle ab 1172, also in etwa zeitgleich mit dem Bau der Großen Moschee von Rabat (s. S. 135), eine *Große Moschee* errichten. Ihre Anlage läßt sich mit der Kutubiya zu Marrakesh vergleichen (s. S. 119ff.). Der siebzehnschiffigen Bethalle vorgelagert war ein Hof, gesäumt von drei Arkadengängen. Heute kündet nur mehr die *Giralda,* das einstige Minarett der Moschee, von der früheren Bedeutung des Baus (Abb. 57).

Auch nachdem 1401 beschlossen wurde, die seit 1248 nun als christliche Kirche genutzte Moschee abzureißen, blieb das Minarett verschont und dient auch der heutigen Kathedrale als Glockenturm. Die Seitenwände der Giralda zieren Sebka-Muster sowie Zackenbogennischen, die ebenso gestaltete Fensteröffnungen umrahmen. Der ursprünglich quadratische Turmaufsatz mit einer Spitze aus mehreren Bronzekugeln fiel im 14. Jh. einem Erdbeben zum Opfer. Den neuen Aufsatz (1560–68) mit einer 4 m hohen Bronzestatue des Heiligen Glaubens entwarf der Architekt Hernan Ruiz.

Die Umwandlung von Moscheen in Kirchen hat manches Relikt der islamischen Herrschaft in Spanien bewahrt. So ist z. B. der Glokkenturm von *San Juan de los Reyes in Granada* das ursprüngliche Minarett einer Moschee des 13. Jh. In der Kirche *Santa María del Castillo (Badajoz)* läßt sich noch die fünfschiffige *Kasbah-Moschee* erkennen, und in der *Provinz Huelva* bewahrt die *Ermita de Almonaster la Real* den Mihrab einer ebenfalls fünfschiffigen Moschee.

Die Baukunst des Emirats von Granada

Kaum ein Bauwerk des islamischen Kulturkreises ist in Europa so berühmt wie die *Alhambra,* die *›Rote Burg‹ von Granada* (Abb. 59). Sie erhebt sich – vor der grandiosen Kulisse der Sierra Nevada – auf einem langgestreckten Felshügel, der in die Stadt hineinragt.

Die Anfänge der Burg reichen bis ins 11. Jh. zurück. Damals sicherten die Ziriden die ›Felsnase‹, indem sie die heute *Alcazaba* genannte Festung begründeten. Als Mohammed I. (reg. 1238–739) Granada 1238 dann zur Hauptstadt seines von Kastilien abhängigen Emirats erhob, residierte er auf dem Burgberg und befahl den Bau der eigentlichen *Alhambra,* des königlichen Palastes. Sein Nachfolger Mohammed II. (reg. 1273–1302) setzte den Ausbau der Anlage fort, u. a. wurde damals das Plateau, welches sich an die ursprüngliche Festung anschließt, mit einer Mauer umgeben. Auf diese Bauphase gehen zwei Haupttürme an der Nordseite zurück – der ›Turm der Damen‹ (Torre de las Damas) und die Torre de los Picos. Mohammed III. (reg. 1302–09) ließ Moschee und Bad einbauen, unter Yussuf I. (reg. 1333–54) entstanden der ›Waffenturm‹ (Torre de las Armas) und das ›Tor der Gerechtigkeit‹, die Puerta de la Justicia (arab.: Bab ash-Shariya, ›Tor des Gesetzes‹; 1348) sowie weitere Bastionen im Norden, vor allem der Comares-Turm mit dem ›Saal der Gesandten‹ (Sala de Embajadores) und der ›Myrtenhof‹ (Patio de los Arrayanes). Mohammed V. (reg. 1354–59, 1362–91) tat es seinem Vorgänger gleich und ließ einen weiteren Palastkomplex errichten: Um den ›Löwenhof‹ (Patio de los Leones) gruppieren sich der ›Saal der Könige‹ (Sala de los Reyes), der ›Saal der Zwei Schwestern‹ (Sala de las Dos Hermanas) und der Saal der Abencerrajes.

Die Paläste der Alhambra überwältigen den Besucher durch die Fülle geometrischer Ornamente, ihre Stukkaturen sind so meisterhaft gearbeitet, daß sie insbesondere im Bereich des ›Löwenhofes‹ wie feingesponnene Vorhänge wirken. Die scheinbare Leichtigkeit der Mauern, Säulen und Kapitelle kaschiert die Stabilität der dahinter verborgenen tragenden Strukturen, die nun schon sechs Jahrhunderte hindurch standgehalten haben.

Bereits Ismail I. (reg. 1314–25) hatte nordöstlich des Palastes einen großzügigen Park angelegt: den *Generalife*, ein ›Lustschloß‹ der maurischen Fürsten. Obwohl in späterer Zeit stark verändert und beschädigt, läßt der Park das Ideal islamischer Gartenarchitektur erkennen. Das Zentrum des rechteckigen Jardín de la Acequia bildet ein Wasserbecken, Relikt von vier Wasserläufen, die den Park viertelten und die vier Flüsse des Paradiesgartens symbolisierten. Auch die Wege verlaufen vom und ins Zentrum der Anlage. Obstbäume und Wasserquellen fehlten als symbolische Elemente des Paradieses ebensowenig wie dichte Lauben als Zonen der Ruhe und Intimität. Im Generalife muß einst der Gartenpalast Kasr al-Hadjar gestanden haben, den die Poesie des arabischen Granada feiert.

Das System der Wasserversorgung, das den Generalife und die Alhambra erst ermöglichte, besteht in seinen Grundzügen noch heute. Ein Aquädukt führt Frischwasser aus der Sierra Nevada auf das trockene Plateau, und ein Netz von Kanälen verteilt es über Park und Burg.

59 Blick auf die Alhambra, Granada ▷

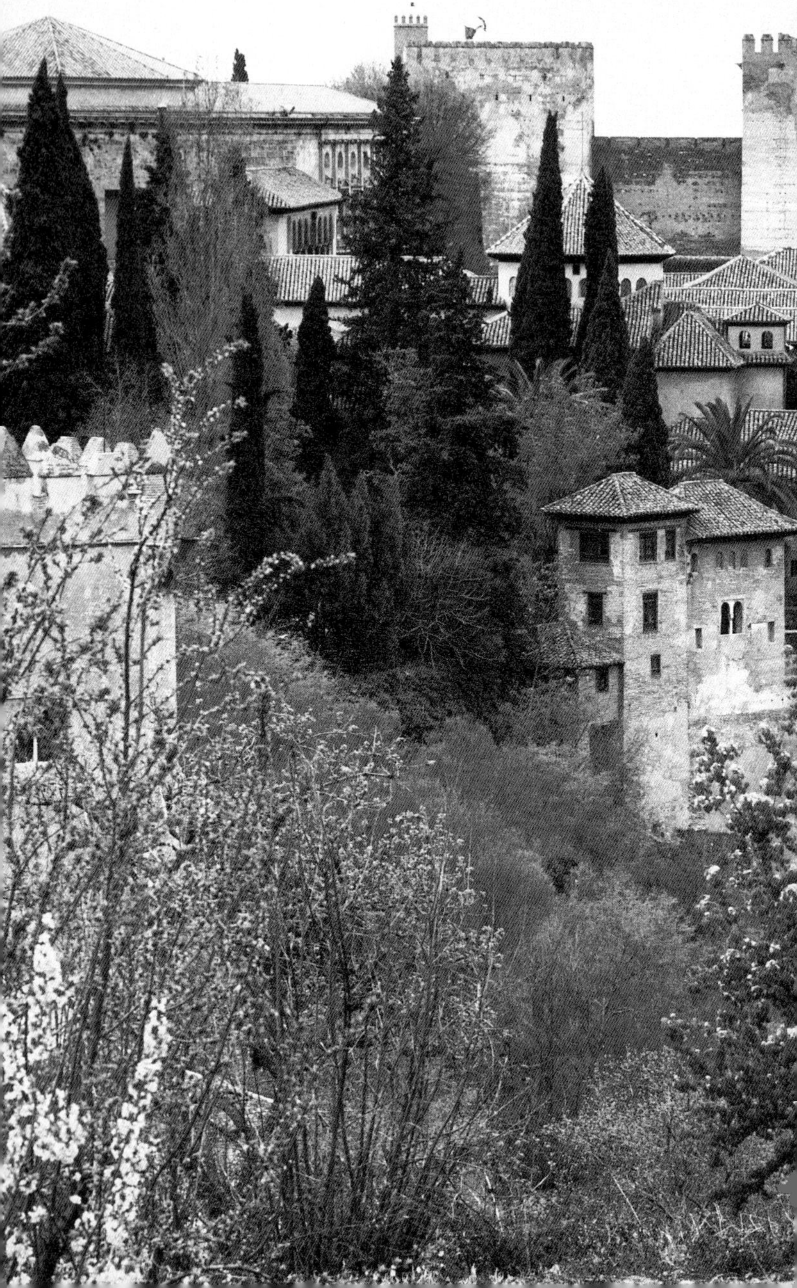

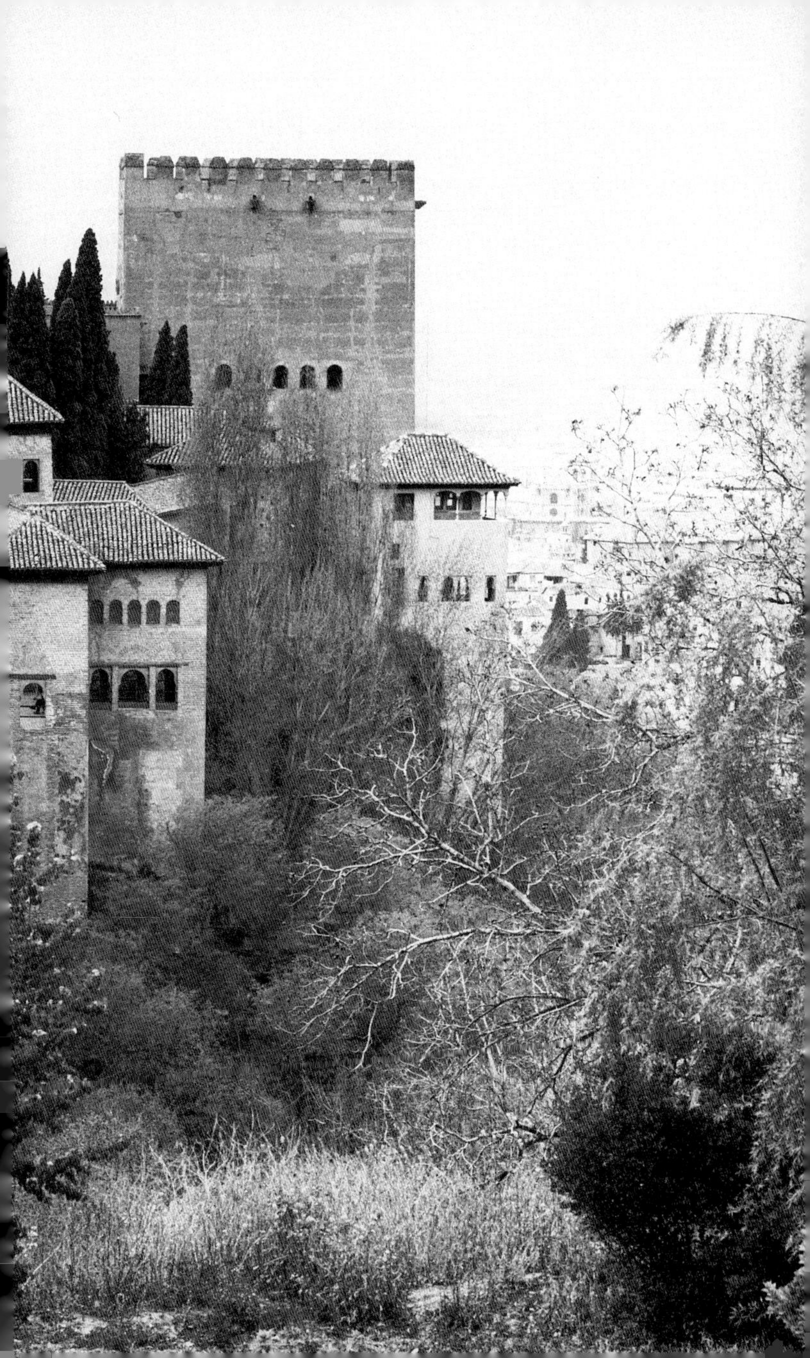

Die Alhambra – Die ›Rote Burg‹ von Granada

Dem Besucher der früheren Hauptstadt des Emirats Granada leuchten die Mauern und Türme der einstigen nasridischen Residenz ockerrot entgegen. Man kann die Alhambra auf zwei Wegen erreichen – von den Bergen im Südosten her oder aus der Stadt im Westen.

Der Weg von der Stadt beginnt an der Plaza Nueva und führt auf der Cuesta de Gomérez steil bergan durch die *Puerta de las Granadas,* ein Tor, dessen Vorläuferbau Bestandteil jener Mauer war, die die Alcazaba, die Zitadelle am Westrand des Burgbergs, mit der Bastion im Süden, den Torres Bermejas (›Zinnober-Türme‹), verband. Hier verzweigt sich der Weg: rechts geht es zu den ›Zinnober-Türmen‹, geradeaus zum alten Stadttor Bab Rambla (Bibarrambla) und links zum derzeitigen Haupteingang der Alhambra. Das *›Tor der Gerechtigkeit‹,* die *Puerta de la Justicia,* wurde laut Inschrift 1348 erbaut. Der Torturm springt der Mauer vor und weist einen eigenartigen Bauplan auf. Er besitzt eine große Vorhalle, in der ab und an Recht gesprochen wurde. Über dem äußeren Torbogen fällt eine in Stein gemeißelte Hand auf – Abwehr des Bösen Blicks oder Symbol der Fünf Säulen des Islam? Die Bedeutung des Schlüssels am Band – ebenfalls in Stein geschlagen – über dem zweiten, inneren Torbogen ist genauso umstritten. Handelt es sich um jenen Schlüssel, mit dem der Prophet Mohammed die Tore zum Paradies öffnet, oder ist es ein Symbol, das verwoben ist mit den Legenden um das Emirat Granada? Beide Durchgänge sind als Hufeisenbogen gestaltet, der äußere von einem schlichten Alfiz umrahmt, der innere mit arabischen Inschriften und einem Azulejo-Band verziert. Der gesamte Weg durch das Tor verläuft in vier rechtwinkligen Biegungen, durch fünf unterschiedlich überwölbte Räume.

Nach Passieren des Torweges wendet man sich nach links und gelangt zur *Puerta del Vino,* dem *›Tor des Weines‹.* Seine Fassade weist mit Hufeisenbogen, Alfiz und arabischen Inschriften typischen maurisch-nasridischen Bauschmuck auf.

Bevor man mit der eigentlichen Burgbesichtigung beginnt, sollte man sich noch einmal die Gesamtkomposition der ›Roten Burg‹ vergegenwärtigen: die ziridische Militärfestung, Alcazaba, liegt am äußersten Westrand (ältester Teil der Anlage); weiter östlich die nasridische Fürstenresidenz, die Alhambra im engeren

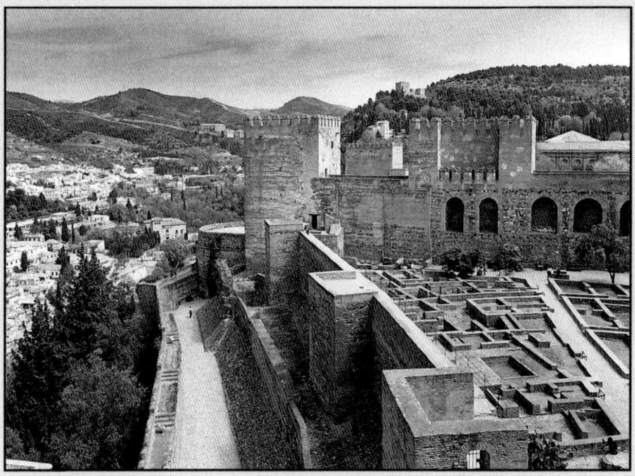

60 Blick von der Torre de la Vela auf die Alcazaba, Granada

Sinn, die sich wiederum in mehrere Komplexe des 13.–14. Jh. gliedert; im Südosten, der Fürstenresidenz vorgelagert, erstreckt sich eine ›Palast-Vorstadt‹ und nördlich oberhalb der Alhambra der Generalife, der ›Sommerpalast‹ der Nasriden-Emire. Hinzu kommen Bauten aus christlicher Zeit: der Palast Karls V. (Carlos I.; reg. 1516–56), dem Mexuar (s. u.) vorgelagert; die Kirche Santa María de la Alhambra an Stelle der einstigen Moschee sowie das staatliche Hotel, der Parador, im ehemaligen Franziskanerkonvent.

Passiert der Besucher nun die Puerta del Vino, so blickt er gegen Westen, über die Plaza de los Aljibes auf die mit drei Türmen bewehrte Ostmauer der *Zitadelle.* Von der *Torre de Vela,* dem ›*Wachtturm*‹, der die westliche Seite beherrscht, gewinnt man einen guten Überblick über das Innere der Feste, die Fundamente der früheren Kasernen lassen sich erkennen (Abb. 60). Die *Torre de las Armas* (mit zwei hufeisenförmigen Zackenbogen) im Nordosten entläßt den Besucher aus der Alcazaba (falls dieser Durchgang gesperrt ist, durch den Eingang zurück!). Die Plaza de los Aljibes quert man dann auf den Palast Karls V. zu. Linker Hand befinden sich Ruinen, darunter Garten und Galerie des Machuca, des Architekten Karls V. Zwischen der Gartenmauer und dem Renaissance-Palast des christlichen Herrschers hindurch erreicht man den heutigen Zugang zur Alhambra, der direkt in den Mexuar führt.

(Die einzelnen Palastkomplexe folgen im allgemeinen der Grundstruktur maurischer Wohnraumarchitektur: Säle gruppieren sich um Innenhöfe, zu denen sie sich öffnen.)

Der *Mexuar,* die *›Audienzhalle‹,* die vermutlich auch als Gerichtssaal (Mashwar) des Emirs diente, geht auf das 13. Jh. zurück, wurde aber durch Umbauten seit der Reconquista stark verändert: Marmorsäulen tragen mit dichtem Stuckdekor überzogenes Gebälk (Abb. 62) und die Flachdecke, eine Renaissancezeitliche Holzgalerie passiert den Raum, mudéjare Wandfliesen aus dem 16. Jh. zeigen geometrischen Dekor. Der Halle schließt sich ein *Gebetsraum* an, dessen reich geschmückter Mihrab den charakteristischen Hufeisenbogen aufweist.

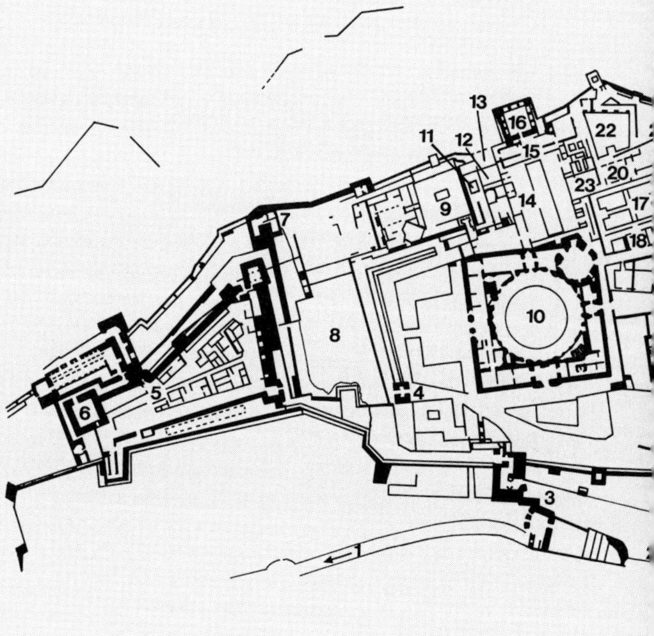

Durch ein Portal passiert man den Mexuar nach Osten in einen engen Innenhof, den *Patio del Mexuar.* An dessen Nordseite führt eine Tür, gerahmt von einem hufeisenförmigen Zackenbogen, in den *›Goldenen Saal‹ (Cuarto Dorado).* – Den Patio aber dominiert seine südliche Fassade – bis auf den Sockel und die Türfassungen über und über mit filigranen, goldfarbenen Stukkaturen überzogen, unten von Azulejos abgeschlossen. Inschriften im Stuck deuten an, daß es sich hier möglicherweise um den früheren Haupteingang des Palastes handelt. Die Wand durchbrechen fünf Fenster und zwei rechteckige Türen, deren rechte in Vorhöfe, deren linke aber in den ›Myrtenhof‹, den Patio de los Arrayanes geleitet.

Der *›Myrtenhof‹* oder *›Hof des Teiches‹ (Patio de la Alberca;* 36,6 × 23,5 m) bildet das Zentrum des unter Yussuf I. (reg.

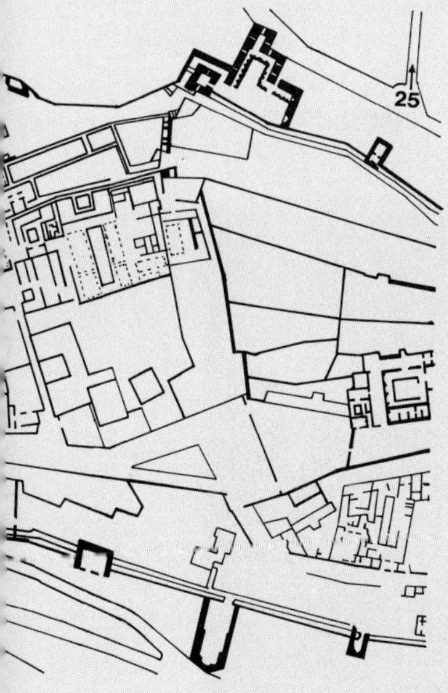

61 Plan der Alhambra von Granada
1 Zur Puerta de las Granadas
2 Zum Bibarrambla
3 Eingang: Puerta de la Justicia
4 Puerta del Vino
5 Kasernenfundamente in der Alcazaba
6 Torre de Vela
7 Torre de las Armas
8 Plaza de los Aljibes
9 Garten des Machuca
10 Palast Karls V.
11 Mexuar
12 Patio del Mexuar
13 Cuarto Dorado
14 Patio de los Arrayanes
15 Sala de la Barca
16 Torre de Comares mit der Sala de los Embajadores
17 Patio de los Leones
18 Sala de los Abencerrajes
19 Sala de los Reyes
20 Sala de las Dos Hermanas
21 Sala de los Ajimeces und Mirador de Lindaraja
22 Daraxa-oder Lindaraja-Garten
23 Arabische Bäder
24 Torre de las Damas und Jardines del Partal
25 Zum Generalife

1333–54) erbauten Palastbezirks. Einem rechteckigen Wasserbecken, gesäumt von niedrigen, gestutzten Myrtensträuchern, verdankt er seinen Namen. Die schlicht dekorierten Längsseiten, ihre einfachen Fenster und Alfices, unterstreichen die Wirkung seiner Schmalseiten: weiße Marmorsäulen, die Kapitelle mit Stalaktiten oder floralem Kufi dekoriert, verbinden sich zu Bogenreihen, geschmückt von stuckiertem Rankenwerk und Sebka-Formen. Vorhängen aus durchbrochener Spitze gleich spiegeln sie sich im Wasser des Teichs. Hier erschließt sich dem Besucher vielleicht zum ersten Mal der Reiz, das Schwebende der granadinisch-maurischen Palastarchitektur, die in der Gestaltung des ›Löwenhofes‹ und der ihm angeschlossenen Räume ihren Höhepunkt erreichen sollte.

Die Südfassade des ›Myrtenhofes‹ war einst vermutlich Durchgang zu einem weiteren Trakt der maurischen Residenz. Doch beherrscht den Hof jetzt seine nördliche Schmalseite mit der 45 m hohen, zinnenbekrönten *Torre de Comares.* Auf dem Weg dorthin durchquert man zunächst den Empfangssaal, die restaurierte *Sala de la Barca.* Bemerkenswert sind hier die wunderbar

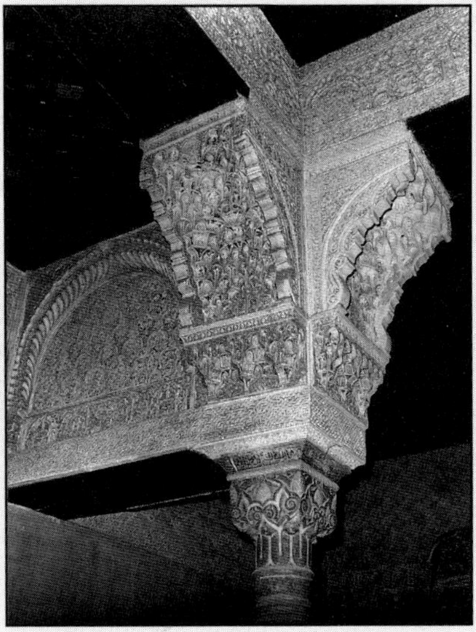

62 Stuckdekor im Mexuar der Alhambra, Granada

gearbeitete hölzerne Decke und die Stukkaturen an den Wänden, die u. a. Verse des Dichters Ibn Zamrak wiedergeben. Das Parterre des Comares-Turms nimmt die *Sala de los Embajadores,* der *›Saal der Gesandten‹* oder *›Thron-Saal‹ (Salón del Trono;* 11,3 m^2, 18,2 m hoch), ein. Hier gewährte Mohammed V., vielleicht schon seine Vorgänger, Audienz. Fliesenmosaiken, Sebka-Dekorationen, Arabesken, Kufi- und Naskhi-Lettern sowie in Stuck gearbeitetes Spitzenwerk überziehen seine Wände. Wiederum ist die Holzdecke hervorzuheben, eine Kuppel zusammengesetzt aus 8017 Partikeln, deren Dekor die sieben Himmel des Islam und die Sterne des Paradieszeltes symbolisiert.

Dem ›Myrtenhof‹ schloß sich östlich ein privater Wohnbezirk an, der zum Gartenkomplex Daraxa überleitete. Offenbar wurde dieser ursprünglich vom ›Myrtenhof‹ aus betreten, doch sind die Tore vermauert, und der Besucher muß sich zunächst dem berühmtesten Baukomplex der Alhambra, dem *›Löwenhof‹*-Ensemble, zuwenden, dem Höhepunkt nasridischer Architektur, vollendet unter Mohammed V. (reg. 1354–59; 1362–91). Man betritt ihn von Westen her, durch die schlichte Sala de los Mozárabes.

Kernstück ist der von Ost nach West angelegte Hof, dem ein von zwölf marmornen Löwen getragenes Becken (s. S. 181) in seiner Mitte den Namen gab: *Patio de los Leones* (Abb. 63). Die Löwenplastiken könnten auf den jüdischen Wesir Yussuf Ibn Nagrallah zurückgehen, der im 11. Jh. auf dem Burgberg residierte. Vier kleine Kanäle, die vier Flüsse des islamischen Paradieses symbolisierend, verbinden den Brunnen mit den vier Fassaden des Hofes. Seiner Ost- und Westfassade sind, getragen von schlanken Säulen, jeweils baldachinartige Pavillons vorgesetzt, die im Filigran ihrer Sebka-Dekorationen den Schmuck der umlaufenden Bogengänge noch übertreffen. Diese entwickeln sich ihrerseits aus schlanken, geradezu zierlichen, oft doppeltgestellten Säulen und bestechen bereits durch die Zartheit ihrer Ornamentik. Die Schwere der Mauern erscheint aufgehoben, der Hof wie von Spitzenvorhängen umweht.

Drei Säle öffnen sich auf den Patio de los Leones. Die *Sala de los Abencerrajes* liegt im Süden: ein quadratischer Saal, von einer beeindruckenden Mukarnas-Kuppel überwölbt, dem sich zwei rechteckige Räume anschließen. Interessanter noch erscheint der *›Saal der Könige‹*, die *Sala de los Reyes,* am Ostende des Hofes, die ihre Originalgestalt bewahrt hat: Stalaktitenbogen ver-

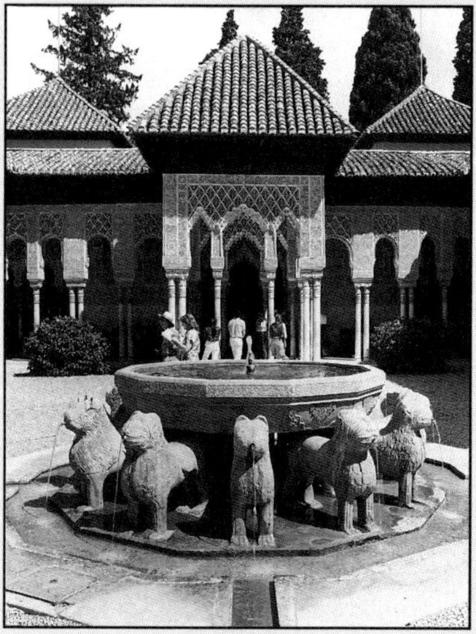

63
Im Patio de los Leones der Alhambra, Granada

binden die einzelnen, prächtig verzierten Abschnitte des Saales. Einmal mehr überziehen filigrane oder Wabendekors, Fliesenmosaiken und stuckierte Inschriften den Raum, die Kapitelle und Kämpfer. Ungewöhnlich sind drei Alkoven, die Deckengemälde bieten – auf Leder gemalt und dann montiert (Farbabb. 7). Vielleicht von französischen oder italienischen Meistern gefertigt, zeigen sie nasridische Fürsten, Jagd- und historische Szenen (s. S. 198).

An der Südseite des Hofes schließlich tut sich die *Sala de las Dos Hermanas* auf, der *›Saal der Zwei Schwestern‹*, so benannt nach zwei Marmorplatten, die hier in den Boden eingelassen sind. Eine gewaltige Mukarnas-Kuppel, noch vollkommener gestaltet als die des gegenüberliegenden Saales, wölbt sich über den Raum (Farbabb. 9). Der Sala des las Dos Hermanas schließt sich die *Sala de los Ajimeces* an, durch die man in den *Mirador de Daraxa* gelangt (Titelbild). Von dort hat man Blick auf den tiefer gelegenen *Daraxa- oder Lindaraja-Garten.*

Die Bauten dieses Bereichs stammen überwiegend aus der Periode christlicher Herrschaft; in seiner ursprünglichen Form erhalten (restauriert) hat sich nur das arabische Bad aus der Zeit Yussufs I., vermutlich Teil eines privaten Wohnpalastes mit Haremstrakt.

Östlich des Lindaraja-Gartens gelangt man in die *Jardines del Partal,* eine Gartenanlage mit Zypressen, Myrtensträuchern und Lorbeerbäumen sowie dem obligatorischen Wasserbecken. Hier erhebt sich auch die *Torre de las Damas,* der *›Damen-Turm‹,* in einem ehemaligen Palastbau, dem *Partal.* Dort haben sich Reste von Wandmalereien des 13. oder frühen 14. Jh. erhalten. Auch die fünfbogige Arkade, die den Eingang, das Portal – arabisiert zu Partal – bildet, geht auf diese Zeit zurück (Abb. 64).

Im weiteren Mauerverlauf nach Osten hin, passiert man weitere *›Türme‹,* sämtlich Wohnsitze maurischer Adliger und meist prächtig ausgeschmückt. (Rechter Hand, etwas weiter südlich gelegen, erstreckt sich die alte ›Palast-Vorstadt‹.)

Östlich der ummauerten Anlage von Alcazaba/Alhambra liegt der *Generalife.* Die noch erhaltenen Gebäude des ›Sommerpalastes‹ der Nasriden wurden stark restauriert. Der zentrale Bereich der Parkanlage ähnelt in seiner Konzeption dem ›Myrtenhof‹: Um ein rechteckiges Bassin schließt sich eine Gartenresidenz, deren Nord- und Südseite betont sind. Der südliche Trakt diente als Wohnpalast, der nördliche repräsentativen Zwecken.

64 Torre de las Damas und Partal-Palast der Alhambra, Granada

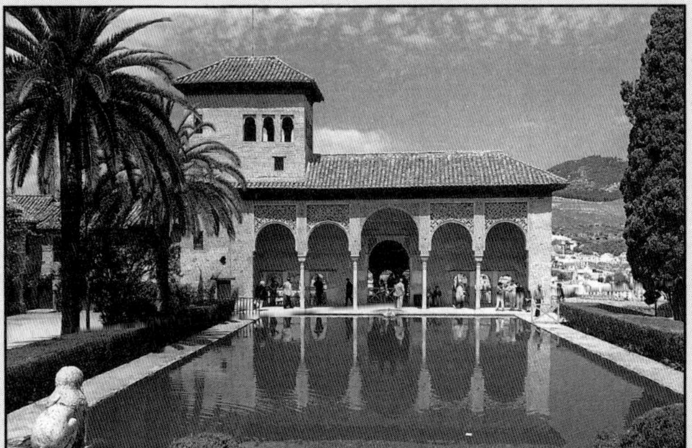

Die mozarabische und die Mudéjar-Kunst in Spanien

Die christlichen Königreiche Spaniens setzten sich in der Zeit der Reconquista Jahrhunderte hindurch mit der überlegenen islamischen Kultur auseinander. Orientalisierende Bau- und Dekorationsformen wurden von den Christen seit frühester Zeit übernommen, wobei zwischen dem mozarabischen und dem Mudéjar-Stil unterschieden wird. Die *Mozaraber* (arab.: Mustaribun = Scheinaraber, Beinahe-Araber) waren Christen, die im muslimischen Spanien lebten und sich weitgehend an die arabische Lebensweise assimiliert hatten. Mit Erstarken der christlichen Königreiche zogen viele von ihnen in den Norden, wo sie zu einer Verfeinerung der Kultur und der künstlerischen Ausdrucksformen beitrugen. So existieren noch heute in Nordspanien etliche Kirchen im mozarabischen Stil, der im 10. Jh. seinen Höhepunkt erreichte. Typisch für ihn sind islamische Bauformen wie der Hufeisenbogen, orientalisierende Dekorationsweisen und vielfach auch mihrabähnliche Apsiden. Islamische Traditionen wurden dabei häufig mit westgotischen Elementen verbunden. Hauptwerke dieses Stils sind die Kirchen *San Miguel de Escalada bei León*, *San Millán de Suso bei Logroño*, die mozarabische *Einsiedelei Santa Cecilia bei Covarrubias*, *San Cebrián de Mazote* und Teile von *Santa María de Wamba*, beide unweit von *Valladolid* gelegen.

In den letzten Jahrhunderten der Reconquista gelangten immer mehr Muslime in den eroberten Gebieten unter christliche Herrschaft. Diese *Mudéjaren* prägten einen nach ihnen benannten Kunst- und Architekturstil: Maurische Handwerker wirkten nun für christliche Auftraggeber. Sie bauten Klöster, Kirchen und Paläste, wobei sie ihre islamischen Bau- und Dekorationsformen beibehielten und oft mit dem sich langsam durchsetzenden gotischen Stil verbanden. Typisch für den Mudéjar-Stil sind Ziegelgebäude, deren Fassaden geometrische Steinmuster und glasierte Keramik zieren. In der Innendekoration fallen Stuck- und Kachelschmuck auf sowie Artesonado-Decken, geschnitzte, oft farbig bemalte kassettierte Holzdecken, die sich in Spanien auch über den Abschluß der Reconquista hinaus großer Beliebtheit erfreuten. Minarettartige Kirchtürme, Blendarkaden, Portale und Kreuzgänge mit Hufeisenbogen verweisen deutlich auf islamische Traditionen. Die Renaissance drängte den Mudéjar-Stil zurück, nahm jedoch

Der Alcázar von Sevilla

Noch in Sichtweite des größten Minaretts von Spanien, der Giralda, erstreckt sich zwischen der Plaza del Triunfo im Nordwesten und den Jardines de los Alcázares im Südosten die weitläufige Anlage des Alcázar von Sevilla. Eine turmbewehrte, in Teilen almohadische Festungsmauer grenzt das Areal ab. Man betritt das Gelände von Nordwesten her durch die *Puerta del León,* ein Tor in der almohadischen Mauer, über dem Azulejos mit der Darstellung eines Löwen angebracht sind.

Der *Patio de Yeso* dokumentiert mit den Kapitellen seiner Säulen, den Hufeisenbogen und Stuckarbeiten den Ornamentstil der Almohaden. Leider ist er im allgemeinen nicht zugänglich. So geht man durch den Patio de los Leones und den Patio de la Montería auf den eigentlichen Palastbau zu, dessen strenge *Fassade* ein Drillings- und zwei Zwillingsfenster auflockern (Farbabb. 10). Im filigranen Mauerschmuck (Sebka-Dekor, Blendarkaden) weisen nur das Wappen des kastilischen Königs Don Pedro El Cruel (Peter I., der Grausame; reg. 1350–66; 1367–69) und eine Schmuckinschrift darauf hin, daß dieses islamische Zierwerk nachislamischer Zeit entstammt. Die Inschrift – in arabischem Kufi und in spanischer Sprache – nennt den Namen des Bauherrn und die Zeit der Errichtung (1364–66). Das Wappen Don Pedros kombiniert den Löwen von León mit den kastilischen Türmen. Weitere arabische Kalligraphien – einem blau-weißen Azulejo-Band eingeschrieben – geben die Devise der Nasriden-Emire von Granada wieder: »Es gibt keinen Sieger außer Allah« – insgesamt ein faszinierendes Beispiel für die Kombination islamischer und spanisch-christlicher Kunst.

Hat man das Palastportal durchschritten, so führt, der Tradition arabischer Festungsarchitektur folgend, ein abknickender Gang auf den *Patio de las Doncellas* (›Hof der Damen‹; 19 × 15 m). Zackenbogen schließen sich zu umlaufenden Arkaden zusammen, geschmückt mit goldfarbenem, feinem Stuckdekor. Nahezu doppelt hohe Zackenbogen, an die sich beidseitig jeweils drei ›normale‹ Bogen anschließen, heben den nordwestlichen und den südöstlichen Zugang des Hofes hervor. In den islamischen Dekor integriert sind die Doppeladler der Habsburger sowie die Motive des Goldenen Vlieses und der beiden Säulen des Herkules mit der

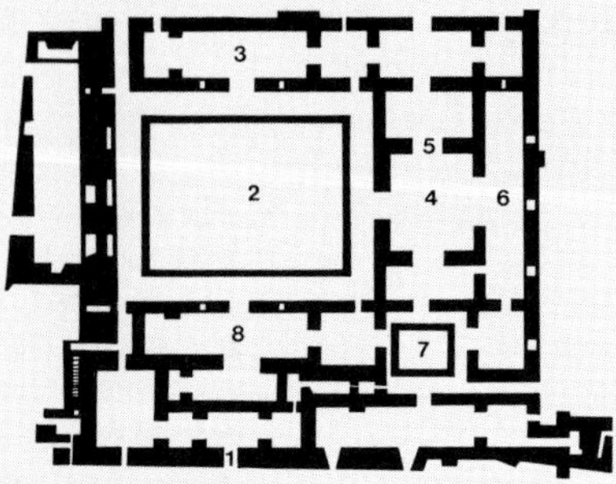

1 Eingang
2 Patio de las Doncellas
3 Salon Karls V.
4 Salón de los Embajadores
5 Gemächer María de Padillas
6 Speisesaal
7 Patio de las Muñecas
8 Dormitorio de los Reyes Moros

65 Plan des Alcázars von Sevilla

Devise Karls V. »Plus ultra«. Die obere Galerie stammt aus dem 16. Jh., während die Azulejos noch dem 14. Jh. angehören.

Wie in maurischen Palästen gruppieren sich auch hier repräsentative Säle um den Hof. Verläßt der Besucher den Patio de las Doncellas nach Südosten hin, so gelangt er in den ›*Salon Karls V.*‹, auf dessen Architekten allerdings lediglich die Kassettendecke aus Zedernholz zurückgeht. Der Wanddekor stammt noch aus der Zeit Don Pedros.

Prächtigster Saal des Alcázar ist der *Salón des Embajadores,* der ›*Salon der Gesandten*‹ (12 × 12 m). Das Eingangsportal weist eine interessante arabische Inschrift auf, die berichtet, daß Don Pedro seinem Architekten al-Djalabi befahl, zu Ehren der Gesandten die Holztüren zu fertigen. Lateinische Inschriften zitieren den Beginn des Johannes-Evangeliums und Psalmen. Den Saal selbst beherrschen Gold, farbiger Stuck und Azulejos. Feinste Ornamentik aus Schmuckbändern mit Rautenmustern, Rankenwerk und epigraphische Friese lassen ein mudéjares Granada erstehen. Ein Bildfries im oberen Wandbereich zeigt die Porträts spanischer Könige – oben und unten gesäumt von Bändern mit kufischen Inschriften. Waben und Stalaktiten leiten von den Wänden über zur kunstvoll aus Holz gestalteten Raumkuppel (Abb. 66).

Dreifache Hufeisenbogen öffnen den Saal zu den angrenzenden Räumen. Die Säulen sind omaiyadisch und könnten aus Medinat az-Zahra stammen – oder aber auch zu einem Alcázar-Baukern aus dem 10. oder 11. Jh. gehören.

Passiert man den südöstlichen Bogen, so betritt man die *Gemächer María de Padillas,* wendet man sich nach Südwesten, gelangt man in den *Salón del Techo de Felipe II.,* den *Speisesaal* des Alcázar mit einer Artesonado-Decke des 16. Jh. Von hier aus erreicht man dann den zweiten Komplex innerhalb des Palastes.

Während die Säle um den großen Innenhof als Repräsentationsräume dienten, bildete der kleinere *Patio de las Muñecas (›Puppenhof‹)* das Zentrum des privaten Wohnbereichs. Das arkadenumstandene Hofrechteck, etwas schlichter gehalten als der Patio de las Doncellas, verdankt seinen Namen kleinen Masken in den Arkadenzwickeln. Säulen und Kapitelle stammen vermutlich aus Medinat az-Zahra, während die Stukkaturen mudéjare mit italienischen und Renaissance-Elementen verbinden.

Vom ›Puppenhof‹ aus kehrt man durch den sogenannten *Dormitorio des Reyes Moros,* das *›Schlafgemach der Maurenkönige‹,* zurück in den repräsentativen Trakt der Anlage. Noch einmal präsentiert sich hier schönste Mudéjar-Kunst. Kufi-Inschriften in Kartuschen, plaziert auf Azulejos mit floral-geometrischem Dekor, erwähnen den ›Sultan Don Pedro‹.

66 Kuppel im Salón de los Embajadores im Alcázar, Sevilla

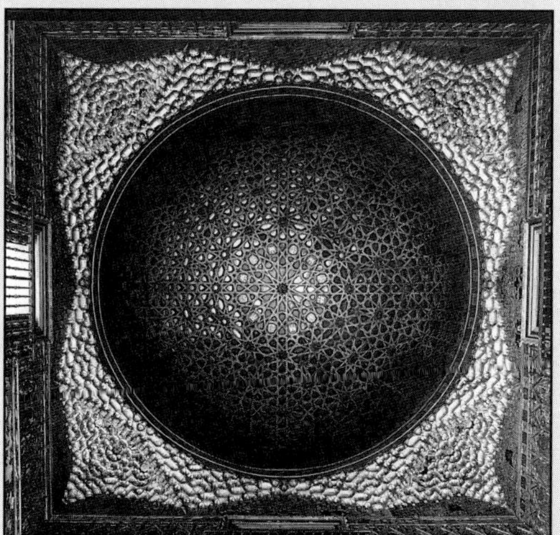

einzelne Elemente – etwa die Artesonado-Decken – in ihr Repertoire auf. Der architektonische und dekorative Reichtum der Mudéjar-Kunst beeinflußte sogar die Kolonialarchitektur in Mittel- und Südamerika.

Unter den Profanbauten bietet der *Alcázar Pedros I. von Kastilien* in *Sevilla* ein herausragendes Beispiel mudéjarer Baukunst (Farbabb. 10, s. S. 175ff.), geschaffen von Bauhandwerkern, die Sultan Mohammed V. zur Verfügung gestellt hatte. So verbinden sich in diesem Palast Elemente islamischer mit solchen spanisch-christlicher Tradition. Die Bauinschrift an der Fassade datiert den Palast auf die Jahre 1364–66. Aber auch die christlichen Herrscher nach Don Pedro sollten an dieser Residenz arbeiten lassen. Bauinschriften benennen christliche wie muslimische Meister. Prachtvolle Stukkaturen, Azulejos und Artesonado-Decken schmücken Höfe und Säle.

In der Region Aragón finden sich Kirchen im Mudéjar-Stil in besonders großer Zahl, vor allem in *Teruel* – hier sind auch die *Tortürme San Martín* und *San Salvador* zu erwähnen – sowie in *Calatayud, Tarazona* und *Zaragoza (Kathedrale).* In Kastilien-León fügte man unter Alfonso VIII. (reg. 1158–1214) dem romanisch-gotischen *Kloster Las Huelgas bei Burgos* eine Mudéjar-Kapelle hinzu. Ferner sind der Kreuzgang des *Klosters San Juan de Duero in Soria* zu erwähnen, dessen Hofkolonnade aus sich überschneidenden Spitzbogen besteht, außerdem die *Kirchen San Tirso* und *San Lorenzo* sowie das *Santuario de la Peregrina,* alle in *Sahagún* (León).

Ein weiteres Zentrum der Mudéjar-Kunst war *Toledo,* 1085 erobert und zeitweilig Residenz kastilischer Könige. Erwähnenswert sind hier die *Kirchen Santiago del Arrabal, Santo Tomé* und *San Román.*

Die *Moschee von Córdoba,* das 1236 durch Fernando III. erobert worden war, erhielt 1314/15 eine *›Königskapelle‹ (Capilla Real)* im reinsten Mudéjar-Stil. Sie gehörte vermutlich zu der im 14. Jh. in der Moschee eingerichteten Kirche, die allerdings im 16. Jh. einer Kathedrale weichen mußte.

Auch im Festungsbau folgten die Christen islamischen Vorbildern, so bei der Gestaltung des *Stadttores Puerta del Sol in Toledo;* und die *Burg von Coca* bei Segovia, im 15. Jh. unter Hinzuziehung maurischer Handwerker errichtet, zeigt ebenfalls orientalisierendes Zierwerk.

Die Juden Spaniens sollten noch lange Zeit ihrer orientalisch geprägten Kunst treu bleiben. Eine *Synagoge in Córdoba,* die einzig erhaltene

(Calle Judíos 20), stammt aus dem frühen 14. Jh. und ist mit reichem mudéjarem Dekor versehen. Die ehedem bedeutendste *Synagoge Toledos*, entstanden gegen Ende des 12. Jh., wurde im 15. Jh. von den neuen christlichen Herren in die *Kirche Santa María la Blanca* umgewandelt. Anlage und Dekor weisen sie als typischen Mudéjar-Bau aus: eine Halle, deren fünf Schiffe durch Hufeisenbogen gegliedert sind, und Kapitelle, mit Stalaktitzapfen geziert. 1357 ließ der Schatzmeister König Pedros I., Samuel Leví, eine weitere *Mudéjar-Synagoge* errichten, die spätere *Kirche* (bis 1877) *El Tránsito.* Die Wappen von Kastilien und León in einem Stuckfries mit hebräischen Inschriften verweisen auf den Schutz, den Pedro I. den Juden gewährte.

Kunst am Bau im Maghreb und im islamischen Spanien

Die islamische Architektur ist mehr als ein Jahrtausend hindurch ständig fortentwickelt worden. Mit ihr entstanden und veränderten sich viele Formen angewandter Kunst, die dem Schmuck der Gebäude dienten: Die architektonischen Grundstrukturen geben dabei ebenso wie rein dekorative Elemente als ›gestaltete Umwelt‹ Auskunft über die Gestalter und deren Vorstellungswelt. Umgekehrt haben sie bis in die Gegenwart hinein die psychische Struktur von Bewohnern, Betrachtern und Bewunderern mitgeprägt.

Die weltanschaulichen Konzeptionen der Bauherren und ihrer Architekten waren vom Islam vorgegeben, dessen verschiedene Auslegungen freilich unterschiedliche Formen der Kunst am und im Bau hervorbrachten. Gemeinsam ist ihnen allen die Scheu, Lebewesen, vor allem Menschen, an oder in der Moschee darzustellen, obwohl es gegenteilige Beispiele gibt und der Koran kein direktes Bildverbot enthält (s. u.). So ist in die Fassade der Großen Moschee von Sfax ein christlich-byzantinisches Relief mit der Darstellung von zwei Pfauen eingelassen. Dies geht vermutlich noch auf die Zeit der Fatimiden zurück, die als Schiiten positiver zum Bild standen als die Sunniten. Fatimidische Paläste und Tore konnten durchaus figürlichen Schmuck tragen (s. S. 188).

Auch im omaiyadischen Spanien ließ man, obwohl es ein sunnitisches Reich war, vereinzelt figürliche Darstellungen zu. So soll über dem Haupttor der Kalifenpalaststadt Medinat az-Zahra die Statue jener Frau angebracht worden sein, der diese Stadt gewidmet war. Die islamische Frühzeit verwandte im Osten – sowohl im omaiyadischen Syrien als auch im abbasidischen Baghdad – ja generell in weltlichen Bauten, Palästen, Bädern und besonders in den – von der Außenwelt abgeschlossenen – Harems, auch figürliche Plastiken und Gemälde, die Menschen und ihre Tiere wiedergaben.

Islamische Mystiker setzten zum Ausdruck ihrer ›wirklichkeitstranszendenten‹ Gefühle und Intentionen zu allen Zeiten ebenfalls ohne Scheu Tier- und Menschenbilder ein. Von sufischem Gedankengut bestimmt sind im Osten etwa die Kunst der Seldschuken und im Westen die Kunst der Nasriden-Emire von Granada. Ein berühmtes Beispiel findet sich in Gestalt des Löwenbrunnens der Alhambra, von dem vier Wasserläufe, die vier ›Paradiesflüsse‹, ausgehen. Der Brunnen mit seinen zwölf wasserspeienden Löwen repräsentiert das Jahr: die Zeit, die ›vor dem Thron des Herrschers steht‹ (Abb. 63).

Im maghrebinischen Islam setzte sich nach dem Abzug der bildfreundlichen Fatimiden, deren Kunst nochmals im Spiegel der Normannenbauten Palermos aufleuchtet (s. S. 103 ff., 190 ff.), eine radikal-orthodoxe Auslegung des Islam durch, die Interpretation der Malekiten, eine der vier Rechtsschulen im Islam. Dem orthodoxen Muslim sind das Wort Gottes und die Überlieferung, nicht der Staat, alleinige Quelle des Rechts. Als Theologen entscheiden die islamischen Rechtsgelehrten über die Grundzüge des sozialen Lebens nach dem Wortlaut des Korans und der Sunna, der ›Überlieferung‹, in der das vorbildliche Wirken Mohammeds und seiner Gemeinde gemäß den Geboten und Verboten des Koran geschildert wird. Untersagt der Koran nur die Anbetung von Bildern, so verbietet die Sunna sogar den Besitz von Bildern lebender Wesen als Gotteslästerung. Hierbei ist die Interpretation der Malekiten besonders strikt. Sie fordern die Einhaltung der idealisiert-asketischen Lebensweise des Propheten und seiner Gemeinde in Medina (im 8. Jh.). Malekitischer Ingrimm führte zur Vernichtung der großen Bibliothek von Córdoba, sicher nicht zuletzt wegen der in vielen Fällen illuminierten Handschriften jenes Kulturschatzes.

Steht die verbreitete Darstellung von Blumen im Zusammenhang mit dem Aufkommen mystischer Strömungen, die ihnen Symbolwert verliehen, so herrschen in der Baudekoration geometrische Ornamente vor, zu denen stilisierte Ranken und Blätter treten, dazu natürlich auch Inschriften – Texte aus dem Koran oder Lobpreisungen der jeweiligen Herrscher.

Die Architektur dominieren rechteckige Konstruktionen, gedeckt mit Sattel-, Walm- oder Flachdächern. Räume, deren Bedeutung betont werden soll, schließen oft mit Kuppeln ab. Säulenreihen dienen der Schaffung breiter und tiefer Moscheehallen, in denen der Gläubige aus der Alltagswelt herausgerufen und hin zur Vereinigung mit Allah geführt wird – so wie die endlose Geometrie der Ornamente oder der Gleichklang der epigraphischen Bänder das Gefühl harmonischer Übereinstimmung mit dem Wesen der Welt, mit Allah, evozieren sollen. Die Geometrie ist als Abbild des Weltwesens besonders gottesnah, und so herrschen im Islam, in historischer Modifikation, mathematisch konstruierte Ornamente, Bogenformen und rechteckige Hallenbauten vor.

Bautechniken und Baudekor der Aghlabiden

Die Kunst am Bau aus der Zeit der Aghlabiden (799–909) kennen wir in Ifrikiya nur aus den von der islamischen Religion unmittelbar bestimmten Bauten. Nach dem Prinzip der Bildermeidung beschränkt sich die künstlerische Gestaltung hier auf epigraphische, vegetabile oder geometrische Ornamente. Jedoch weist die reiche, ›orientalisierende‹ Bildkunst des von den Aghlabiden und Fatimiden beeinflußten Sizilien und Süditalien darauf hin, daß wir für die Wohnhäuser und Paläste beider Dynastien eine in vielem vom strikten Bilderverbot abweichende künstlerische Ausgestaltung annehmen dürfen. Desgleichen sprechen die aus dem Spanien jener Zeit erhaltenen Bildwerke, die Gebäude oder Parks schmückten, für eine positivere oder permissivere Einstellung gegenüber gegenständlicher Bildkunst – zumindest im säkularen Bereich.

An Baumaterialien standen in der Regel luftgetrocknete Lehmziegel und Stampflehm zur Verfügung, für aride Gebiete nicht zuletzt deshalb geeignet, weil ihre geringe Wärmeleitfähigkeit auch in sommerlicher Hitze moderate Raumtemperaturen versprach. Die Formate der Ziegel orientierten sich an den zu jener Zeit im syrischen Bereich üblichen. Bei besonders belasteten Bauteilen und Fassaden setzte man regelrechte Backsteine ein, was zugleich die Verwendung von Mörtel und Zement erforderte, Materialien, die auch bei sanitären und Bewässerungsanlagen zum Einsatz kamen. Dauerhafte Baudekorationen wurden in Stein gefertigt, zumeist aus Marmor wie in der Großen Moschee von Kairouan. Häufig griff man auf Spolien, auf antikes Steinmaterial, zurück; so wurden in der Sidi Okba-Moschee zu Kairouan Fragmente römischer Reliefs verbaut. Frühe Stuckarbeiten (aus dem 9. Jh.) fanden sich in Abbasiya, daneben Mosaiken – leider nur fragmentarisch – in Raqqada. Holz hat sich ebenfalls nur spärlich erhalten. Schönstes Beispiel ist die hölzerne Halbkuppel über dem Mihrab der Sidi Okba, deren rund-geschlungene Weinrebenarabesken mit eingeschriebenen fünflappigen Blättern sich deutlich von den aghlabidischen Deckenmalereien in derselben Moschee unterscheiden – und vielleicht eine vor-aghlabidische Herkunft markieren. Die gedrängten Formen der Deckenmalerei erinnern hier eher an zentralasiatische Arbeiten, wie wir sie aus dem Ferghana-Tal kennen.

Das aghlabidische Kapitell geht auf koptische Lotoskapitelle zurück und steht am Anfang eines ›Ifrikiya-Stils‹, der sich über Jahrhunderte hin halten sollte. Auf vorbildliche Kapitelle aus Holz lassen übrigens Steinkapitelle aus den Ribats in Monastir schließen. Sie erinnern, holzschnitzartig verziert, an byzantinische Formen, wie wir sie in der Kirche S. Vitale von Ravenna besitzen. Konsolen in der Moschee von Kairouan, mit Akanthusmotiven versehen und in antiker Manier geschwungen (Abb. 67), setzen ihrerseits offenbar spätantike Formen fort.

Sehr dekorativ wirkt die Fassade der Kairouaner ›Moschee der Drei Tore‹ (s. S. 88), deren drei Zugänge, von Hufeisenbogennischen überwölbt, zusammen mit den darüber angebrachten Zierstreifen an eine Palastfront erinnern (Abb. 68). Mit dem Hufeisenbogen, der die Mihrab-Nische in der Großen Moschee Kairouans öffnet (Abb. 69), teilt der Nischenrahmen eine Neuerung: Die übliche Gliederung Säulenschaft, Kapitell, Abakus und Bogenrund wird hier abgewandelt – auf den Abakus folgt ein Gurtgesims, von dem erst der Bogen abspringt. Der Bogen des Mihrab ist ebenso wie die umgebende Wandfläche mit Lüsterfayencen geschmückt, die vermutlich aus dem Irak stammen. Die Kacheln sind nahezu quadratisch und wurden, auf die Spitze gestellt, frei in das Zierfeld gesetzt. Als wichtig für die Entwick-

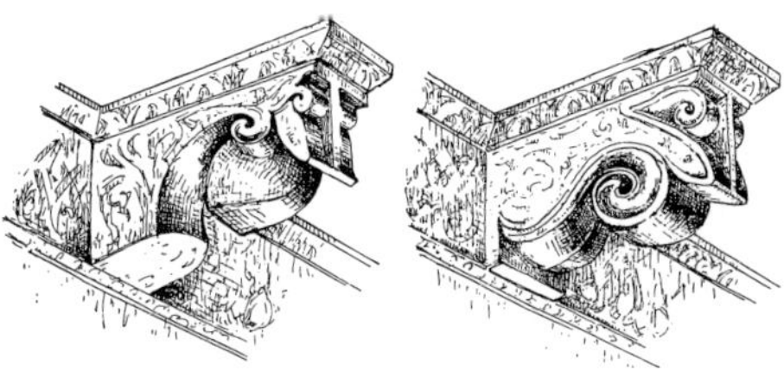

67 Aghlabidisch-abbasidische Konsolen in der Sidi Okba-Moschee, Kairouan (nach: G. Marçais)

lung der maurischen Kunst erweist sich ferner die Dekoration des Bogentympanon über dem Mihrab. Es gliedert sich in fünf Bogennischen, von denen drei als Vielpaßbogen gestaltet sind – ein Motiv aus dem abbasidischen Irak, das Eingang finden sollte in die westliche islamische Kunst, manifestiert insbesondere in der Moschee von Córdoba.

Sehr variabel ist die vegetabile Ornamentik, die zumeist von der Weinranke und der Palme ausgeht, aber auch den Akanthus verarbeitet. Vorwiegend wurden die sich leicht zur linearen, dekorativen Gestaltung eignenden Stengel, Blätter und Früchte ins Bild gesetzt und zu den unterschiedlichsten Varianten von Blattranken und Palmetten verarbeitet. Die aghlabidischen Bauhandwerker gaben sie als klare, in sich strukturierte Elemente wieder, ob in Holz, Stuck, Stein oder auch in der Malerei jener Zeit. Die an sassanidisch-sogdische Silberarbeiten erinnernden Arabesken der Halbkuppel im Mihrab der Großen Moschee von Kairouan (s. S. 79) fallen allerdings aus der Mehrheit der Rankenkompositionen heraus.

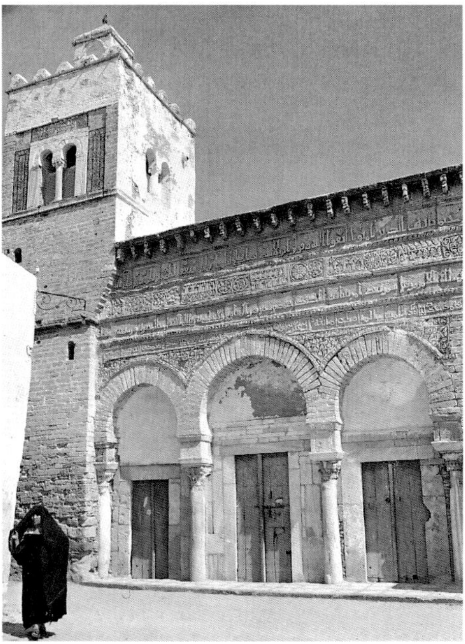

68 Fassade der ›Moschee der Drei Tore‹, Kairouan

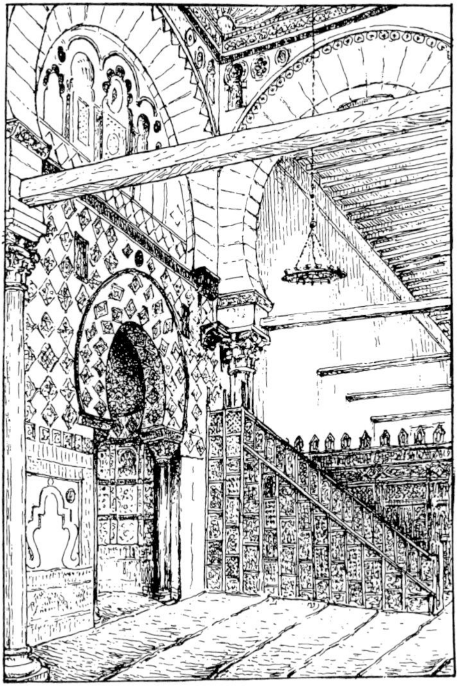

69 Mihrab und Minbar der Sidi Okba-Moschee, Kairouan (nach: G. Marçais)

Epigraphische Schmuckbänder aghlabidischer Zeit sind stets in Kufi gestaltet, einer kantigen Schrift, die sich besonders gut zu monumentalem Einsatz eignet.

Auffällig ist das Fehlen von stuckierten Platten im Samarra-Stil, an den hingegen die von den Ibaditen in Sedrata (s. S. 115) gearbeiteten Stein- und Stuckplatten erinnern.

Baudekor der Fatimiden, Senhadjas und Omaiyaden

Die Machtübernahme durch die schiitischen Fatimiden (909–973) veränderte die nordafrikanische Zier- und Baukunst. Nach dem Sturz der Aghlabiden suchte die neue Dynastie ihren Herrschaftsanspruch auch architektonisch zu manifestieren, nicht zuletzt durch die Anlage von Sabra Mansuriya, die ja das abbasidische Baghdad als Weltenzentrum imitierte (s. S. 97f.). Erwähnt wurde schon, daß die schiitische Weltsicht bildfreundlicher war als die der sunnitischen Orthodoxie, personifizierte sich für sie doch das Heilige in der Gestalt ihrer Imame. Erhalten blieben allerdings nur wenige Beispiele fatimidischer Bildkunst, darunter in Mahdia ein Relief, einen sitzenden Fürsten zeigend, der einen Kelch in der Hand hält und dem eine Musikantin Gesellschaft leistet. Der Fürst ist durch einen Tirazstreifen am Ärmel seines Gewandes gekennzeichnet, seine Pose zentralasiatischer Herkunft: Im asiatischen Steppenraum wurden Totenfiguren in eben dieser Haltung auf oder vor den Fürstengräbern der Türken aufgestellt. Türkische Militärsklaven dürften dem Islam diese Darstellungsweise eines Regenten vermittelt haben.

Die fatimidische Bauskulptur arbeitete mit Marmor, aber auch mit Rosenstein und besonders mit Stuck im Samarra-Stil, wie Bruchstücke bemalter Stukkaturen aus Sabra Mansuriya, Monastir und aus der Kalaa der Beni Hammad belegen. Stuck diente von nun an hauptsächlich zur Ausgestaltung von Kuppeln, Paneelen und ganzen Wänden. Holzarbeiten der Fatimiden- und Ziriden-Zeit finden sich in der Großen Moschee von Kairouan: polychrom bemalte Decken und wiederum an Mittelasien erinnernde geschwungene Konsolen. Polychromie mit scharfen Gegensätzen von Hell und Dunkel beherrscht die Wandgestaltung, wobei beispielsweise alternierend Haustein und Ziegel verarbeitet werden. In Mosaiken aus Mahdia sind ebenfalls helle gegen dunkle Ornamentstreifen gesetzt. Neu im westlichen Islam und anscheinend aus Syrien entlehnt ist die Verwendung von Keramikfliesen zur Dekoration der Wände. So weist die Kalaa der Beni Hammad am Minarett Kreuzmuster aus blauen Glasurkacheln auf. Kreuze und Achtecke sowie Blattmuster und Kreise in Blau, Grün, Violett und Gelb zierten als Fliesen Fußböden dieser Burganlage.

Die ziridischen Stukkaturen waren rot und schwarz bemalt, zum Teil vergoldet. Reste ornamentaler Deckenmalereien der Ziriden sind in Kairouan erhalten. Die Fatimiden und ihre Nachfolger liebten die Aufgliederung der Fassadenflächen durch Nischen wie am Torbau der Mahdia-Moschee (Abb. 70), an den Moscheefassaden in Sfax oder an der Kalaa der Beni Hammad. Auch hierfür lassen sich irakisch-abbasidische Vorbilder nachweisen.

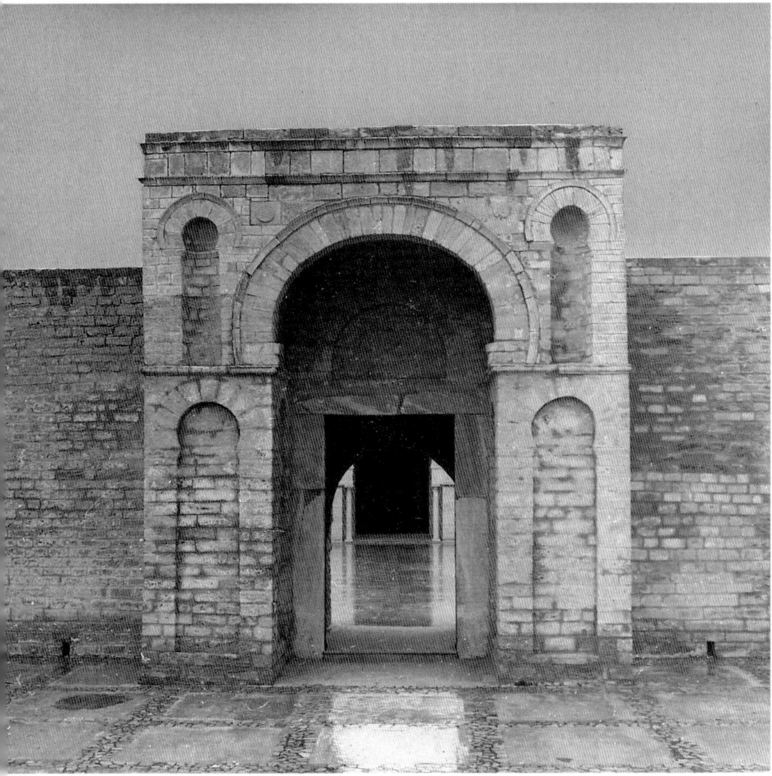

70 Torbau der Großen Moschee von Mahdia mit fatimidischer Fassadengliederung

Die fatimidischen Fassaden, in symmetrischen Etagen verziert, aufgebrochen von Toröffnungen, die in Iwan-Hallen münden, erinnern an römische Triumphbogen. Die Dachkanten erhielten waagerechte Konsolen. Die Minarette wurden gleichfalls in Etagen, in aufsteigenden Zonen verziert, zumeist mit Bogennischen und Fenstern. Muschelnischen, wie sie für Bauten dieser Zeit mehrfach belegt sind, lassen sich mit ägyptischen Arbeiten etwa derselben Zeit vergleichen. Bogen wurden in vielen Formen ausgeführt, vom Hufeisen ausgehend bis hin zum viellappigen Zackenbogen. Die Säulen, schlank und relativ hoch, tragen nicht selten umlaufende Schrift- und Dekorbänder. Die Kapitelle folgen teils der aghlabidischen Grundform, die ab und an – etwa in der Zituna-Moschee von Tunis – durch zusätzliche Blattmuster variiert wurde. Daneben finden sich vasenförmige Kapitelle, denen Blattornamente beigegeben wurden, die an eingetiefte Akanthusmuster denken lassen. Sehr elegant wirken die Kapitelle des Mihrab im Ribat von Monastir.

An linearen Gestaltungselementen setzte man Kufi-Bänder, Arabesken und Akanthuspaneele sowie gleichmäßig glatte Blätter ein. Glaubt man den literarischen Quellen, war auch figurativer Bauschmuck durchaus üblich. Das Tor von Mahdia schmückten Löwen, aus Sabra Mansuriya sind Tierreliefs aus Stuck bekannt. Steinerne Löwenfiguren schmückten die Kalaa der Beni Hammad. Fayenceplatten, in Sabra Mansuriya gefunden, zeigen Kampfszenen und Bogenschützen. Die Schriftbänder, in rankendem Kufi gehalten, belegen, wie die Buch-

71 Polychrome Alfiz-Mosaiken am Mihrab der Großen Moschee von Córdoba

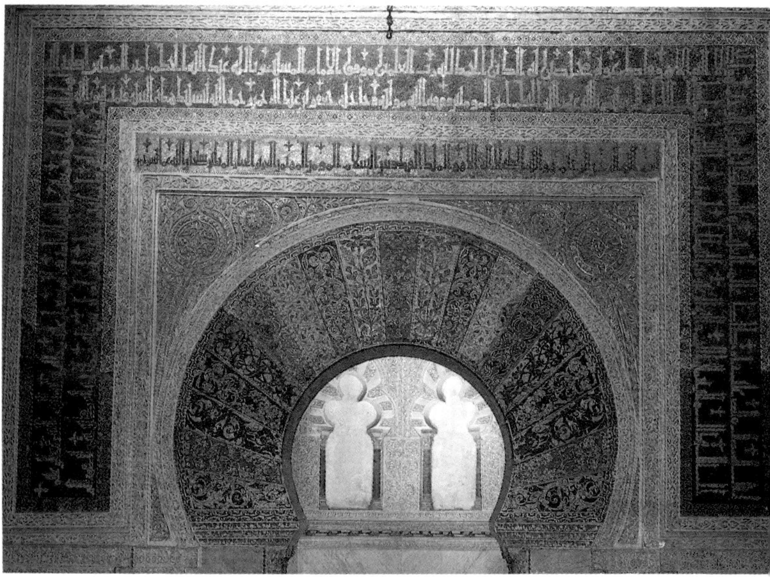

staben fortschreitend verfeinert und in das Ornament einbezogen wurden.

Die vegetabilen Muster erscheinen weniger fein gearbeitet als in Sedrata oder an aghlabidischen Bauten, behalten aber weitgehend den älteren Ornamentbestand bei.

Die omaiyadische Kunst in Spanien läßt sich mit der Kunst des aghlabidischen und fatimidischen Ifrikiya vergleichen. In der dekorativen Kunst dieser Zeit wurden Terrakottaplatten in farbigem Wechselwerk verarbeitet. Polychrome Malerei in Rot, Weiß, Blau, Grün und Schwarz verschönte die Decken der Moschee in Córdoba. Die polychromen Alfiz-Mosaiken am dortigen Mihrab (Abb. 71) sind eng verwandt mit byzantinischen Arbeiten in Ravenna und Venedig. Der Überlieferung nach wurden eigens byzantinische Handwerker herangezogen, sie zu legen. Die Mosaiken in der Großen Moschee von Córdoba zeigen vor allem vegetabile, epigraphische und geometrische Motive.

Wiederkehrendes Element omaiyadischer Architektur sind die Hufeisenbogen, die ja eines der Charakteristika der maurischen Kunst bilden. Ihre kulturhistorische Ableitung ist schwierig, da einerseits die Westgoten diese Bogenform einsetzten, sie andererseits aber von den Arabern aus Vorderasien mitgebracht wurde. Die Kapitelle omaiyadischer Handwerker gehen auf zwei Grundmuster zurück: spätkorinthische Typen und eine Kombination ionisch-korinthischer Formen.

Minarette verzierte man mit Blendarkaden. Vielfarbige Steinkombinationen in Rot, Weiß, Schwarz oder Ziegeltönen schmücken Fassaden und Tore der Bauwerke. Epigraphischer Schmuck (Kufi-Bänder) verschönt Mihrabs, Fensterrahmen, Decken und Fassaden. Pflanzliche Ornamente, auf Weinranken, Akanthusblätter und Blumenfelder zurückgreifend, herrschten in Medinat az-Zahra vor. Häufig eingesetzt wurde auch die Palme, manchmal zur Palmette stilisiert.

In der omaiyadischen Baukunst finden sich vereinzelt auch Tier- und Menschenbilder – man denke an die Statue über dem Hauptportal von Medinat az-Zahra. Aus Aguilarejo stammen der Kopf einer Löwen- und das Fragment einer Vogelfigur, aus den Parks der Medinat az-Zahra eine große Steinschale mit reliefierten Tier- und Pflanzenfiguren. In Marrakesh ist eine Schale erhalten, wahrscheinlich in Córdoba gearbeitet, deren Reliefs Adler, Gazellen, geflügelte Steinböcke, Fische und Wasservögel zeigen.

Islamisch-normannische Bauverzierung

Die Kirchen und Paläste der christlichen Normannen bieten reichen Ersatz für das in Ifrikiya verlorene Gut an figurativer Kunst. Solche Kunstwerke treten auf Sizilien und in Süditalien zwar unmittelbar vermengt mit byzantinisch-christlichem Gut auf, jedoch lassen sich die islamischen Bestandteile klar definieren. Dies betrifft nicht allein die Baupläne normannischer Paläste oder die Fassadengestaltung mit Spitzbogennischen wie etwa an der Cuba in Palermo; deutlich wird dies auch am Stuckdekor der Cuba, an arabisch beschrifteten Säulen im ziridischen Stil oder an der Kuppelform sizilianischer Kirchen.

Die klassischen Beispiele für figurative Kunst islamischen Stils sind die Deckengemälde der Cappella Palatina im Normannenpalast von Palermo (Abb. 31, 72) und in der Kathedrale von Cefalù. Es handelt sich um polychrome Malereien auf Holz. Berühmt und eindrucksvoll ist vor allem die Gestaltung des Mittelschiffs der Cappella Palatina, dessen Bogen reich geschmückt sind mit Mosaikarbeiten im byzantinischen Stil. Ein Schriftband, dessen Buchstaben den Einfluß des Kufi verraten, beschließt die Seitenwände des Schiffs und leitet zur Decke über. Tausende kleiner Holzstückchen, zu Stalaktiten zusammengefügt, münden, ausgehend von den seitlichen Wölbungen des Deckenansatzes, in zwei Reihen von jeweils zehn achteckigen Sternen, formen dabei unzählige Teilfelder. Die kleinen Felder sind mit figürlichen Motiven – Menschen, Tieren oder Mischwesen – ausgemalt, umrahmt von winzigen, perlengleichen Punkten. Die Menschenbildnisse zeigen schwarzhaarige Bewohner des Mittelmeerraums, reich gewandet in orientalische Stoffe. Mehrmals erscheint der Herrscher, sitzend, mit dem Becher in der Hand und Tirazstreifen am Ärmel; auch Frauen finden sich in dieser Pose. Da Beischriften fehlen, ist eine Identifizierung der dargestellten Personen nicht möglich. Musikanten (Abb. 72), Schachspieler, Reiter, Waffenträger, Ringkämpfe, Brunnenszenen und Diener am leeren Thron, Tierträger und Tänzerinnen vervollständigen das Bild höfischen Lebens. Daneben finden sich antike Motive wie der Sonnengott mit der Quadriga oder christliche Szenen – orientalisch verbrämt – wie die Himmelfahrt oder Daniel in der Löwengrube. Die Himmelfahrt wird als Erhebung einer Frau durch einen Greifvogel mit Hinterohrfedern wiedergegeben – eine Bildform aus der iranisch-nomadischen Motivwelt. Zu den – einzeln, in Gruppen oder im Kampf – dargestellten Tieren gehören Löwen, Pferde, Kamele, Gazellen, Steinböcke, Schlangen, Trappen, Jagdfalken, Jagdadler und Greifen.

Die Art der Bilder läßt als Vorlagen illuminierte Handschriften vermuten, die jedoch sämtlich verlorengegangen sind. Ein später Nachklang ist das Buch Friedrichs II. über die Jagd mit Falken, dessen Miniaturen noch orientalische Züge aufweisen. Die Deckengemälde von Cefalù, sparsamer gestaltet und schlechter erhalten, weisen die gleichen Merkmale auf wie die der Cappella Palatina. In Cefalù sind die Menschen zumeist in Rondells gesetzt. Wieder erscheinen Herrscher und Diener. Der König (?) trägt nun jedoch statt des Bechers das Kreuz. Die Tierbilder – Löwen, Greifen und Gazellen – ähneln denen in Palermo.

Die Vollplastiken zweier Elefanten fanden sich in den Trümmern der bis 1075 gegen die Normannen gehaltenen Festung Mazara de Vallo. Einige Reliefs mit Löwen und Mischwesen aus Caltagirone las-

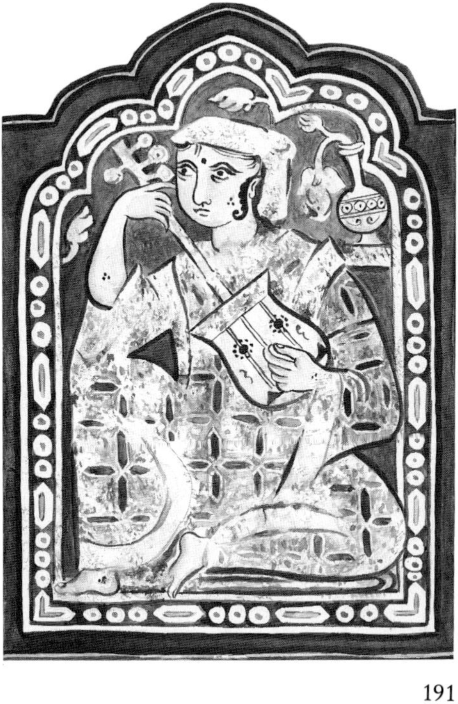

72 Detail (Musikant) der Stalaktitendecke in der Cappella Palatina, Normannenpalast zu Palermo (Zeichnung: J. Carnabuci)

sen durch ihre rahmenden vegetabilen Motive einen fatimidischen Ursprung vermuten. Die Verknüpfung der sizilisch-normannischen Kuppeln mit den Bauten in Ifrikiya wurde bereits erwähnt (s. S. 103ff.).

Aus Reggio di Calabria stammen kunstvolle Steinplatten mit zweimal acht Pfauenpaaren, in ornamentale Ringe geschlossen, sowie Löwen, Greifen und Tierkampfszenen in entsprechender Fassung. Die Rahmen zeigen stilisierte Kufi-Buchstaben und Pflanzenornamentik. Jene Platten fügten sich vermutlich einmal zur Altarschranke einer Kirche.

Aus der Kirche der hl. Maria in Anglona (Matera) sind Terrakottaplatten mit ähnlichem Dekor bekannt, gleichfalls im 12. Jh. entstanden. Geradezu indo-persisch wirkt das Kapitellfragment mit einem geflügelten Löwen aus Bari (11. Jh.). Dekorplatten aus dieser Stadt – Bari war zeitweise Hauptstadt eines arabischen Emirats – zeigen aghlabidische Buketts, wie sie auch an der Großen Moschee in Kairouan zu sehen sind. Die Platten stammen aus der im Jahre 1096 erbauten Kathedrale der Stadt, der Basilika S. Nicola. Aus ihr besitzen wir Mosaikplat-

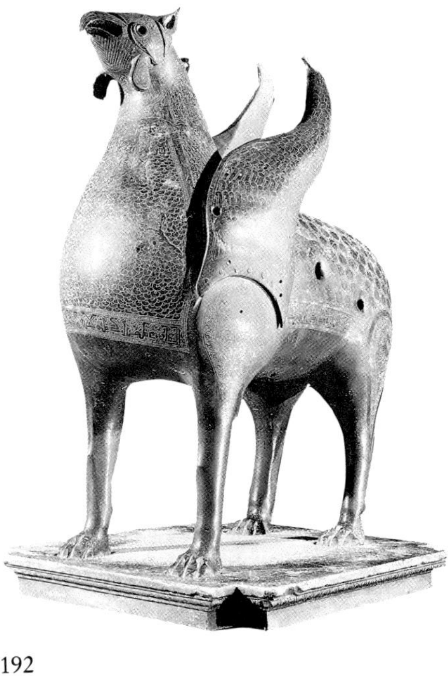

73 Bronzener Greif, Spanien oder Sizilien 10./11. Jh., Museo de Pisa

ten des frühen 12. Jh., die den Schriftzug ›Allah‹ in Kufi tragen. Ersichtlich arabisch beeinflußte Zierstreifen und Figuren schmücken das Portal der Kathedrale, Marmorplatten des 11. Jh. zeigen Greif und Löwen.

In der normannischen Kathedrale von Canosa (Bari) zeigt der steinerne Bischofsthron, eine Arbeit des Meisters Romuald aus dem späten 11. Jh., getragen von Elefanten und flankiert von Mischwesen beispielhaft, wie tief die christliche Romanik Apuliens mit dem fatimidischen Orient verbunden war.

Der Fassadendekor mit Blendarkaden aus verschränkten Spitzbogen ist am Duomo Vecchio (S. Corrado) in Molfetta (Region Bari) und für viele andere Bauten Süditaliens belegt; für islamisch geprägte Ornamentstreifen, ja ganze Wandflächen- und Fußbodendekors mit orientalisierenden Tierdarstellungen ist der Dom von Monreale (12. Jh.) beispielhaft. Einmal mehr verzieren sich überschneidende Spitzbogen als Blendarkaden die Außenfront einer normannisch-sizilischen Kirche.

Die Bildwerke dieser normannisch-sizilischen Kunst unterstützen die Deutung eines in Pisa aufbewahrten Bronzegreifen (Abb. 73) als islamische Gartenplastik. Er wird in der Regel als hispano-islamische Arbeit angesehen, könnte aber auch fatimidisch-sizilischer Herkunft sein.

Baudekor der Almorawiden und der Almohaden

Die Architektur des 11., 12. und frühen 13. Jh. unterscheidet sich in ihrem Bauschmuck deutlich von den Bauten der vorangegangenen Epoche. So legte man nun größeren Wert auf die geometrisch-plastische Gestaltung der Minarette und Fassaden. Augenscheinlich entwickelten die Almorawiden die Zierkunst in Anlehnung an die südmarokkanische Manier, Wände durch den Versatz von Ziegeln oder Steinen in ornamentalen Reliefs zu verschönern. Vielfach wurde Keramik zur Dekoration öffentlicher Gebäude eingesetzt, so etwa an den Wänden der Minarette in Sevilla und Marrakesh. Am Hassan-Turm von Rabat sind diese Reliefs hingegen in Stein gearbeitet.

Die Kunst der Stukkatur wurde in der Almohaden-Zeit sehr verfeinert. Als Meisterwerk dieser Kunst kann die Innenverzierung der Moschee von Tinmal gelten, der Gedenkmoschee für den Begründer

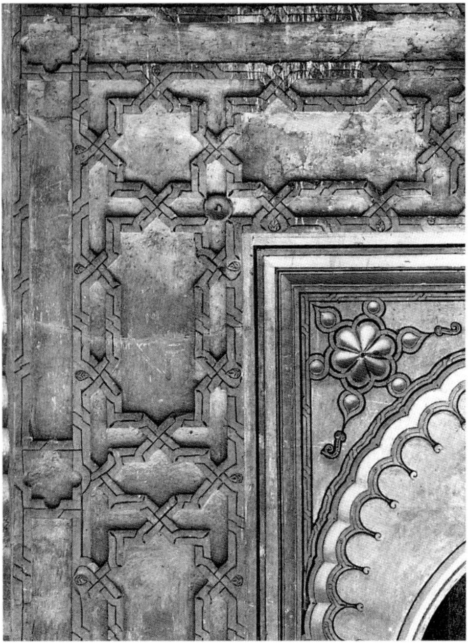

74 Almohadische Stukkaturen in der Gedenkmoschee für Ibn Tumart, Tinmal

der Almohaden-Bewegung (Abb. 44, 74). Ursprünglich von der asketischen Geisteshaltung der Almorawiden-Zeit bestimmt, wurde gerade die Stukkaturkunst unter den Almohaden bis hin zu verspielten ›Barock‹-Formen weiterentwickelt, in denen sich bereits die Kunst der Alhambra ankündigt.

Ein klassisches Beispiel für die asketisch-nüchterne Kunst der Frühstufe bietet die Kutubiya, deren Bethalle von schlichten, spitzen Hufeisenbogen beherrscht wird. Die ›Barockstufe‹ repräsentieren die Kuppeln und Relieffriese der Kubba Bardiyin, ebenfalls in Marrakesh, oder auch die Stukkaturen von Tinmal. Der Holzdekor läßt eine kongruente Stilentwicklung erkennen.

Raumbeherrschend wirken in der maghrebinischen Architektur die ›großen‹ Zierformen, die auf Säulen ruhenden Bogen. Zwei Varianten herrschen vor, der große, klare Hufeisenbogen und der ausgeschnit-

75 Postigo del Palacio der Großen Moschee von Córdoba ▷

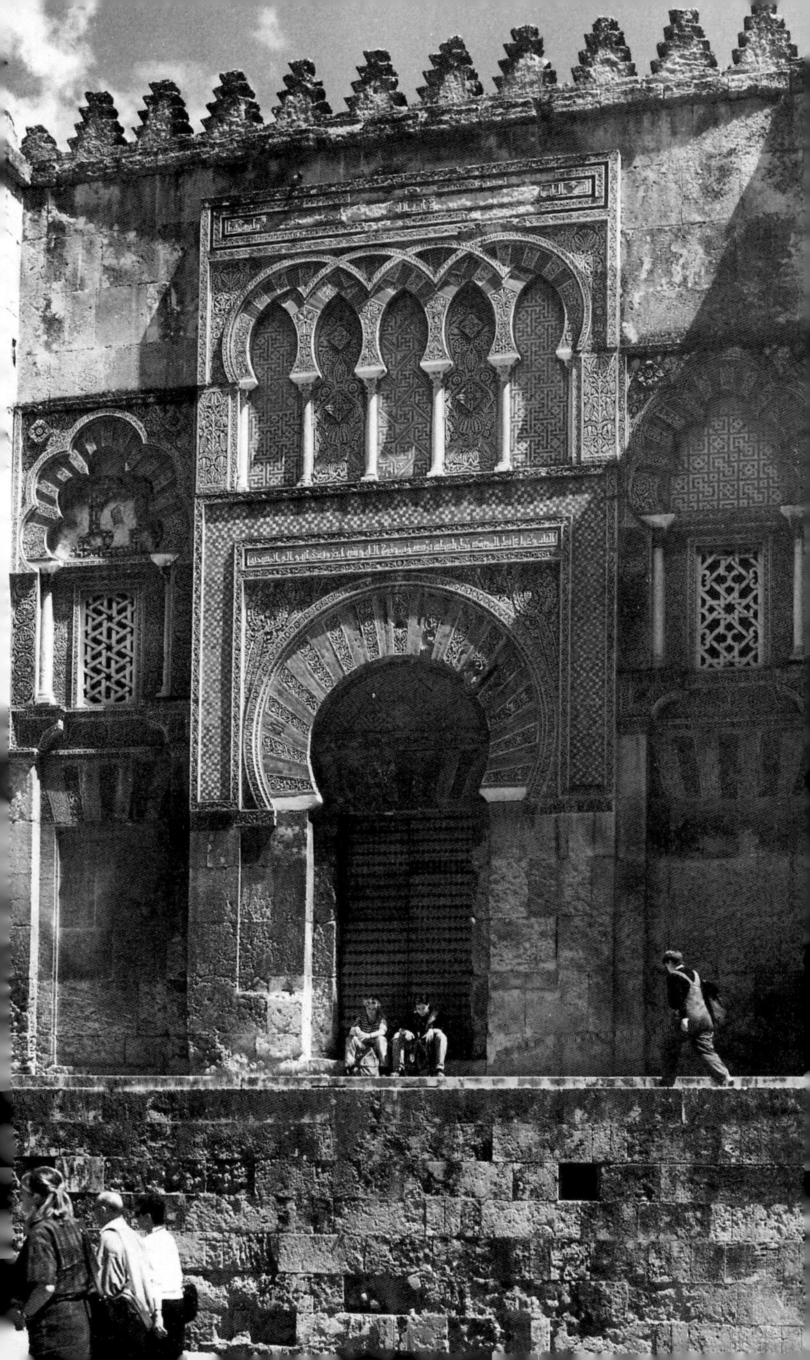

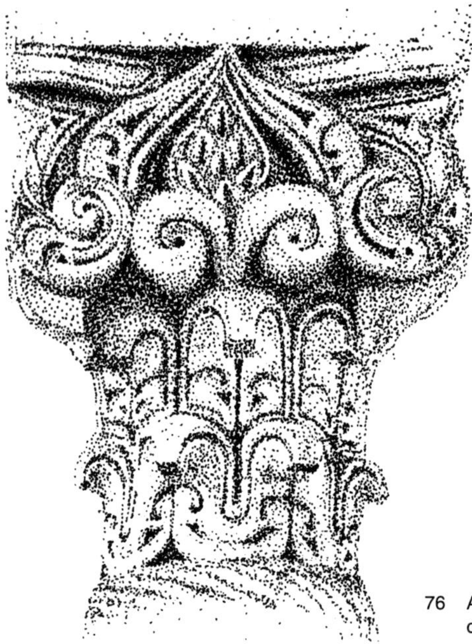

76 Almohadisches Kapitell aus der Kutubiya, Marrakesh

tene, hohe Zackenbogen. Bei den Kapitellen handelt es sich um weiterentwickelte Komposit- oder abgewandelte korinthische Kapitelle (Abb. 76). Die Bogen und die Konsolen sind weit geschwungen und nehmen fast schlangenartige, steil aufgerichtete S-Formen an. Besonders in Spanien wurden sehr reich gestaltete Bogenwände geschaffen. Als neue Schmuckform integrierte man – nachweisbar seit dem 11. Jh. in Nordafrika – die Mukarnas, vermutlich aus dem Iran übernommen, eine dekorative Stalaktiten-Komposition.

Die künstlerische Gestaltung von Toren und Mihrabs näherte sich einander an. In der Regel diente ein Hufeisenbogen, in ein hohes Rechteck eingeschrieben, als Öffnung, um die eine ganze Fassade aufgebaut wurde. Die ›Fassaden‹ der großen Mihrabs von Tinmal (Abb. 44), Tlemcen und in der Kutubiya tragen geometrische Bandmuster, Muschelornamente und kleine Ziernischen. Die Mihrab-Nische selbst ist mit dichtem Dekor überzogen.

Unter den Toren der Almohaden können die Stadttore von Marrakesh, etwa das Bab Agenau, in Rabat das Bab Udaya der Kasbah sowie das Bab ar-Ruah, aufgrund ihrer prächtigen Außenfassaden geradezu als Prunkbauten gelten. Vergleichbare Flächengestaltungen zeigen die polychromen Tore der Großen Moschee von Córdoba (Abb. 75) und das Minarett der Kalaa der Beni Hammad. Klar definierte Palmetten und Muschelornamente, zu ganzen Dekorstreifen zusammengesetzt, zieren die Fassaden.

Baudekorationen des 13., 14. und 15. Jh.

Die Bautechniken und Grundformen der Dekoration bleiben in der Zeit nach dem Sturz der Almohaden im wesentlichen unverändert, im engeren verlief die Entwicklung in zwei Richtungen. Während die Hafsiden die orthodox-asketische Linie der Almorawiden weiterführten, verstärkten im westlichen Maghreb die Meriniden und in Spanien

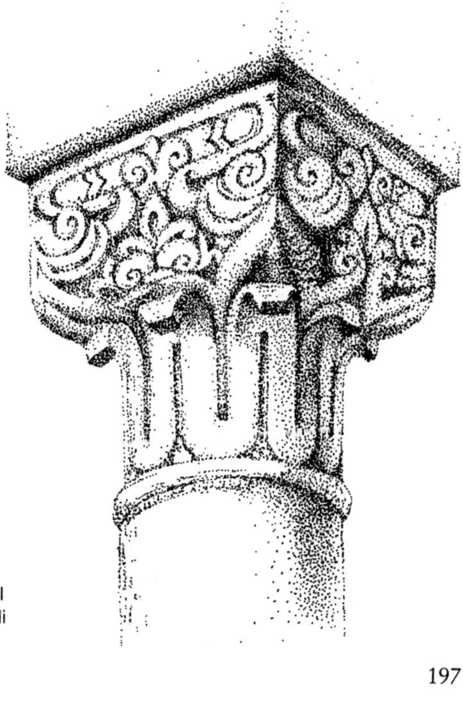

77 Merinidisches Kapitell aus dem Grabmal Sidi Bu Medine, Tlemcen

die Emire von Granada an ihren Bauwerken die barocke Tendenz der Almohaden-Kunst. Im Herrschaftsbereich der marokkanischen Meriniden und ihrer Nachfolger, der Saadier, entstanden wie im nasridischen Emirat von Granada Gebäude, deren Repräsentationsräume und Paradehöfe man mit Ornamenten nachgerade überspann, so etwa in der Moschee von Taza (1294), der Medrese al-Attarin von Fès (1332; Abb. 47) oder der Moschee von Tlemcen (1296). Noch bekannter indessen sind die prachtvollen Stukkaturen des Palastkomplexes am ›Löwenhof‹ der Alhambra (Abb. 63). Weit über hundert geometrische Motive, zum Teil polychrom bemalt, zieren die Stuckvorhänge des Hofes, die Wände, Bogen, Decken und Kuppeln des Palastes.

Nicht-glasierte Keramik diente der Dekoration von Fassaden. Als Beispiel dafür mag die merinidische Moschee al-Mansura bei Tlemcen dienen. Farbig glasierte Kacheln dominieren die Innengestaltung der Medresen von Fès; in der Medrese al-Ubbad etwa finden sich ganze Felder mit klar umrissenen Mustern.

Aus dem ›Turm der Damen‹ in der Alhambra (s. S. 173) sind Fragmente von Miniaturen mit Reiterbildern auf uns gekommen. Sie stehen ganz in islamischer Tradition.

Die polychromen Deckengemälde aus dem ›Saal der Könige‹ (Alhambra) stammen wahrscheinlich von italienischen oder französischen Malern des 15. Jh., die sie segmentiert auf Lederstücke malten, die dann an der Decke zusammengefügt und festgenagelt wurden. Eines dieser Bilder zeigt eine Tafelrunde muslimischer Fürsten – vermutlich der regierenden Nasriden-Dynastie –, ein anderes erinnert an französische Miniaturen: Männer und Frauen werden in einer Landschaft mit Türmen, Pflanzen und Tieren dargestellt (Farbabb. 7).

Tore, denen eine Repräsentativfunktion zukam, versah man oft mit Bronzebeschlägen. Säulen aus Halbedelstein finden sich in der Palastmoschee der Alhambra wie auch in der Sidi Bel Hassan-Moschee von Tlemcen. Während es sich in Tlemcen um Onyxsäulen handelt, stellte man in der Alhambra Säulen aus Jaspis neben Säulen aus weißem Marmor. Die Bogen variieren meist die Form des Hufeisenbogens, häufig ist der Zackenbogen. Die Kapitelle sind in der Regel zweistufig: Ein unteres, rundes Segment, das den Säulendurchmesser beibehält, schmücken U-förmige Bänder, die oben durch auslegende Zungen verbunden werden (Abb. 77). Die darauf aufgesetzten, quadratischen

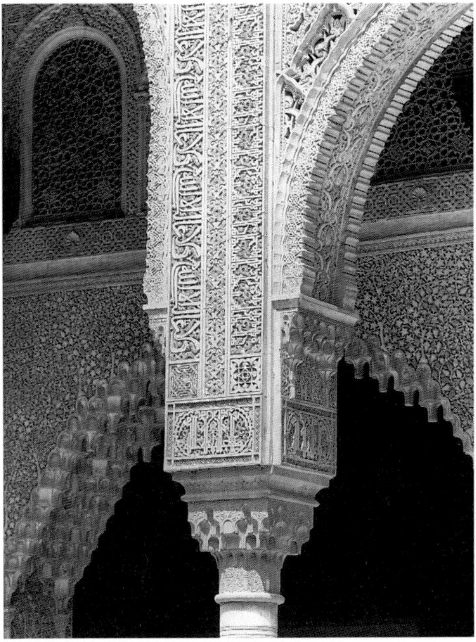

78 Detail aus dem nördlichen Bogengang des Patio de los Arrayanes mit epigraphischen Stukkaturen, Alhambra zu Granada

›Schmuckteile‹ tragen im Zentrum einer jeden Seite zumeist Buketts, von denen Pflanzenmuster ausgehen. Daneben gibt es auch epigraphisch verzierte Kompositkapitelle (Abb. 78).

Das hafsidische Ifrikiya übernahm zum Teil die mit U-Bändern dekorierten Kapitelle oder blieb bei den strengen Formen der Tradition, in denen die Blattornamentik noch voll ausgebildet war. Mukarnas dienten in erster Linie dem Schmuck von Mihrabs oder Nischen. Die kunstvoll gestalteten Konsolen, welche die Flachdecken trugen, wurden wie in Spanien und Marokko fast schlangenartig geschwungen und häufig bemalt.

In der Gestaltung großer Flächen bevorzugte man gleichmäßige, harmonische Muster, etwa in der Art der quadratischen Dekors am Minarett der al-Mansura-Moschee bei Tlemcen (Abb. 34). Die Stukkaturen, welche die Bogen und Bogenfelder am Löwenhof der Alhambra schmücken, unterscheiden sich von Quadrat zu Quadrat, ohne daß die Harmonie der Gesamtfront darunter leidet (Abb. 63). Die Kalligraphien sind harmonisch in hohem, floralem Kufi geschrieben; die Längen der horizontalen Striche gliedern Zierknoten.

Stellvertretend für die Plastik am Bau seien hier nochmals die zwölf Löwen des Wasserbeckens im Löwenhof der Alhambra genannt, die vermutlich die zwölf Monate des Mondjahres symbolisieren (Abb. 63). Ihnen vergleichbar sind die hockenden Löwen, Wasserspeier am Becken vor dem Portico del Partal, ebenfalls in der Alhambra (Abb. 64).

Die Kunst der Mozaraber wie die Mudéjar-Kunst akzeptierte alle arabisch-islamischen Zierformen, vom spezifischen Schwung der Bogen bis zu den glasierten Kacheln (span.: Azulejo), und die christlichen Bauherren, welche die Architektur wie auch die Bauhandwerker ihrer islamischen Vorgänger übernahmen, bekannten sich zu einem ›arabischen‹ Stil – bis sich schließlich in der Manier der Renaissance der europäisch-christliche Anspruch auf die Weltherrschaft eigenständig und anti-orientalisch ausdrückte.

Ibn Khaldun, der große Historiker des Maghreb, berichtet, daß er aus dem granadinischen Exil heraus 1363 eine Gesandtschaftsreise nach Sevilla zu Pedro I. (reg. 1350–66; 1367–69) unternahm. Don Pedro habe Bauhandwerker aus Granada beim Ausbau seines Palastes beschäftigt, die ihm der Emir zur Verfügung gestellt habe. Der Stil der Stukkaturen von Sevilla bestätigt diese Nachricht wie auch die Einarbeitung der nasridischen Devise »Es gibt keinen Sieger außer Allah« in die Schmuckplatten des Alcázar.

Die Synagoge El Tránsito, die der Schatzmeister König Pedros I. von Kastilien, Samuel Leví, ab 1357 in Toledo errichten ließ, bezeugt in ihrer Innenausstattung das islamische Vorbild.

Die Konsolen in der ehemaligen Synagoge (und späteren Kirche Santa María La Blanca), deren Hufeisenbogen uns die Mudéjar-Kunst vor Augen führen, sind Weiterbildungen almohadischer Zierformen.

Kaum eine Kirche jener Zeit entzog sich dem Vorbild islamischer Gestaltungskunst; beispielhaft mögen dies die Stukkaturen des Klosters von Las Huelgas bei Burgos und die Kreuzrippenkuppel der Capilla Real in der Großen Moschee bzw. der Kathedrale von Córdoba belegen. Der islamisch inspirierte Mudéjar-Stil sollte Spaniens Baukunst bis in das 15. Jh. prägen.

Baudekor der Scherifen

Die türkische Okkupation Ifrikiyas und Algiers führte zu einer markanten Trennung zwischen dem unter den Scherifen unabhängig gebliebenen Marokko und den vom christlich-osmanischen Gegen- und Miteinander bestimmten Staaten des Mittelmeerraums.

Nach Marokko war ein großer Teil der aus Andalusien vertriebenen Muslime gezogen (s. S. 59). Mit den muslimischen Derwischführern des Südens, die sich zu den politischen Herren des Landes aufwarfen, setzten sich gegen diese kulturellen Prägekräfte jedoch auch eigenständige Züge der berberischen Kultur Südmarokkos durch. Die Derwischführer predigten einen konservativ bestimmten Islam und verwirklichten das Gebot der Bildmeidung weitgehend.

Stein wurde fast nur noch für Säulen und Kapitelle verwendet. Die Saadier bezogen Marmor aus Italien, hauptsächlich aus Pisa. Ihre Nachfolger griffen auf Säulen zurück, die sie aus den Palästen ihrer besiegten Feinde entnahmen und statteten damit ihre Moscheen und Hallen aus. Zur weiteren Ausschmückung verwendete man – streng ornamentale – Stukkaturen und Keramikfliesen. So dekorierte man etwa Wandflächen, indem man verschiedenfarbige Fliesen versetzt anordnete. Holz diente zum Bau von Decken, Kuppeln und Mukarnas. Die Bogen erhielten nahezu jede konstruierbare Form. Der klar umrissene Hufeisenbogen kam kaum mehr zum Einsatz – am ehesten noch am Mihrab oder an Toren –, bildete aber die Grundfigur phantasievoller Variationen, etwa des in Moscheehallen dominierenden Zackenbogens.

Die U-förmigen Dekors der unteren Kapitellsegmente bildeten sich in der Scherifen-Zeit zu – teils schwerfällig wirkenden – Wellenbändern aus, während die zweite Stufe des Kapitells entweder als glatter, quadratischer Block konzipiert war oder ein traditionelles Pflanzenmuster (Abb. 79) trug. Wenn einige Bauten ganz einfache Kapitelle einsetzen, so kann man dies als eine Reflexion der frühen asketischen Formen des Islam der Derwische interpretieren. Je länger jedoch die Macht der Scherifen währte, um so mehr verlor sich jedwede Strenge und Schlichtheit. Säulen, Kapitelle und Kämpfer wurden geradezu mit Farben und Mustern überladen. Auch führten die Scherifen die Tradition der Prunktore weiter, wie das Beispiel des Bab al-Mansur in Meknès (um 1700; Abb. 48) beweist.

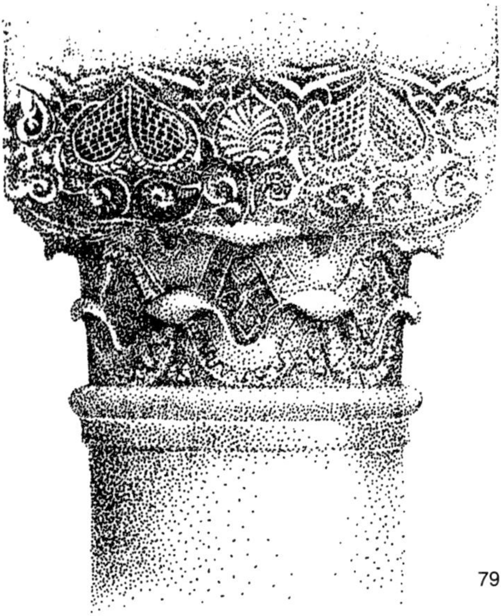

79 Kapitell aus den Saadier-Gräbern Marrakesh

Die Minarette wurden in Anknüpfung an den Stil der Meriniden besonders durch Bogennischen verziert. Die epigraphischen Bänder wirken hingegen flüchtiger. Unter den vegetabilen Motiven überwiegen wappenartige Muster aus Palmetten und Gabelblattranken.

Osmanischer Bauschmuck in Nordafrika

Die osmanischen Besatzungen in den großen Küstenstädten trugen südosteuropäisch-türkische Elemente nach Nordafrika, in erster Linie die Vorliebe für Fliesenwände in lebhaften Farben (spezifisch: das Motiv eines Blumenbuketts in einer Vase). Die Fliesen, vor allem für den algerischen Raum, wurden aus Marseille, Italien und Spanien bezogen. In Tunesien spezialisierten sich ganze Dörfer, beispielsweise Nabeul, auf die Herstellung von Glasurkeramik.

Die den Orient umspannenden Fernhandelsnetze maghrebinischer Juden brachten gelegentlich ›fremde‹ Anregungen ins Land. So schmücken persische Kacheln mit Szenen aus dem Liebesdrama »Ferhat und Shirin«, im Iran bis heute beliebt, den Dachgarten eines jüdischen Hauses in Tunis. Ein Zweig der hier ansässigen Familie lebte in Isfahan und hat vermutlich diese – und andere – persische Fliesen nach Tunesien gesandt.

Holzflächen liebte man durch reiches Schnitzwerk, Malereien und – insbesondere, wenn es sich um Außentore handelte – durch Metallbeschläge zu gliedern und zu schmücken. Die Steinrahmen der Türen und die Türen selbst tragen häufig Blumendekor, vor allem in motivischer Gestalt der osmanischen Vase mit Blumen.

Unter den Bogenformen überwiegen Varianten des Hufeisenbogens. Kapitelle lassen vereinzelt europäische Vorbilder erkennen, während in Tunesien das traditionelle Hafsiden-Kapitell erhalten blieb. Es konkurriert mit dem zweiteiligen maurischen Kapitell und mit Mischformen zwischen hafsidischen und andalusischen Grundtypen.

Die Palette der Pflanzendekors erweiterte sich nun um Blumenmotive, die wahrscheinlich mit dem türkischen Sufismus ins Land gelangten – ist doch der malekitische Islam Blumendekorationen eher abgeneigt.

Kolonialstil und nationale Traditionen

Die hergebrachte Baukunst und ihre Schmucktraditionen bilden in den drei bzw. vier Staaten maurischer Tradition ein gutes Gegengewicht gegen den Ansturm des ›Modernismus‹ und seinen – wie in Amerika und Europa – teilweise grotesken Übersteigerungen der Betonarchitektur.

Die französische Kolonial- oder Protektoratsverwaltung hat in vielen Bauten einen franko-andalusischen Mischstil anwenden lassen, der durchaus ansprechende Lösungen für Wohn- und Verwaltungsbauten oder Bahnhöfe geschaffen hat. Genannt werden können beispielsweise der Bahnhof von Casablanca, die Hauptpost in Algier und Wohnhäuser und Hotels in Sfax (Abb. 80). Diese Aussage gilt gleichermaßen für die Interieurs wie für die Fassaden und Dachformen.

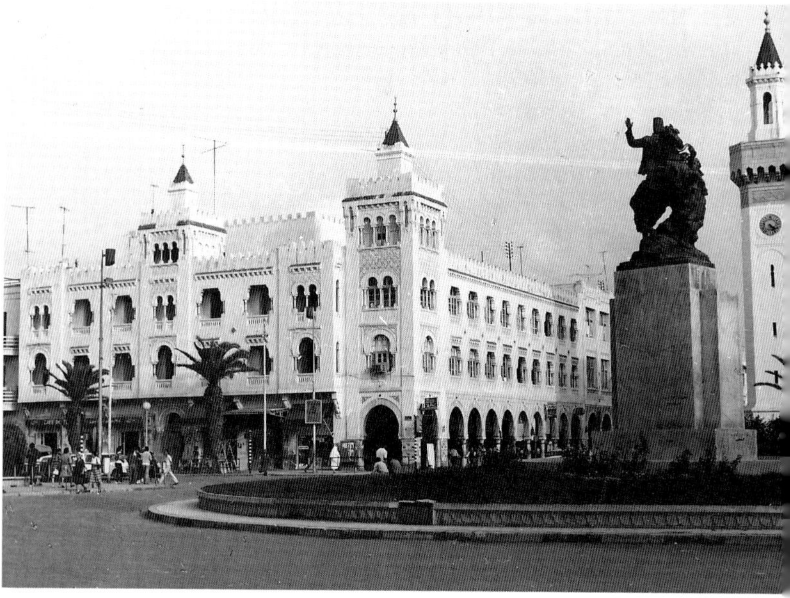

80 Franko-andalusischer Kolonialstil in Sfax

Die koloniale Fremdadaption maurischer Traditionen scheint es in der Gegenwart manchem Architekten oder Auftraggeber schwer zu machen, traditionelles Gut in moderne Bauten zu übernehmen, und so entsteht Architektur ohne historischen Hintergrund – eine Entwicklung, die kaum aufzuhalten ist und die ästhetische Verluste und Identitätsprobleme mit sich bringen wird.

Maghrebinisches Kunsthandwerk

Die angewandte Kunst des Maghreb folgt den Gesetzmäßigkeiten islamischer Kunst im allgemeinen. Die Verschiedenartigkeit der verwendeten Materialien und ihre unterschiedliche Haltbarkeit bedingen, daß nicht von allen Kunsthandwerken in gleichem Maße repräsentative Objekte erhalten blieben. Auch ist die wissenschaftliche Analyse ungleichmäßig vorangeschritten.

Keramik als Kunstform

Keramische Arbeiten in Nordafrika und auf Sizilien

Keramik hatte im Maghreb zwei Funktionen – zum einen diente die Töpferkunst der Herstellung von Gefäßen, zum anderen der von Architekturschmuck. Die Nähe beider Bereiche zeigt sich dort, wo große Gefäße als Raum- oder Parkschmuck produziert wurden.

Die Geschichte der maghrebinischen Keramik bleibt in vielen Zügen unklar, da nahezu jede Grabung an alten islamischen Siedlungsplätzen neue töpferische Varianten zutage bringt. Als die Araber in den Maghreb kamen, bestanden bereits mehrere herkömmliche Schulen der Keramikproduktion; neben den punischen und römischen Traditionen in den Städten florierte die ›bäuerliche‹ Keramik der Berber und der spanischen Landbevölkerung. War die letztere rein handgefertigt, so benutzten die städtischen Töpfer standardisierte Modeln und die Töpferscheibe.

In der Folgezeit beschäftigten die politisch dominierenden Araber meist einheimische Töpfer, so daß noch lange Tonwaren alter Tradition gefertigt und verwendet wurden. Erst mit dem Vordringen vorderasiatischer Kulturimpulse und Elemente läßt sich vom Aufkommen einer *islamischen* Kunstkeramik des Maghreb sprechen. Sie entwickelte sich in den neugegründeten Städten der Muslime und läßt sich kaum von Tonwaren unterscheiden, die in den Ruinen der abbasidischen Hauptstadt Samarra (Irak) gefunden wurden. Samarra-Ware, nach dem Vorbild chinesischer Keramiken und Porzellane der Tang-Zeit (618–907) gefertigte Glasurkeramik, wurde wohl bis nach Córdoba exportiert und dort bald imitiert. In Tunesien waren es in erster Linie die längst zerstörten Aghlabiden-Städte bei Kairouan, Raqqada und al-Abbasiya, sowie die fatimidischen Residenzen Sabra Mansuriya und Mahdia, in denen Keramiken des 9. und 10. Jh. gefunden wurden, so wie in Karthago Tonwaren des 11. und 12. Jh. auftauchten. Nachgewiesen wurden an diesen Orten zwar auch Keramiken aus Vorderasien, Ägypten und Andalusien, die Mehrzahl der Funde aber dürfte lokaler Produktion entstammen.

Häufig erörtert wurden die 139 Lüsterfliesen am Mihrab der Großen Moschee von Kairouan, die – zumindest teilweise – als Importe aus dem Irak gelten. Ein Text des 11. Jh. nennt einen Handwerker aus Baghdad, der sie 862 gearbeitet haben soll. Der Geograph Ibn Haukal berichtet, daß 960 in Tunesien Glasurware hergestellt werde, die sich mit den besten irakischen Produkten messen könne. Für die Stadt Kairouan sind zwei Fliesentypen belegt, die bereits erwähnte monochrome Lüsterware in einem Goldton und eine polychrome Serie mit Pflanzenornamenten. Während die polychrome Ware mit großer Wahrscheinlichkeit importiert wurde, kann man für die Lüsterware durchaus eine Fertigung in Tunesien in Erwägung ziehen.

Charakteristisch für Gefäße des 9. und 10. Jh. ist eine grünliche Bleiglasur, während im 11. Jh. opake Zinnglasuren hinzutreten – vor allem an großen Gefäßen (eventuell spanischer Herkunft). Die spezifische Färbung der älteren Keramik läßt vermuten, daß man chinesische Seladone imitieren wollte. Schwarz aufgetragene geometrische Ornamente und Pseudoepigraphen belegen den maghrebinischen Ursprung. Eine zweite Gruppe, aus feiner weißer Tonerde geformt, wurde mit opaken Glasuren von dunkelgrüner Farbe versehen, wobei der Dekor im Cuerda seca-Verfahren aufgetragen wurde.

Seit dem 9. Jh. wurden in Tunesien nach Vorbildern aus dem islamischen Osten ›dreifarbige‹ Waren gefertigt. Mit gelb-transparenter Glasur und schwarzer Engobe gleichen sie in vielen Zügen der Nishapur-Keramik aus dem Iran. In der Motivik – besonders markant ein heraldisch stilisierter Adler – lassen sich Beziehungen zur Kunst der Seldschuken erkennen. Ein Teil der Gefäße besitzt einen weißen Malgrund von emailleartigem Effekt. Ferner stellte man echte Fayencen her und bemalte sie zum Teil sogar mit Kobaltoxyd, so daß Blau-Weiß-Gefäße entstanden. Andere Tonwaren sind grün oder manganfarben.

Die Darstellungen lebender Wesen läßt sich in der maghrebinischen Keramik nur für die Zeit der fatimidischen Herrschaft nachweisen. So wurden in Sabra Mansuriya Gefäße mit Tier- und Reiterbildern gefunden, mit Darstellungen von Bogenschützen, Vögeln, Fischen, Schlangen, Löwen und anderen Vierfüßlern, dazu mit Kampfszenen.

Im 13. Jh. trat Tunesien unter den Hafsiden in Handelskontakt mit Mamluken, Spaniern und Italienern. Wirksam wurde zunächst italienischer Einfluß (13. Jh.); im 14. Jh. sollten dann syrische und ägyptische Vorbilder dominieren. Der Sturz der Nasriden (1492) brachte ein Jahrhundert später viele andalusische Handwerker ins Land. Ihr Erbe prägte etwa die Fayencen des Mausoleums des Kasim az-Zaliya (1496). Die Vertreibung der Moriscos aus Spanien (1609) verstärkte schließlich den andalusischen Einfluß in Nordafrika; er verband sich mit den osmanischen Tendenzen der Zeit.

In Tunis entstand ein eigenes Töpferviertel, dessen Bewohner sich auf traditionelle Glasurwaren spezialisierten. Neben geometrischen Mustern bietet der Dekor Fische, Vögel und Katzen als gegenständliche Motive. Gemalt wurde vorzugsweise mit blauer (Kobalt), smaragdgrüner, gelber und brauner Farbe; farblose Glasur überzog den Primärentwurf. Im 16. Jh. wurden dann die Töpferzentren von Nabeul gegründet, vermutlich nach Übersiedlung von Kunsthandwerkern der Insel Djerba. Ende des 18. Jh. gewannen italienische (Rosetten, Buketts, Ringmuster), türkische (Moscheen, Minarette, vegetabile Muster) und iranisch beeinflußte Motive Bedeutung und Vorrang, mit der französischen Okkupation dann auch französische. Gegenwärtig verdankt das Töpferhandwerk Tunesiens seinen Fortbestand wohl letztlich dem Tourismus.

In islamischer Zeit und unter den Normannen existierten auf Sizilien verschiedene Töpferzentren. Brennöfen und Scherben islamischer Ware fand man in Agrigent, Palermo, San Cataldo und Caltagirone sowie in Gela und Syrakus. Unter den Fundstücken war die Lüsterkeramik relativ häufig vertreten, außerdem Bleiglasur- und Manganglasurware sowie ›dreifarbige‹ Keramik. Einzelgefäße tragen auch Vogelbilder und Reiterszenen, die an die Gemälde in der Cappella Palatina erinnern. Die Bacini (Gefäße zum Schmuck italienischer Kirchen) stammen zum Teil wahrscheinlich aus Sizilien, so etwa Schalen in den Kirchen S. Piero a Grado und S. Sisto in Pisa.

1960 entdeckte man bei der Restaurierung der Kirche S. Lorenzo Maggiore in Neapel eine ganze Gruppe von Schalen. Sie werden der ›sarazenischen‹ Siedlung bei Lucera zugeschrieben, die 1223–1301 bestanden hat. Es handelt sich um Glasurschalen mit grüner und manganbrauner Farbe auf Emailleweiß oder um kobaltblau bemalte weißgrundige Schalen. Sie weisen geometrische Ornamente, Fische, Vögel und stilisierte Schriftbänder als Schmuck auf.

Die Gefäßkeramiken aus dem 8. und 9. Jh., die sich in Algerien nachweisen lassen, sind offensichtlich geprägt von den Arbeiten tunesischer Werkstätten. Es handelt sich um glasierte Tonwaren – mit einer Glasur, die direkt auf den Gefäßkörper aufgetragen wurde. Hinzu kommen Gefäße mit Ornamenten in Braun, Manganfarben und mit weißer Engobe. Lüsterwaren fehlen. Die Ornamente sind geometrischer Art. Vereinzelt treten mit Kobaltblau verzierte Waren auf.

Die französischen Grabungen in der Kalaa der Beni Hammad (s. S. 115 f.) hoben erfreulich viele Keramiken des 11. und frühen 12. Jh. ans Licht. Neben importierten Stücken fanden sich Glasurwaren, die an die Goldlüster-Keramiken der Abbasiden erinnern; daneben am Ort selbst gefertigte Lüsterware, chamoisfarben, polychrom, grünlich und rot, dazu bemalte Ware mit Menschenbildern, Mischwesen, Vögeln und Fischen, Löwen und Wildziegen – sämtlich Arbeiten, deren Farbgebung und Motivik auf eine Fertigung für den Export hindeuten.

Im 13. Jh. umfaßt in Blau-Weiß gehaltene Ware in ihrer Motivpalette Arabesken, Palmen, Lebensbäume und kalligraphische Bänder. Die Stücke dieser Zeit ähneln keramischen Arbeiten aus Málaga und Valencia. Auch in Bujaya wurde Lüsterware hergestellt, die spanischen Keramiken aus Málaga und Calatayud ähnelt. (Objekte aus Bujaya hat man übrigens auch in Marseille gefunden.)

Die professionelle Herstellung von Keramiken begleitet in Südtunesien und Algerien eine ländliche, zumeist von Frauen betriebene

Hausproduktion. Hier entstanden Gefäße mit schwarzer, roter und brauner Bemalung (aus Eisenoxyden, Mangan und Ocker) auf lederfarbenem Grund oder weißer Engobe. Die Gefäßtypen wirken zum Teil archaisch, ja fast neolithisch. Belegt sind abbasidische Motive (Rankenwerk) sowie islamische Ornamente, dazu Zeichnungen, die an frühägäische Gefäße denken lassen.

Auch in Marokko hat sich bis in die ersten Jahrzehnte unseres Jahrhunderts von Frauen gefertigte Bauernware erhalten, die auf lederfarbenem Grund in Schwarz oder Rot gemalte geometrische Ornamente trägt (Abb. 81). Die Keramikformen muten gleichfalls altursprünglich an – es handelt sich um Krüge, Amphoren, Schalen und Gießgefäße sehr früher Formgebung.

Die städtischen Töpfer Marokkos schufen, spätestens seit almorawidischer Zeit, außerordentlich variationsreiche Glasurware. Den eindeutigen Beleg hierfür liefern uns marokkanische glasierte Schalen, die im 11. Jh. in die Wände italienischer Kirchen als Zierat eingemauert wurden. Vor allem Pisa und Genua importierten derartige Gefäße.

Die Almorawiden waren, wie bereits erwähnt, nach puritanischer Manier jedem Prunk abhold, so daß unter ihnen keine besonders repräsentative Ware entstehen konnte; dies war erst in späteren Zeiten möglich, vor allem unter den Almohaden. Für die Zeit vom 12. bis zum 16. Jh. sind mehrere Hauptgruppen städtischer Keramiken in Marokko

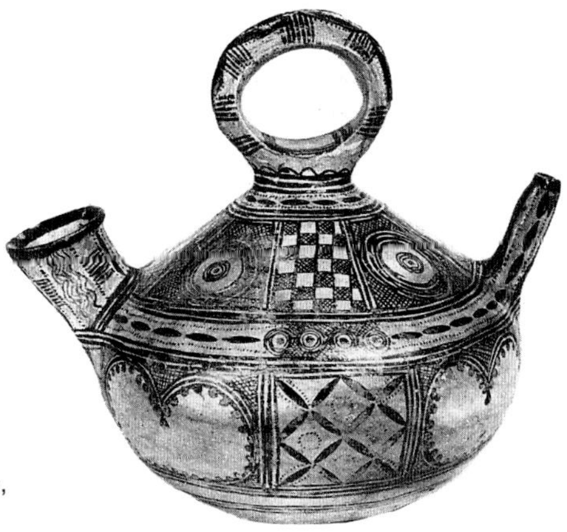

81 Kleiner Krug mit ringförmigem Henkel aus dem marokkanischen Rif-Gebirge, Musée d'Afrique et d'Océanie, Paris

durch Grabungen belegt. Man fand einen Typus glasierter Reliefkeramik, verziert mit geometrischen, vegetabilen oder epigraphischen Bändern, daneben einen weiteren Typus mit gestempeltem Dekor, zum Teil mit kupfergrüner oder türkisfarbener Glasur überzogen. Beliebte Motive dieser marokkanischen Keramik waren beispielsweise Palmetten, Epigraphen, Sterne, Flechtbänder und Lebensbäume – Parallelen im Architekturdekor legen eine Datierung in das 12.–15. Jh. nahe. Ferner konnte man zwei Tonwaren nachweisen, von denen die eine manganbraunen Dekor in geometrischen Mustern und abgewandelten Schriftbildern bietet, die andere einen Ritzdekor auf manganschwarzer Engobe. Wie in spanischen Töpferzentren oder im algerischen Bujaya wurde auch in Marokko Cuerda seca-Keramik mit zellenschmelzartigen Farbfeldern hergestellt (12. Jh.). Belegt ist auch die Produktion von Fayencen, kobaltblau und manganbraun bemalt.

Zentrum der marokkanischen Fayenceherstellung war lange Zeit die Stadt Fès; sie versorgte das ganze Land. Die Töpfer waren höchst konservativ und scheinen über die Jahrhunderte ihr Repertoire an Formen und Malmotiven bis in unsere Zeit beibehalten zu haben. Die Fayencen von Fès, von einer unvergleichlichen Dekorfülle, sind zumeist polychrom ausgelegt. Vorherrschend sind ornamentale und Pflanzenmotive, doch finden sich auch Vögel, Schiffe, Kalligraphien und offensichtlich von asiatischen Textilien kopierte Muster. Den letzten Jahrzehnten entstammen Figuren von Menschen, stark französisch geprägt. Eine Sonderform bildet die grünglasierte monochrome Ware.

Wände wurden zuweilen vollständig mit glasierten Kacheln verkleidet. Kacheln im Mihrabbereich osmanenzeitlicher Moscheen oder Zawiyas zeigen häufig eine Moscheefassade, wahrscheinlich Istanbul oder Mekka symbolisierend. In Privathäusern, aber auch in Moscheen sind Vasen mit üppigem Blumenbukett ein beliebtes Fliesenmuster, sogar Löwen oder andere Tiere treten als Dekor auf.

Die Tradition der islamischen Keramik in Spanien und Südfrankreich

Die hispano-maurische und die Mudéjar-Keramik haben die Entwicklung der europäischen Gefäßkunst stark beeinflußt. Die Jahrhunderte islamischer Kulturentwicklung in Spanien von der Landung al-Tariks im Jahre 711 bis zur Vertreibung der Moriscos 1609 umfassen immerhin nahezu ein Jahrtausend und sahen viele lokale Keramikformen entstehen und vergehen. Ihr Vermächtnis an Europa bestand nicht zuletzt in den Glasurwaren, aus dem Nahen Osten übernommen, die chinesisches Porzellan und Steinzeug imitierten. Spanische Fürsten islamischen und christlichen Glaubens schätzten ebenso wie Kleriker und Städter das prunkvolle Geschirr, vor allem die prächtigen ›Goldlüster‹ Granadas.

Es begann offenbar mit dem Import irakischer und iranischer Gefäße, deren Scherben auch in Medinat az-Zahra gefunden wurden. Berühmte Töpferstädte waren:

1 Calatayud, die ›Kalaa des Ayub‹, eine Stadt, die für ihre Goldlüster berühmt wurde und deren Werkstätten auch nach der Reconquista (1120) weiterarbeiteten;
2 Teruel, die 1171 gefallene Hauptstadt des islamischen Aragón, produzierte seit dem 13. Jh. und bis in das 16. Jh. berühmte Glasurwaren;
3 Almería (arab.: ›der Spiegel‹) war der Haupthafen des omaiyadischen Córdoba und bereits im 10. Jh. Produktionsstätte von Lüsterkeramik;
4 Málaga, der größte Hafen Andalusiens – er fiel 1487 an die Christen –, wurde vor allem für seine ›Alhambra-Vasen‹ berühmt;
5 Valencia und Umgebung, das 1238 in die Hände der Christen geriet und neben Seide hauptsächlich Keramik exportierte; berühmt war die nahegelegene Ortschaft Manises für ihre goldene Glasurware des 15. und 16. Jh.; die Töpferkunst im nicht weit entfernten Paterna hatte ihren Höhepunkt im 13. und 14. Jh.;
6 Sevilla, das 1248 an die Kastilier fiel, besaß ein eigenes Töpferviertel; der berühmte ›Goldene Turm‹ am Ufer des Guadalquivir verdankt seinen Namen goldglasierten Keramiken, mit denen er einst verziert gewesen sein soll.

Eine Unterscheidung lokaler Schulen scheint bisher unmöglich, zumal es kaum Signaturen mit Ortsnachweis gibt, eine der wenigen Ausnahmen bildet der Vermerk Málaga.

Die Muslime übernahmen in Südspanien eine Region, die durch die römisch-byzantinische Kulturtraditon ähnlich geprägt war wie das von ihnen zuvor eroberte Syro-Palästina. Die städtischen Handwerke entsprachen denen im Osten. Im Bereich des Töpferhandwerks trafen die Eroberer u.a. auf eine Keramik mit opaken Bleiglasuren, wie sie im islamischen Osten verbreitet war. In dieser Technik wurden Keramiken aller Größen, von der kleinen Öllampe bis zur Fontäne, ja sogar Skulpturen – etwa ein in Sevilla gefundener kleiner Löwe – gearbeitet. Daneben gab es eine recht grobe Keramik, wahrscheinlich westgotischer Tradition, mit farbigen, transparenten Glasuren in Grün oder Braun und nur selten mit figürlichen Darstellungen geschmückt. Diese Art der Tonware blieb in breiten Volksschichten bis in das Spätmittelalter in Gebrauch.

Als eine eventuell aus den Berbergebieten Nordafrikas übernommene Technik erscheint die Verzierung von Tongefäßen mit farbigen Engoben. Derartige Gefäße sind besonders an der spanischen Südküste gefunden worden. Auf eine weißliche Engobe wurden im flachen Relief schwarze und braune Engoben aufgetragen, die in Ornamente gelegt sein konnten.

Häufig eingesetzt wurde die Cuerda seca-Technik, die in Syrien während der Zeit omaiyadischer Herrschaft verbreitet war, dann aber aufgegeben wurde. In Spanien blieb sie erhalten und ging von hier aus in die Majolika der Renaissance ein. Besonders beliebt war die Cuerda seca-Technik zur Zeit der Reyes de Taifas, der spanischen Kleinkönige, in der ersten Hälfte des 11. Jh. Herren des zersplitterten Spanien.

Noch heute wird sie in Spanien als Verdugone-Technik weitergeführt. Als Malfarben dienten verschiedene Metalloxyde, so daß eine breite Farbpalette zum Auftragen der geometrischen, floralen oder epigraphischen Schmuckstreifen zur Verfügung stand – von Smaragdgrün bis Violett.

In Sevilla verwendete man später Zinnglasuren und gelangte so zur echten Fayence. Die Farbpalette wurde nun noch reicher – die Töpfereien von Toledo und Sevilla stiegen auf dieser Basis zum Glanz des 16. Jh. auf.

Neben Cuerda seca-Keramiken stand archaisch wirkende polychrome Glasurware, besonders in Grün, Braun und Violett-Tönen gearbeitet und vereinzelt mit Tierdarstellungen verziert. Bekannt ist solche Ware aus Medinat az-Zahra und Medinat Elvira. Sie ging ebenfalls in die Herausbildung der Fayence ein, deren Hauptbasis jedoch die aus dem Irak übernommenen Keramiken des Samarra-Stils bildeten.

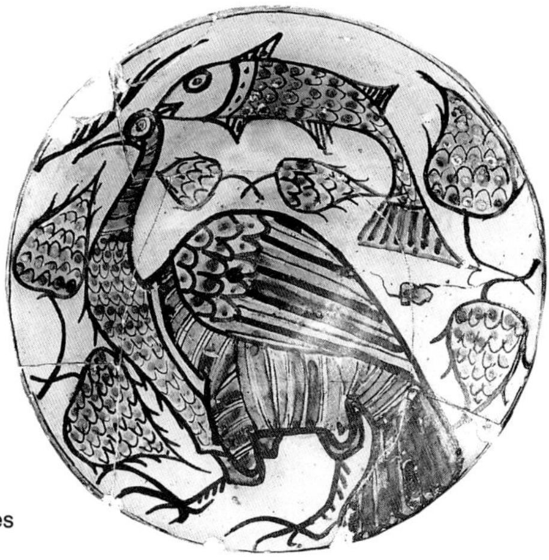

82 Fayence-Schale mit Pfauen- und Fisch-Motiv in grüner Farbe und Mangan, Paterna oder Manises, 14./15. Jh., Islamisches Museum, Berlin

Die Zinnglasurware wurde vermutlich in Ägypten entwickelt und seit dem 9. Jh. in Nordafrika hergestellt. Wohl in almohadischer Zeit gelangten die Blau auf Weiß verzierten Arbeiten, bei denen Kobalt als Malfarbe diente, nach Spanien. Im 13. Jh. muß ihre Produktion in Paterna und Teruel bereits etabliert gewesen sein. Das islamische Zentrum dieser Töpferkunst war vermutlich Málaga, in dem Scherben mehrerer Stilrichtungen dieser Ware gefunden wurden. Schon für das Jahr 1297 sind Keramiken aus Barcelona und aus Málaga für das französische Perpignan erwähnt. Auch aus Sizilien stammen Blau-Weiß-Gefäße dieser Tradition.

Dekore in ›grüner Farbe und Mangan‹ werden in der Regel Paterna zugewiesen, finden sich jedoch bereits in Medinat az-Zahra und Pechina, d. h., sie waren bereits im 10. Jh. in Gebrauch. Für die Mehrheit der bekannten Gefäße dürfte jedoch in der Tat Paterna als Herstellungsort in Frage kommen, da hier im 14. Jh. das Exportgewerbe blühte. Die Gefäße in vielerlei Form tragen neben traditioneller islamischer Ornamentik Tierfiguren (Abb. 82) und Darstellungen von Männern und Frauen vor gotischen Fassaden. Die Tiere – Löwen, Hasen, Pfauen, Greifen, Drachen und häufig Fische – erinnern an Werke aus fatimidischer Zeit (s. S. 207). Paterna kombinierte im 18. Jh. offenbar gotische und islamische Vorlagen, seine Fayencen erfreuten sich großer

Beliebtheit in Aragón, Katalonien und Frankreich. Sie ähneln der frühen Majolika Norditaliens, der Ware des Orvieto-Stils.

Die Lüsterware oder ›spanisch-maurische Fayence‹ gehört zu den schönsten keramischen Produkten der Kunstgeschichte überhaupt. Einzelne Meister pflegen ihre Herstellung noch heute. Die Blütezeit jener Kunst reichte vom frühen 14. Jh. bis zum Ende des 15. Jh., also bis zur Vertreibung der Granadiner Emire. Die berühmtesten Beispiele, die großen ›Alhambra-Vasen‹ (Abb. 83), stammen aus der Zeit Yussufs III. (reg. 1408–17) und scheinen in Málaga gearbeitet worden zu sein. Nach dem Sturz der Nasriden blieb Valencia Hauptort für die Produktion der ›goldenen Keramik‹.

Aus der Zeit des 10. bis 12. Jh. sind nur wenige Scherben dieser Ware bekannt; sie gelten als Importe aus Mesopotamien. Eindeutig zu belegen ist dies freilich nicht. Es könnte durchaus schon gegen Ende des Omaiyaden-Kalifats Töpfer gegeben haben, die es verstanden, mit Silber und Kupfer den so beeindruckenden Goldglanz der Gefäße hervorzurufen. Ägyptische Töpfer mögen dies gewesen sein, die mit dem Untergang des Fatimiden-Kalifats (1171) nach Spanien flohen; auch könnte der Mongolenzug iranische Keramikmeister nach Spanien getrieben haben. Vielleicht läßt sich so die Verfeinerung des Zierstils in Andalusien und das Auftreten iranischer Traditionen in Spanien zu Beginn des 13. Jh. erklären.

In der Zeit des Nasriden-Emirats von Granada war Málaga sowohl Herstellungs- als auch Exportzentrum. Seine Produkte genossen von Ägypten bis nach England hohen Ruf. Die berühmtesten Vasen Málagas sind die ›Alhambra-Vasen‹ (Abb. 83), die seit etwa 1300 bis in das 15. Jh. hinein für die Ausgestaltung von Repräsentationsräumen und wohl auch für Parks hergestellt wurden. Eine Sonderform glasierter Ware dieser Zeit, in Pula gefunden, haben einige Kunsthistoriker auf Werkstätten in Málaga zurückgeführt.

Das berühmte Töpferzentrum Manises entstand nach der Eroberung Valencias durch die Aragonesen. Zwischen 1317 und 1325 wurden hier ›Sarazenen‹ aus Murcia und anderen Orten angesiedelt, denen sich im Jahre 1350 Töpfer aus Málaga zugesellten.

Schon im frühen 14. Jh. nahm man hier die Herstellung von Goldlüsterware und Blau-Weiß-Keramik auf. Die Vorbildfunktion der Töpferstadt wird deutlich, wenn man liest, daß 1362 zwei Keramiker aus Manises nach Avignon gerufen wurden und daß auch 1384 franzö-

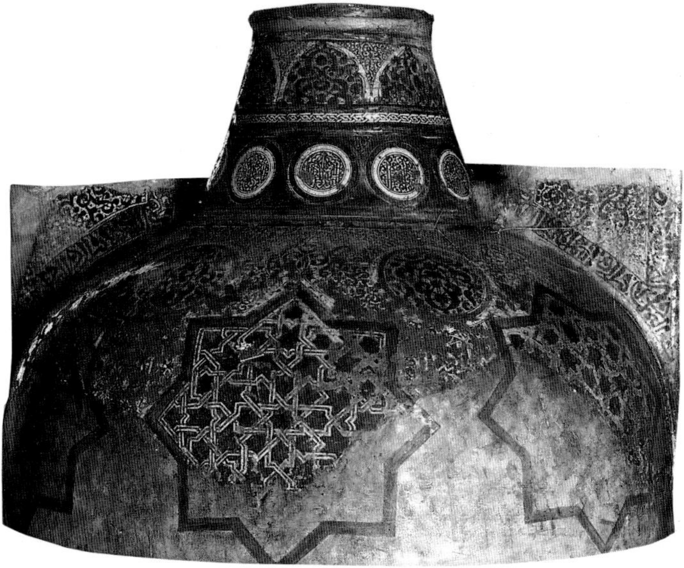

83 Fragment einer Vase im Stil der ›Alhambra-Vasen‹ mit geometrischen Ornamenten in Lüster- und Blaumalerei, Málaga 14. Jh., Kunstgewerbemuseum, Berlin

sische Fürsten Töpfer dieser Stadt nach Poitiers und Bourges holten. Die Künstler verwendeten Kobalt, Zinn, Mangan und grüne Farbe für ihre Arbeiten und schufen damit ›vergoldete‹ Keramiken in der Tradition von Málaga. Selbst die bereits christianisierten Handwerker dieser Richtung benutzten noch stilisierte Segenswünsche in arabischer Schrift wie ›al-afiya‹ (›zur Gesundheit‹) und zeichneten nach islamischer Tradition Lebensbäume, Palmetten, Kastanienblüten und andere Pflanzenmuster. Auch die ›Hand der Fatima‹ und arabische Epigraphen gehören zu den Motiven der Mudéjar-Töpferei.

Die Lüsterware von Manises stand zwischen 1380 und 1430 auf ihrem künstlerischen Höhepunkt. Die Töpfer des Zentrums, gleich ob Mudéjaren oder christliche Romanen, blieben bis in das 15. Jh. dem islamisch-spanischen Erbe verpflichtet. Es mehrten sich jedoch rasch die gotischen Elemente, christliche Zeichen, christliche Wappen spanischer, italienischer oder französischer Adelsfamilien, die auf Bestellung gearbeitet wurden. Manises und Paterna lieferten die entscheidenden Grundlagen für die Majolika-Produktion Italiens, vor allem der Toskana in Florenz, Siena und Orvieto. Für Pisa und Pavia sind Fayencen schon im 11. und 12. Jh. belegt; es scheint sich hier allerdings zumeist um Importe gehandelt zu haben, doch könnten sie bereits damals am Ort kopiert worden sein.

Die in Spanien sehr gebräuchlichen Wandfliesen, die Azulejos (Abb. 84), folgen im Dekor in erster Linie den Grundmustern, die für Wandschmuck üblich waren. So finden sich Bemalungen mit ornamentalen Streifen oder gleichbleibenden Flächenmustern. Neben geometrische Dekore treten florale und epigraphische Bänder. Platten des 16. Jh. aus Manises zeigen zum Teil wappenartige Motive mit Tieren oder Mischwesen gotischer Prägung, sind aber deutlich fatimidisch-seldschukisch beeinflußt.

Die Übernahme der Fayence-Produktion durch italienische, französische und holländische Werkstätten führte mit dem Import italienischer Kacheln und Delfter Fliesen, die besonders in Tunesien viel verbaut wurden, zur Rückkehr dieser Technik in den Maghreb. In Marokko hielt sich die Produktion glasierter Dachziegel bis in die Scherifen-Zeit, die Fliesenherstellung bis in die Neuzeit.

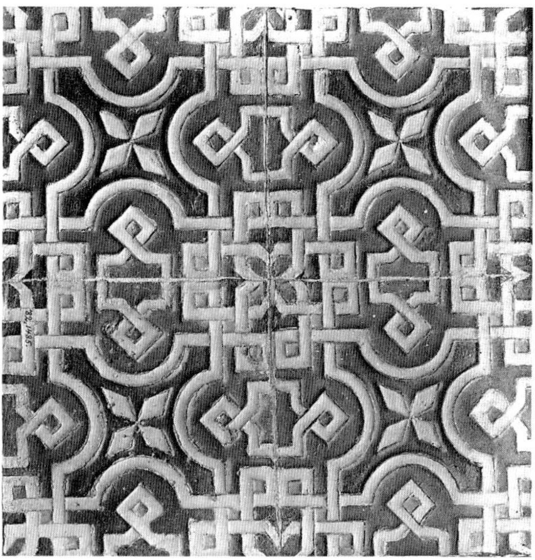

84 Azulejos: Vier Kacheln mit geometrischen Bandverschlingungen in Weiß, Grün, Gelb, Violett, Spanien 15. Jh., Kunstgewerbemuseum, Berlin

In Südfrankreich fanden sich Fragmente islamischer Keramik des 10.–13. Jh. an vielen Orten, u. a. in Perpignan, Avignon, Toulouse, Toulon und Narbonne. Zwar liegt es nahe, hier eine lokale Produktion anzunehmen, da es beispielsweise auch islamische Grabsteine gibt, die eindeutig aus Werkstätten in Montpellier stammen, sicher belegen läßt sich Entsprechendes für die Keramik jedoch nicht. Vielmehr muß man davon ausgehen, daß ein großer Teil der Stücke importiert wurde. Für eine spätere Zeit, das 14. Jh., ist dann allerdings die Zuwanderung spanischer Töpfer, die in islamischer Tradition arbeiteten, nachzuweisen. So wirkten Töpfer aus Manises (s. S. 211, 215 f.) 1362 in Avignon. In Südfrankreich sind fast alle Spielformen sizilischer, nordafrikanischer und spanischer Keramiken islamischer Prägung gefunden worden. Aus Narbonne kennen wir seit 1856 Brennöfen, in denen Reste glasierter Tonware gelegen haben. Da diese Scherben leider verschollen sind, ist ihre Datierung nicht mehr zu überprüfen. Es wäre durchaus möglich, daß Narbonne mit seiner Moschee und vermutlich einem Gouverneurssitz auch Töpfereien besaß.

Textilien als Kunstform

Textilien fungieren nicht nur als Kleidung und Raumschmuck, sondern sind auch Träger von Prunk- und Gebrauchskunst. Im Vergleich zur Keramik oder zur Architektur ist die Zahl erhaltener historischer Textilien gering – Stoffe vermögen die Jahrhunderte nur im Ausnahmefall zu überdauern. In christlichen Kirchen finden sich immerhin Priestergewänder, aus islamischen Stoffen gefertigt, als geheiligt aufbewahrt, oder auch Stoffe, in die man Reliquien eingeschlagen hat. Auf diese Weise wurden etliche Textilien islamischer Zeit aus Spanien und Sizilien tradiert; dagegen konnten für Nordafrika bislang kaum alte Stoffe nachgewiesen werden. Es darf jedoch vorausgesetzt werden, daß Aghlabiden wie Fatimiden und Hafsiden oder auch die Dynastien des westlichen Maghreb über Hofmanufakturen verfügten, vergleichbar denen Spaniens und Siziliens. Bekannt wurden einige Seiden aus Ifrikiya, darunter ein Tiraz-Stoff mit einem Epigraph des Kalifen Marwan (reg. 744–750) aus dem 8. Jh.

In Marokko, Tunesien und Algerien, deren konservative Gesellschaften stärker die traditionellen Gewerbe und Künste bewahrten, ist bis in unser Jahrhundert eine textile Volkskunst lebendig. Die Bewohner des Südens und der Bergländer haben bis in die Gegenwart antike und noch frühere Trachten gepflegt, die in Farben, Stickerei und Zusammenstellung von Stamm zu Stamm variieren. Die Frauen tragen in der Regel Wickelgewänder, die Männer lange Hemden, weite Hosen und Jacken. Regional verschieden sind die Kopfbedeckungen wie etwa die der Baskenmütze ähnliche Chechia Tunesiens, möglicherweise aus Andalusien übernommen.

Neben der Wickeltracht der Berberin hielt sich bis in die Neuzeit bei den Araberinnen die Tunika, ein fast ärmelloses, halblanges Kleid, bei dem der Halsausschnitt, die Armschlitze und der untere Saum durch gestickte oder gewebte Borten betont sind.

Die Farbigkeit der unter dem schwarzen (regional auch weißen) Überwurf getragenen Kleider wechselt nach Tradition, Geschmack und Reichtum der Trägerin. Die schmückende Wirkung wird zumeist durch die Zusammenstellung kontrastierender Farben erzielt. Mitunter werden in Brettchenweberei hergestellte schmale Streifen (ca. 8–10 cm breit) senkrecht aneinandergesetzt. Andere Kleider begnügen sich mit zwei oder drei verschieden gefärbten Stoffen, deren Strenge durch Stickerei aufgelockert wird. Die Qualität der Stoffe reicht vom einfachen Leinen bis zum silber- oder golddurchwirkten Brokat.

Die Volkstrachten sind besonders reich bestickt. In Tetouan finden sich beispielsweise Blumenmuster auf pastellfarbenen Seiden, in Fès Arabesken in Nachtblau, in Meknès grellbunte Dekore und an den Küsten Marokkos auf violettem Grund Schimären, Fische, Lebensbäume und andere, vermutlich aus Portugal oder Spanien stammende Motive. Bestickt werden auch die breiten Wickel- und Kopftücher, die sich von Stamm zu Stamm unterscheiden.

Bei den Teppichen der Berber handelt es sich zumeist um Kelims, buntgestreift, gelegentlich mit Tiermotiven versehen. Die tunesischen Zentren dieser Webkunst sind Gafsa, Urdret und die Insel Djerba. Insgesamt ist die Kelim-Weberei Nordafrikas, in erster Linie ein Nomaden- und Bauerngewerbe, wissenschaftlich kaum bearbeitet. In Kairouan,

El Djem und Djebenania werden Merghum-Teppiche aus zusammengenähten Bahnen und mit sehr komplizierten, meist geometrischen Mustern gefertigt, in Kairouan entstehen ferner beigefarbene und weiße Knüpfteppiche mit zentralem Medaillon und umgebenden geometrischen Mustern. Die Stämme aus dem Sahel bieten in ihren Arbeiten auf monochromem Grund eine nur sparsame Ornamentierung. Nordtunesische Knüpfteppiche sind rot oder violett, in der Mitte ist ein Schmuckfeld eingearbeitet.

In Marokko werden verschiedene Teppichformen geknüpft. Die marokkanischen Berber liefern vorwiegend mit Strich-, Würfel- und Rautenmustern versehene Knüpfteppiche, die Marmuschka des Hohen Atlas fahlrote und beigefarbene Teppiche. Die arabischen Teppiche, türkisch beeinflußt, kamen erst im 18. Jh. auf. Kompliziert gemustert, häufig mit floralen oder Rautenmotiven gestaltet, ist ihre Grundfarbe in der Regel ein dunkles Rot.

So wie die traditionellen Trachten der Stadtbevölkerung sich zumeist an der ›Mode‹ am Hof und der Stadtnotabeln, seit dem 16. Jh. auch an den osmanisch-türkischen Uniformen und Trachten orientierten, die reich mit Stickereien verziert waren, so waren auch die in Nordafrika benutzten Knüpf- und Webteppiche spätestens seit dem 17. Jh. vorzugsweise Importe aus Kleinasien, Persien, Kairo und sogar Indien – eine ›Mode‹, die dem einheimischen Teppichgewerbe großen Schaden zufügte. Und heute, in einer Zeit, in der sich die alten Stammesverbände immer mehr auflösen, scheint der fortschreitende Niedergang des traditionellen Handwerks unausweichlich.

Das deutsche Krönungsornat

Die wohl berühmtesten Textilien der maghrebinisch-europäischen Kulturgeschichte gehören zum Krönungsornat der deutschen Kaiser, der bis 1806 benutzt wurde. Sie sind durch arabische Inschriften auf mehreren Stücken als das Produkt arabischer Weber und Sticker im Dienst der Normannen gekennzeichnet. Das bekannteste Textil, aufbewahrt in der Weltlichen Schatzkammer der Wiener Hofburg, ist der Krönungsmantel,

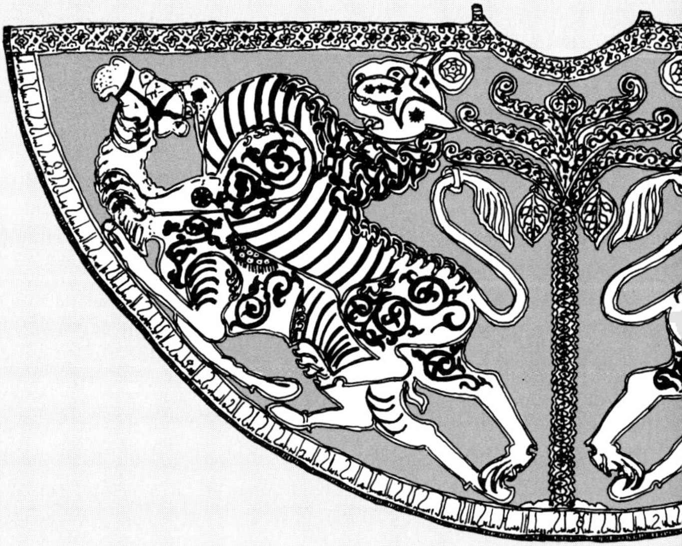

der 1133/34 für Roger II. in Palermo gearbeitet wurde (Abb. 85). Roter Reliefsamt bildet den Grund, bestickt mit Perlen und Goldfäden. Eine Palme – als Lebensbaum und wahrscheinlich als Symbol für Jesus zu verstehen – gliedert den Mantel in zwei Hälften. Rechts und links des Baumes, jeweils nahezu den gesamten Stoff bedeckend, finden sich Darstellungen einer Raubkatze, die ein Kamel gerissen hat. Am unteren Bildrand trägt ein elegantes Schriftbild in fatimidischem Kufi die Worte: »(Das ist) von dem, was in der königlichen Kammer angefertigt wurde, (welche) gediehen ist mit Glück und Ehre, mit Eifer und Vollkommenheit, mit Macht und Verdienst, mit (Seiner) Zustimmung und (Seinem) Wohlergehen, mit Großmut und Erhabenheit, mit Ruhm und Schönheit sowie der Erfüllung der Wünsche und Hoffnungen, und mit glücklichen Tagen und Nächten ohne Unterlaß und ohne Änderung, mit Ehre und Fürsorge, mit Wahrung und Schutz,

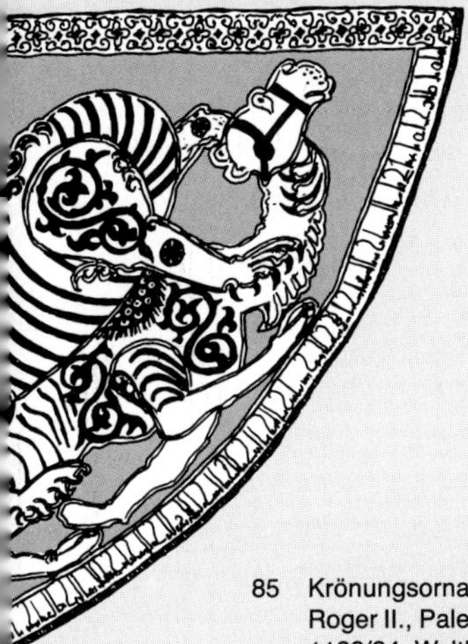

85 Krönungsornat für Roger II., Palermo 1133/34, Weltliche Schatzkammer der Wiener Hofburg

mit Erfolg und Sicherheit, mit Triumph und Tüchtigkeit. In der (Haupt)stadt Siziliens im Jahre Fünfhundertachtundzwanzig.« (Al Samman)

Die zugehörige Albe trägt in der Borte des rechten, oberen Ärmels zwei Inschriftenzeilen, die mit schwarzer Tusche in einer frühen Thuluth-Schrift geschrieben sind. Diese Zierschrift betont die senkrechten Striche der arabischen Schrift, die alle auf gleiche Höhe emporgezogen werden. So entsteht der Eindruck eines gitterartigen Bandes. Die Inschrift enthält technische Vermerke. Am linken Ärmel sowie auf der Manschette finden sich ähnliche Vermerke. Auf der Saumborte, mit phantasievollen zoomorphen Mustern und Arabesken verziert, wurden eine arabische und eine lateinische Inschrift angebracht, die als Auftraggeber Wilhelm II. und als Datum 1181 nennen. Arabische Zeilen stehen auch auf den Strümpfen, die für Wilhelm II. gefertigt wurden.

Die Inschrift des Krönungsmantels erwähnt die königliche Hofwerkstatt, den Tiraz, und der Besatz der Albe entspricht dem Schmucksystem arabischer Tiraz-Werkstätten, wie wir sie aus Spanien kennen. Die technischen Vermerke nennen als Verfertiger drei Araber, Marzuk, Ali und Mahmud, und als Tiraz-Leiter den Griechen Damyan. Tiraz-Werkstätten scheinen die Araber aus der Tradition des persischen Hofes übernommen zu haben.

Islamische Textilkunst in Spanien

Aus der islamischen Zeit Spaniens sind verschiedene Textilien erhalten, sowohl Seidengewebe als auch Teppiche und bestickte Tücher: Die Mitra des hl. Kalerius, versehen mit Fransenbordüren, fand sich im Benediktinerkloster San Pedro de Roda; aus einer Pyrenäenkirche stammt ein gestickter Medaillonteppich; und das Tuch vom Reliquienschrein des hl. Isidor von León ist nach persischer Tradition mit Hirschen und Adlern bestickt.

Die Seidenweberei scheint im islamischen Spanien bereits im 8. Jh. entstanden zu sein, denn schon ein Jahrhundert später galten spanische Textilien als wertvolle Geschenke. So übergab Papst Gregor IV. (927–944) 14 spanische Textilien an die Kirche des hl. Markus in Rom; übrigens hatte bereits Leo IV. (847–855) spanische Seiden verschenkt. Seit dem 9. Jh. gehörten islamische Seidengewänder zum hochgeschätzten Besitz nordspanischer Kirchen. Der Bischof von Lugo, Don Pelayo, übergab 998 seiner Kirche zwei maurische Mäntel und eine Dalmatika. Könige und Prinzessinnen stifteten wiederholt Seidenstoffe muslimischen Ursprungs für Klöster und Kirchen. Für sie bürgerte sich der Name Tiraz ein – ein sicherer Hinweis darauf, daß im islamischen Spanien Tiraze arbeiteten. Abd ar-Rahman II. (reg. 821–852) verfügte in Córdoba über eine Seidenweberei, die so viel Gewinn abwarf, daß bald weitere Tiraze eingerichtet wurden. Unter Abd ar-Rahman III. (reg. 912–961) war die spanische Seidenkunst bereits so berühmt, daß ihre Produkte in Ägypten wie im Iran abgesetzt wurden.

Alfonso V. von Asturien und León (reg. 999–1028) stellte im Jahre 1024 drei mozarabischen Tiraz-Webern, Vicente, Abiahia und Johannes, eine Farm zur Verfügung – Hinweis darauf, daß der König selbst eine Tiraz besaß. Solche Werkstätten entstanden an vielen Orten des christlichen Spanien. Man webte dort Kelims und Stoffe in verschiedener Technik, u. a. mit eingewebten Gold- und Silberfäden. Altarvorhänge, wie sie im Jahre 1099 von der Infantin Urraca (reg. 1109–26) der Benediktinerabtei San Pedro des Eslonza geschenkt wurden, bestanden aus derartigen Stoffen. Alfonso VII. trug bei seiner Krönung 1135 einen goldenen Seidenmantel, wahrscheinlich ähnlich dem Mantel für Roger II.

Die Seidenstoffe aus dem Tiraz von Córdoba dienten oft als Präsente der Kalifen an fremde Fürsten. So schenkte al-Hakam II. (reg. 961–976) im Jahre 962 dem früheren König von León und Asturien Ordoño IV. (reg. 958–960) eine Tunika und einen Burnus aus Goldseide. Ordoño erschien daraufhin in weißer Tracht am Kalifenhof – und ehrte durch diese Gewandung den Herrscher, denn Weiß war die Farbe der Omaiyaden.

Unter den Reyes de Taifas blühte die Seidenweberei. Allein in den Alpujarras sollen im Jahre 1154 600 Dörfer Seidenkokons geliefert haben, und auch 3000 Bauernhöfe bei Jaén befaßten sich mit der Seidenproduktion. Andere Zentren waren Elvira, Baza, Fiñana und die Küstengebiete Kataloniens.

Berühmte Webereien arbeiteten ferner in Alicante, Zaragoza, Murcia und Almería. Für Almería, in der Almohaden-Zeit führend im Export feiner Seidenstoffe, nannte al-Idrisi, ein am Normannenhof schreibender Geograph (gestorben um 1165), 800 Webstühle. Von dieser Stadt aus ging die Seide nicht nur in die christlichen Staaten Europas, sondern bis nach Alexandria, und sogar chinesische Autoren erwähnen im 12. Jh. Seidenexporte der Almorawiden. Der Reichtum Almerías verleitete Genuesen und Katalanen, die Stadt gemeinsam zu überfallen (um 1147).

In Sevilla bestanden seit dem 11. Jh. mehrere Tiraz-Werkstätten, Seide aus Málaga wurde im 12. Jh. bekannt, und eine der berühmtesten frühen spanischen Seiden, gefunden in der Kirche San Estebán (Provinz Soria), trägt den Namen des Kalifen Hisham II. (reg. 976–1013): Mit Fäden in sieben Farben kombiniert, bilden Goldfäden eine zweizeilige Inschrift und formen von Achtecken umrahmte Tierbilder aus.

Auf anderen Stoffen wiederum erscheinen Muster – Flechtbänder –, die vermutlich von Kopten nach Spanien gebracht wurden. Ferner

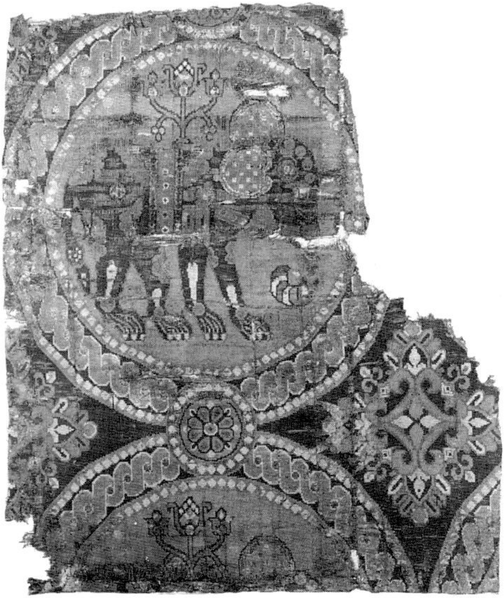

86 ›Elefantenseide‹, Elefanten-Darstellung in Rondell, 10.–12. Jh., Cooper-Hewitt Museum, New York

finden sich neben geometrischen und floralen Motiven in Kreise gesetzte Vögel persischen Ursprungs und stilisierte Widderköpfe, wie wir sie von turkmenischen Teppichen kennen. Menschen werden im Stil der sizilischen Gemälde aus der Cappella Palatina dargestellt. Häufig begegnen uns Bogenmuster, ja ganze Kolonnaden, dazu Inschriftenbänder. Umstritten ist die Zuordnung der sogenannten ›Elefantenseide‹ (Abb. 86) aus einer Kirche in Aragón, die zumeist als byzantinisch angesehen wird, für die man jedoch auch Parallelen in mittelasiatischen Wandmalereien kennt.

Mehrfach offenbar erreichten iranische Seiden Spanien; spanischen Webern dienten sie als Vorlagen. Aus dem Kloster Santa María in Estany bei Barcelona stammt eine Seide, die in Perlkreisen Elefanten, Flügelpferde und Senmurve zeigt – drei sassanidische Textilmotive.

Das Perlmuster ist in Spanien häufig kopiert worden. Mehrere Seiden des 12. Jh. bieten Adler, Antilopen und Mischwesen in Rondells, die von Kufi-Inschriften umgeben sind. In die Zwischenräume sind florale Muster gesetzt, die an die Deckengemälde in der Großen Moschee von Kairouan erinnern (s. S. 183). Aus dem Grab des hl. Peter von Osino (gestorben im Jahre 1109) stammt etwa eine derartige rondellverzierte Seide. Im Hauptbild sind zwei Harpyien zu sehen, die auf Löwen am Lebensbaum stehen. Im umlaufenden Band tritt viermal ein Tierbezwinger auf, der Greifen hält. Die Verbindung zwischen den großen Kreisen bilden kleinere Rondells mit einer Rosette und einem Inschriftenband in Kufi. Aus dem Reliquiar der hl. Librada wiederum stammt eine Rondellseide mit gegenständigen Greifen und einem umlaufenden Band, das Mischwesen und Kufi-Zeichen aufweist, letztere hier rein dekorativ, ohne Sinngehalt eingesetzt.

Häufig füllen Adler die Rondells, so auch auf einer Seide aus dem Grabe Alfonsos VII. (reg. 1126–57) in der Kathedrale von Toledo. Aus dem Grabe des Bischofs Bernard Calvo von Vich besitzen wir eine Seide mit dem altmesopotamischen Motiv des Tierbezwingers. Das umlaufende Band zeigt Tierkämpfe und ein Schriftband aus floralen Kufi-Zeichen. Der Bischof war an der Erstürmung Valencias beteiligt, und die Seide mag ein Teil der Beute gewesen sein.

An die Stelle des Rondells können im übrigen auch Vierecke mit Tierbildern treten, wobei wiederholt Pfauen als Dekormotiv eingesetzt werden.

Mehrfach werden Seidenstoffe in den Siegesberichten erwähnt. Alfonso VIII. (reg. 1158–1214) erbeutete z. B. in der Schlacht von Las Navas de Tolosa (1212) das goldene Seidenzelt des Almohaden-Sultans und schickte es dem Papst, damit es in der Basilika von St. Peter aufgestellt werde. Das erbeutete Königsbanner erhielt das Zisterzienserkloster Las Huelgas bei Burgos, in dem es erhalten blieb: Es besteht aus Seide, mit Gold unterwebt, und trägt Koransprüche sowie als Symbol den Kreis im Quadrat. In den Kreis sind überlappende Quadrate gesetzt als Ausdruck der Versöhnung der Materie mit dem Geist – die Quadratur des Kreises, diesmal als Zeichen der Weltherrschaft des Almohaden-Sultans.

Die Seidenweberei auf christlichem Gebiet wurde noch lange Zeit von Arabern betrieben, die zunächst weiterhin im alten Stil webten, dann aber in wachsendem Maß christlich-gotischen Stilprinzipien folgten. In der Mudéjar-Weberei sind sogar chinesische Motive vertreten, die möglicherweise über Italien vermittelt wurden. Kaum weniger Einfluß als die Mudéjar-Textilien übten die muslimischen Zentren in Sizilien und Süditalien auf die europäische Textilentwicklung aus. Im 11. und 12. Jh. stellten italienische Städte Textilien in sarazenischer Manier her, die sie bald phantasievoll weiterentwickelten, vor allem, als im 13. Jh. die Mongolen über Kleinasien mit Italien in Kontakt traten und chinesische und zentralasiatische Seiden lieferten, deren Muster aufgenommen wurden. In Italien kamen sogar chinesische und tatarische Sklaven auf den Markt, unter denen sich wahrscheinlich auch Weber befanden. Die Kombination islamischer, ostasiatischer und gotischer Elemente brachte in Lucca, Pisa, Venedig und anderen Städten einen prunkvollen euro-orientalischen Stil hervor, der seinerseits wieder im Orient Interessenten fand. Osmanische Sultane ließen Staatstextilien in Italien weben.

Die Kunst der Elfenbeinschnitzer

Die Schatzkammern christlicher Kathedralen und Museen bewahren mehr als hundert maurische Schnitzereien, zumeist aus Elfenbein, aber auch aus Knochen oder Holz gefertigt, die bis auf einige wenige nordafrikanische Stücke aus Spanien oder Sizilien stammen dürften.

Die spanischen Schnitzer fertigten überwiegend runde Elfenbeinbüchsen (Pyxiden) oder rechteckige Kästchen. Kalifennamen, die in ihren (Kufi-)Inschriften erscheinen, ermöglichen in mehreren Fällen eine recht genaue Datierung. So wurde etwa das älteste erhaltene Kästchen im frühen 10. Jh. für eine Tochter an-Nasirs (Abd ar-Rahman III.; reg. 912–961) gearbeitet; ein anderes – es befindet sich im Victoria and Albert Museum, London – trägt ebenfalls den Namen dieses Herrschers, und das Museo Nacional in Madrid besitzt eine Pyxis aus dem Jahre 964, also der Zeit al-Hakams II., die lange der Kathedrale von Zamora gehörte. Auch aus dem 11. Jh. blieben viele Stücke erhalten. Die Kathedrale von Pamplona birgt ein Elfenbeinkästchen von 1004/05, Burgos besitzt eine Arbeit, die sich auf das Jahr 1026 datieren läßt, Cuenca ein Stück von 1049. In der Regel trägt hier ein Holzkern die Elfenbeinplatten. Innen mit Seide oder Brokat ausgeschlagen, dienten die Pyxiden wohl meist als Juwelenbehältnis.

Die plastisch gearbeiteten Verzierungen der Objekte erinnern an die Motive auf spanischen Seidenstoffen und unterstützen damit deren frühe Datierung. Bilder von Mensch und Tier stehen neben Pflanzenmustern – deren tiefgeschnittene Gestaltungsweise erinnert an die omaiyadischen Schmuckfriese des Wüstenschlosses Mshatta (Jordanien). So setzt die Büchse aus Zamora als zentrales Motiv Pfauen und als Nebenfiguren Gazellen in ein klar definiertes Rankenwerk.

Charakteristisch erscheint auch die Büchse aus Davillier (heute im Louvre), die vier Rondells in Flechtbandumrahmung zeigt. Tierkampfszenen und Tiergruppen dominieren den Dekor, ein Rondell allerdings wiederholt interessanterweise jene Szene des Herrschers mit dem Becher in der Hand, die sich auch auf einem Marmorrelief in Mahdia (s. S. 186) findet. Hier tritt nun aber ein afrikanisches Motiv hinzu: Perlhühner stehen vor dem niedrigen Thron des Fürsten.

Die figurenreichsten Büchsen befinden sich im Pariser Louvre und im Londoner Victoria and Albert Museum. In beiden Fällen ist das ursprüngliche Rondell durch spitze Einzüge lebendiger gestaltet – sicherlich in Anlehnung an das architektonische Element des Zackenbogens. Die (Londoner) ›Büchse des Ziyad‹ zeigt den Herrscher auf einem von Elefanten getragenen Thron (Abb. 87), zu beiden Seiten stehen vermutlich Diener. Im Umfeld sind Hasen, Gazellen, Hirsche, Greifen und Vögel wiedergegeben. Ähnlich gestaltete Zackenrondells mit heraldischen Szenen schmücken den Deckel. Die Büchse im

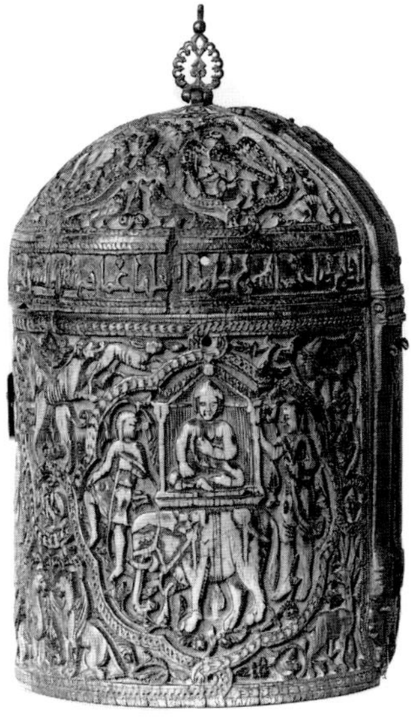

87 ›Büchse des Ziyad‹, omaiyadische Elfenbein-Pyxis, 10. Jh., Victoria and Albert Museum, London

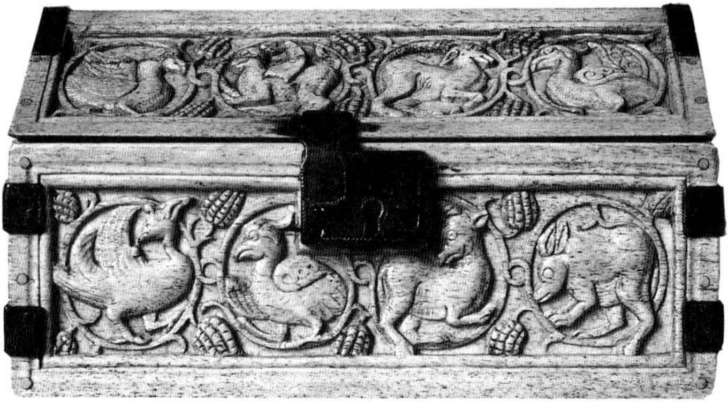

88 Elfenbeinkästchen mit figürlichem Dekor, Sizilien (?) 12. Jh., Kunstgewerbemuseum, Berlin

Louvre, aus dem spanischen Almoguire stammend, zeigt ebenfalls figürliche Motive in Zackenrondells; die Hauptszene stellt drei Personen dar, darunter einen Mann mit Tiraz-Streifen am Ärmel. Der Deckel der Pyxis ist reich zoomorph verziert. Auch rechteckige Elfenbeinkästchen, etwa in der Kathedrale von Pamplona, zeigen dergleichen Motivik.

Die Fatimiden scheinen die Elfenbeinschnitzkunst in Ifrikiya und auf Sizilien begründet zu haben. Zwar stammt die Mehrzahl fatimidischer Schnitzereien aus Ägypten, doch lassen sich frühe sizilisch-süditalienische Arbeiten mit diesen vergleichen; ihre Verzierungskunst erinnert an die Deckengemälde der Cappella Palatina. Häufig erkennnt man Jagd- und Hofszenen, den Hintergrund bilden florale Spiralen und geometrische Ornamente (Abb. 88). Die Tierbilder zeigen Fische, Hunde, Pferde, Hasen, Gazellen, Geparden, Elefanten, Giraffen, Pfauen, Falken, Enten und Kleinvögel. Allein die Cappella Palatina selbst bewahrt sieben Elfenbeinkästchen und das Bargello-Museum in Florenz sechs, die vermutlich überwiegend ziridischer Herkunft sein dürften.

Die Normannen griffen dieses Kunsthandwerk auf und ließen zum Teil im alten ›fatimidischen‹, häufiger jedoch im romanischen und schließlich im gotischen Stil schnitzen. Bisher nur aus der normannischen Schule bekannt – obwohl einige Arbeiten noch fatimidischer Herkunft sein mögen – sind die Olifanthörner, geschnitzt aus einem

Stoßzahn und reich verziert. Ihre Form schließt an die afrikanischer Signalhörner an. Unsicher ist die Zuweisung einiger Schachfiguren (z. B. ein Elefant – entspricht dem ›europäischen‹ Turm – im Museum von Florenz), die in Spanien, aber auch im islamischen Osten hergestellt worden sein könnten.

Als eine andere, eher späte Form dürfen bemalte Elfenbeinkästchen gelten, die islamische und christliche Motive verbinden – ein Umstand, der für christliche Kunsthandwerker oder christliche Käufer spricht. (Zum Teil mögen sie sogar aus norditalienischen Werkstätten stammen.) Ihre Bilder – gemalt in Braun, Rot, Blau und Grün, manchmal durch Vergoldungen ergänzt – stellen Menschen und Tiere (Drachen, Pfauen, Zentauren) dar, von Blätterkränzen oder Arabesken umschlossen. Sie entstanden zwischen dem 11. und dem 14. Jh., wobei die späteren Stücke flüchtiger gearbeitet sind. Darüber hinaus überwiegen auf späteren Arbeiten christliche Motive wie Kreuze, Heiligenbilder und Symboltiere (der Pfau), die durchaus weiterhin mit islamischen, etwa ornamentalem oder Kufi-Dekor kombiniert sein können.

Arbeiten aus Glas und Bergkristall

In christlichen Kirchenschätzen Europas zeugen kleine Gefäße aus Bergkristall oder kristallinem Glas von Kontakten der christlichen mit der arabischen Welt. In Deutschland werden sie zumeist als ›Hedwigsgläser‹ bezeichnet. In der Regel schreibt man ihnen aufgrund des Dekors – etwa florale Muster – eine ägyptisch-fatimidische Herkunft zu, doch dürfte zumindest ein Teil der Stücke auf Sizilien oder in Spanien hergestellt worden sein. Einige Arbeiten aus Bergkristall werden in spanischen Kathedralen bewahrt. Bei den Grabungen in Medinat az-Zahra barg man gegossene Becher aus Glas, die im Reliefdekor den Bergkristallarbeiten gleichen. Im Jahre 1086 wurde auf dem Altar des Klosters San Esteban in Banolas ein Stück des ›Wahren Kreuzes‹ in einem Kristallreliquiar niedergelegt.

Glasbläsereien sind bei Grabungen in Murcia und Almería nachgewiesen worden. Glas wurde zu vielen Zwecken benutzt, so etwa zur Herstellung von Moschee- und Kirchenlampen, eine Anwendung, die seit dem 12. Jh. belegt ist. Kleine Gläser aus Katalonien und Aragón gehen in die gleiche Zeit zurück. Zu den Übersetzungen, die Alfonso El Sabio (›der Weise‹; reg. 1252–82) anfertigen ließ, gehört die eines arabischen Traktats über die Glasherstellung in das Kastilische. Hierin werden u. a. die Herstellung von Emailleglasern und der Guß von Linsen für Brillen beschrieben. Zentrum der christlichen Glasfabrikation war übrigens Barcelona.

Holzschnitzkunst im Maghreb

Holzschnitzerei wurde vorwiegend als baugebundene Kunst zur Gestaltung von Decken, Kuppeln, Bogen und Konsolen eingesetzt. Wichtig in der demgegenüber zweitrangigen transportablen Holzkunst waren vor allem die Gebetskanzeln, die Minbars. Ihre Seiten, ihr Geländer und ihre Türen setzten sich aus Platten und Paneelen zusammen, die geometrische wie auch Pflanzenornamente zeigen. Berühmt ist der frühabbasidische Minbar aus der Moschee in Kairouan (Abb. 69), angeblich aus Baghdad importiert. Sein Dekor besteht aus rechteckigen Platten mit abstrahierten Pflanzenmustern und geometrischen Formen. In der Großen Moschee von Algier ist ein Minbar der Almorawiden-Zeit erhalten, datiert auf das Jahr 1082. Eine Gebetskanzel der Karawiyin in Fès stammt aus dem 12. Jh.

Almohadische Kanzeln mit polychromen Holzplatten befinden sich sowohl in der Kutubiya als auch in der Kasbah-Moschee von Marrakesh. Sie wurden im zweiten Viertel des 12. Jh. geschaffen.

Fatimidische Holzschnitzereien aus Ägypten lassen darauf schließen, daß es auch in Ifrikiya transportable Kunstwerke gegeben hat. Einige Arbeiten erinnern an Wikinger-Schnitzereien, so ein Tierpaneel mit zwei Pferdeköpfen in Pflanzengebinden. Die Übernahme von Wikinger-Motiven wäre auf Sizilien durchaus möglich gewesen.

Auf Sizilien führte die Schnitzerei im Normannenpalast von Palermo die aghlabidisch-fatimidische Tradition weiter. Zusammengesetzte Wandplatten sind mit Vierfüßlern und Vögeln sowie mit floralen Mustern verziert. In Spanien läßt sich damit das Schnitzwerk am Tor der Sakristei des Klosters Las Huelgas bei Burgos vergleichen.

Gut erhaltene Holztüren der islamischen und der Mudéjar-Kunst gibt es aus Zaragoza, Granada, Sevilla und anderen Orten. Holzplatten – vermutlich Wandtäfelungen – aus den Synagogen Santa María la Blanca und El Tránsito in Toledo zählen zur Kunst am Bau.

Metallkunst im Maghreb

Die Arbeit mit Metall konnte sich auf den maghrebinischen Basaren und in den Tiraz, den Hofwerkstätten, auf der Grundlage der großen Kupfervorkommen Andalusiens und Nordafrikas vielseitig entwikkeln. Neben dem Handwerk, das Gerätschaften und Geschirr des alltäglichen Gebrauchs produzierte, bestanden verschiedene spezialisierte Zweige des Kunsthandwerks, ja der Metallkunst, als deren größtes erhaltenes Erzeugnis der Bronze-Greif in Pisa (Abb. 73) bekannt ist.

Metall wurde häufiger als andere Materialien wiederverarbeitet, und so gehören selbst künstlerisch wertvolle Bronzen zu dem seltener erhaltenen Kunstgut. Noch mehr trifft dies für Gold- und Silberarbeiten zu, die zumeist nur zufällig, als Grabbeigabe oder als verborgener und vergessener Hort, auf uns gekommen sind.

Die Moscheelampen Ifrikiyas gehen offenbar auf die *Corona Lucis* (Lichtkrone) der Byzantiner zurück. Sie blieben u. a. in der Großen Moschee von Kairouan erhalten. Diese Leuchter werden in das 10. bis 11. Jh. datiert. Sie bestehen aus horizontal an drei Ketten aufgehängten Bronze›rädern‹ in unterschiedlicher Ausführung, gefertigt in durchbrochener Bronzearbeit mit einem Durchmesser von 29–35 cm. Fatimidische Aquamanilen in Tierform und Bronzelampen (Bardo-Museum, Tunis) schließen an die spanischen Bronzen (s. u.) an.

Charakteristisch für die almorawidische Metallkunst am Bau ist das Tor Sbitriyn der Karawiyin-Moschee in Fès. Es trägt Bronzebeschläge in Sechseck- und Achteckform, zum Teil mit Pflanzendekor, zum Teil mit Kufi-Inschriften. Der Türklopfer besteht aus einer runden massiven Platte mit Blätterkranz und einem durchbrochen gearbeiteten, kreisförmigen Klopfer mit vegetabilem Schmuck.

Die Stämme Nordafrikas pflegten noch bis in das 20. Jh. eine sehr differenzierte Schmuckkunst, die gegenwärtig im Niedergang begriffen ist. Zur Wickeltracht der Frauen gehörten notwendigerweise paarweise Nadeln und Fibeln, vielfach in schwerem Silber gearbeitet und von Region zu Region verschieden gestaltet. Hinzu kam der Körperschmuck als Familienschatz, Ringe, Halsketten, Broschen, Schmucknadeln und anderes mehr. In Ostmarokko und in Algerien wurde Schmuck oft farbenfroh mit Zellenemaille verziert. Andere Bevölkerungsgruppen besetzten Filigranflächen mit Granaten oder dekorierten Silberplatten, letztere dann mit geometrischem oder Pflanzendekor verziert. Der Schmuck der reicheren Städterin, aber auch mancher Beduinen, war aus Gold gearbeitet, mit Emaille oder farbigen Steinen in phantasievollen Mustern geschmückt. Besonders aufwendig gestaltete man auch Waffen, Dolch- und Schwertscheiden, auf denen die Band- und Pflanzenornamente Andalusiens wiederkehren.

Zur Metallkunst im weiteren Sinne zählen ferner Münzen und Siegel, die durchgängig Schriftbilder zeigen, aber keine Abbildungen. Als Besonderheit anzusehen sind quadratische Münzen der Almohaden, die symbolisieren sollten, daß der Kreislauf der Welt mit der almohadischen Machtübernahme abgeschlossen sei. Folgerichtig gab der letzte Almohade, der vom Glauben der Väter abfiel, die Prägung dieser Münzen auf.

Auf Sizilien erhaltene Metallarbeiten scheinen zumeist syrischer und ägyptischer Herkunft zu sein. Ein Leuchter in der Chiesa Matrice von Petralia Sottana dürfte im 11./12. Jh. in Nordafrika gegossen worden sein.

Erhalten blieben auch zwei Kronen: In der Basilika S. Nicolo in Bari wird jene aufbewahrt, mit der Roger II. 1191 gekrönt wurde. Sie besteht aus einem schlichten Bronzereif mit floralen Ornamenten, der mit drei mihrabähnlichen Emailleaufsätzen versehen und mit zwölf Schmucksteinen besetzt ist. Die zweite Krone, eine reich mit Edelsteinen und Perlen besetzte Kappenkrone, stammt aus dem Sarkophag der Constanza von Aragón, Mutter des sizilischen Königs Friedrich II. Zwei mehrteilige Gehänge an den Seiten sowie die Fassungen der Schmucksteine und eine Reihe von Goldplatten sind mit floralem Dekor in Emaille ausgelegt. Der Granat an der Stirnseite trägt die eingeritzte arabische Naskhi-Inschrift »Im Namen Gottes hat Isa Ibn

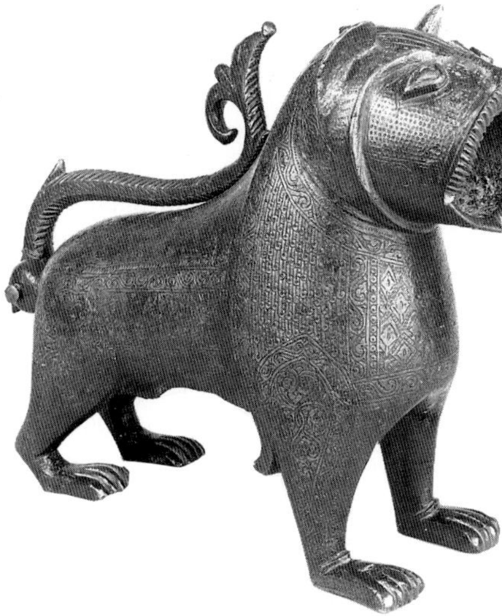

89 ›Löwe von Monzón‹, bronzenes Wassergefäß, Spanien 12. Jh., Louvre, Paris

Djabir dies gemacht«. Die Krone vermag einen Eindruck zu vermitteln vom Prunk dieses islamo-byzantinischen Hofes in Palermo.

Eine Reihe dem ›Pisaner Greif‹ vergleichbarer Bronzen in Tiergestalt blieb erhalten, darunter ein Hirsch aus Medinat az-Zahra und ein löwenförmiges Wassergefäß aus Monzón (Abb. 89), das für islamische Vorbilder der romanischen Gießgefäße spricht. Pfauenfiguren als selbständige Plastik oder als Henkelzier, etwa an omaiyadischen und granadinischen Lampen, finden sich neben Henkeln und Füßen mit Löwen- und Gazellenköpfen. Kunstvoll gestaltet sind nicht selten bronzene Türklopfer. Mörser, Kessel, Schalen und Vasen wurden in Bronze gegossen. Manche Gefäße – so ein Hostienbehälter aus San Pedro de Roda oder eine kleine Vase aus Córdoba – lassen sich im Dekor mit Elfenbeinarbeiten vergleichen. Sie weisen Tierfiguren und Palmetten in Rondells auf, begleitet von Kufi-Schriftbändern. Mit der Elfenbeinkunst zu verbinden sind auch getriebene Metallkästen ähnlicher Gestaltung und Verzierung, so beispielsweise aus der Kathedrale von Gerona. Kandelaber und Moscheenleuchter wurden vorwiegend aus Metall gearbeitet. Letztere sind zum Teil – wie romanische

Kirchenleuchter – als Krone gestaltet, so eine Moscheelampe von Elvira. Eine der schönsten Moscheelampen, durchbrochen in Metall gearbeitet, mit einer in harmonisches Rankengeflecht gewobenen Kufi-Inschrift gestaltet, stammt aus der Palastmoschee der Alhambra.

Schatzfunde aus Garrucha und Loja brachten Armbänder und Perlen mit floralem und zoomorphem Dekor zutage, während nach New York gelangte Goldarbeiten, die aus az-Zahra stammen sollen, neben Fischen geometrische Muster aufweisen. Ein anderer Hortfund aus Loja enthielt u. a. ein Armband mit Gemmeneinlagen. Zierlichen Goldschmuck aus der Nasriden-Zeit kennt man vor allem aus Almería.

Prunkstücke des mittelalterlichen Schwertfegergewerbes sind die sogenannten Boabdil-Schwerter, gerade, zweischneidige Prunkwaffen Granadiner Provenienz, deren Knäufe, Griffe, Parierstangen und Scheiden von Goldschmieden mit Gold und Emaille gestaltet worden sind. Die Bezeichnung Boabdil bezieht sich auf den Namen Abu Abd Allah Mohammed XI. (reg. 1482/83–90/92), letzter Emir von Granada, der im Spanischen Boabdil heißt. Seine Waffe wird im Museo del Ejército in Madrid aufbewahrt (Abb. 90).

Vergleichbare, wenn auch weniger prunkvolle Schwerter sind in Kassel und im Archäologischen Museum von Madrid vorhanden. Aus derselben Werkstatt wie das Schwert Boabdils scheint nur das ebenfalls im Museo del Ejército (dem Armeemuseum) aufbewahrte Schwert des Aliatar (Ali Atar), des Fürsten von Loja (gefallen 1483), zu stammen. Schriftliche Berichte bezeugen, daß noch weitaus prächtigere Waffen von Granadiner Emiren in Auftrag gegeben und als Staatsgeschenke versandt worden sind. So soll Mohammed IV. (reg. 1325–33) Alfonso XI. von Kastilien (reg. 1312–50) ein Schwert, besetzt mit Gold, Smaragden, Rubinen und Saphiren, überreicht haben.

Des weiteren befindet sich ein Säbel des Abu Abd Allah im Madrider Armeemuseum, und im Museum von Granada werden die Bronzeteile

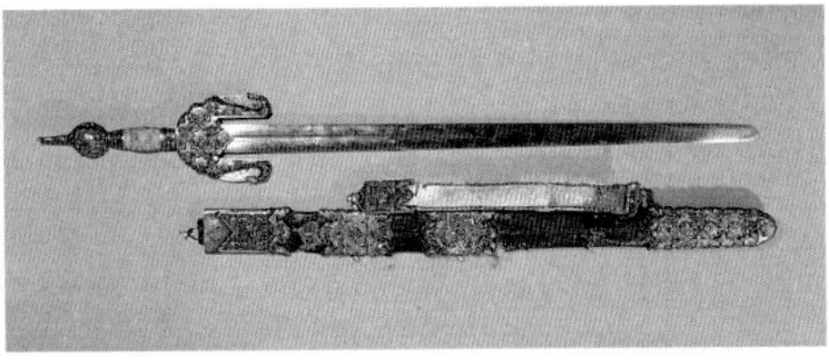

90 Schwert des Abu Abd Allah Mohammed I., Gold- und Emaille-Dekor, Granada 15. Jh., Museo de Ejército, Madrid

einer islamischen Balliste aufbewahrt, die mit Pflanzenmotiven verziert sind.

Die spanischen Christen übernahmen sowohl in der mozarabischen Kunst als auch in der Mudéjar-Kunst islamische Dekormotive für ihre eigenen Metallarbeiten. Die Kathedrale von Braga birgt beispielsweise einen mozarabischen Kelch, der Löwen in den Rondells einer vereinfachten Arabeske aufweist. Ein vergoldeter Bronzekasten in der Abtei von Roncesvalles (Navarra) zeigt das alte Motiv zum Achteck versetzter Quadrate im Kreis sowie Zierstreifen in der Manier der Mudéjar-Dekoration.

Manuskripte, Schriften, Miniaturen

Im Maghreb bildete sich im 10. Jh. aus dem schlanken und eleganten Zierkufi eine eigene Schriftform heraus, das Maghrebi. Vermutlich entstand es in Kairouan, denn arabische Autoren bezeichnen diesen Duktus als Kairouani. Er verbreitete sich über den ganzen Maghreb und wurde im 12. Jh. sogar in Spanien und auf Sizilien benutzt. So befanden sich besondere Schönschreibschulen, die das Maghrebi (Abb. 91) pflegten, in Valencia und Sevilla. Der Reiz der Schrift besteht in einer graziösen Führung der Aufstriche und Kurvaturen bis in die nächsthöhere Zeile. Sie vereinigt betonte Rundungen mit scharfen Brücken und behält die Steilstellung der Kufi-Zeichnung bei.

Die Maghrebi-Kalligraphie diente hauptsächlich der künstlerischen Gestaltung des göttlichen Wortes, sei es in der Koranhandschrift, der erbauenden Zierinschrift an oder in der Moschee, auf Weihgaben oder Geschenken.

Außerdem konnten juristische oder religionswissenschaftliche Kommentare in Maghrebi geschrieben werden. Für die Poesie, für wissenschaftliche oder unterhaltende Texte bevorzugte man hingegen häufig das flüssigere Naskhi, obwohl noch im 18. Jh. Handschriften mit Werken des Bucharen Avicenna (10.–11. Jh.) im Kufi des Maghrebi-Stils abgefaßt wurden.

Auf sizilischen Prunkhandschriften werden mitunter die Schriftkolumnen mit Blatt- und Zweigmustern umgeben. Andalusische

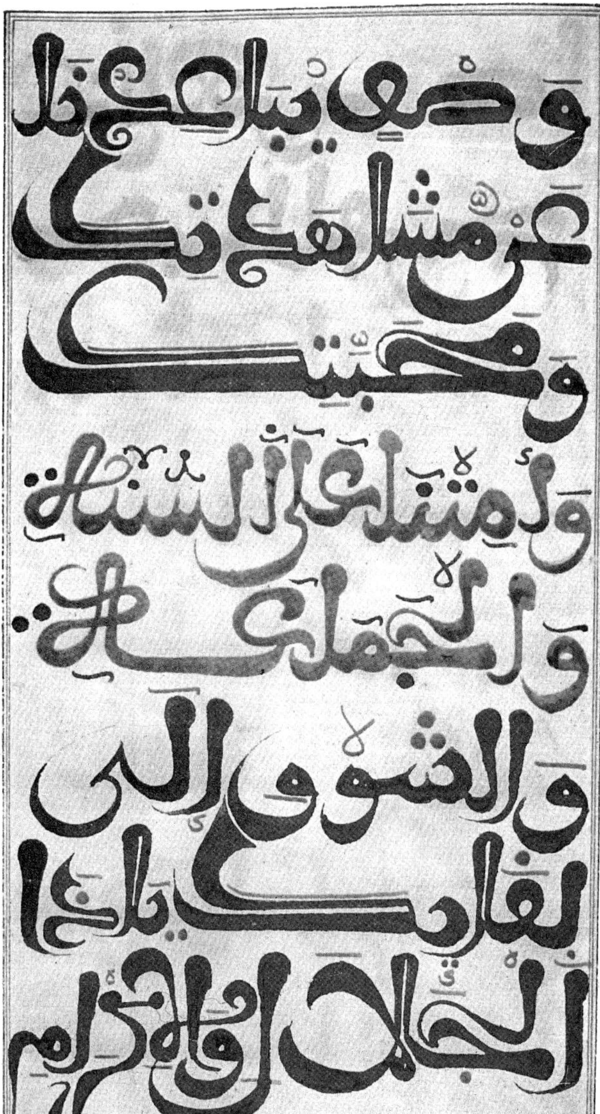
وضعف بياني عجزا
عن مشاهدتك
ومحبتك
والمتعلق بالاسماء
والجمال
والشوق الى
لقائك يا ذا
الجلال والاكرام

Prunkkorane sind in strengem Arabeskenstil verziert. Die späten marokkanischen und Granadiner Korane wechseln von Seite zu Seite die Illumination. Hierbei werden die erste, die mittlere und die letzte im andalusischen Naskhi (Abb. 92) geschrieben, mit Gold ausgestaltet und in Blattranken gesetzt. Reich dekorierte Medaillons schmücken die Ränder.

In Marokko hielt sich dieser Stil bis in das 18. Jh., wobei das Maghrebi auf die Handschriften beschränkt blieb. Die Bau- und Geräte-Epigraphik benutzte statt dessen dekoratives Kufi und – von den Almohaden bevorzugt – andalusisches Naskhi. In Ifrikiya entstanden vereinzelt auf blaues Pergament in goldenem Kufi geschriebene Korane.

Auf dem Dachboden der Großen Moschee von Kairouan wurden bei Rekonstruktionsarbeiten lederne Bucheinbände des 9. und 10. Jh. gefunden. Sie sind teils im vegetabilen Stil der Deckenmalereien, teils in einem Flechtbandstil verziert, der an koptische Vorbilder erinnert – vermutlich zeigt sich hierin der Einfluß koptischer Handwerker, die in Tunis angesiedelt waren.

Der Rigorismus der malekitischen Ulema hat kaum ein islamisch-maghrebinisches Manuskript mit Miniaturen verschont. Lediglich in der Bibliothek des Vatikans blieb eine spanische oder nordafrikanische Handschrift des 12. Jh. erhalten. Sie ist mit 14 Miniaturen ausgeschmückt, die einen eigenständigen Stil repräsentieren (Abb. 93). Es handelt sich um ein Manuskript der Liebesgeschichte »Bayad wa Riyad«, die wohl in das 12. oder 13. Jh. zu datieren ist. Die dargestellten Personen erinnern an die normannisch-islamischen Gemälde in der Cappella Palatina. Die Bilder wirken sehr flächig-zweidimensional; Wasser etwa wird nur durch senkrecht gestellte Wellenlinien wiedergegeben.

Dieses Manuskript steht allein, beweist aber die Existenz einer maghrebinischen Malschule, deren Erzeugnisse von den Ulema ebenso vernichtet wurden wie die große Bibliothek von Córdoba. Deutliche Spuren der Mudéjar-Kunst in christlich-spanischen Miniaturen sprechen für die vormalige Existenz maghrebinischer Bildhandschriften.

◁ 91 Eine Seite in Maghrebi, geschrieben von al-Kandusi, aus dem »Handbuch der himmlischen Segnungen« (»Dalil al-hayrat«)

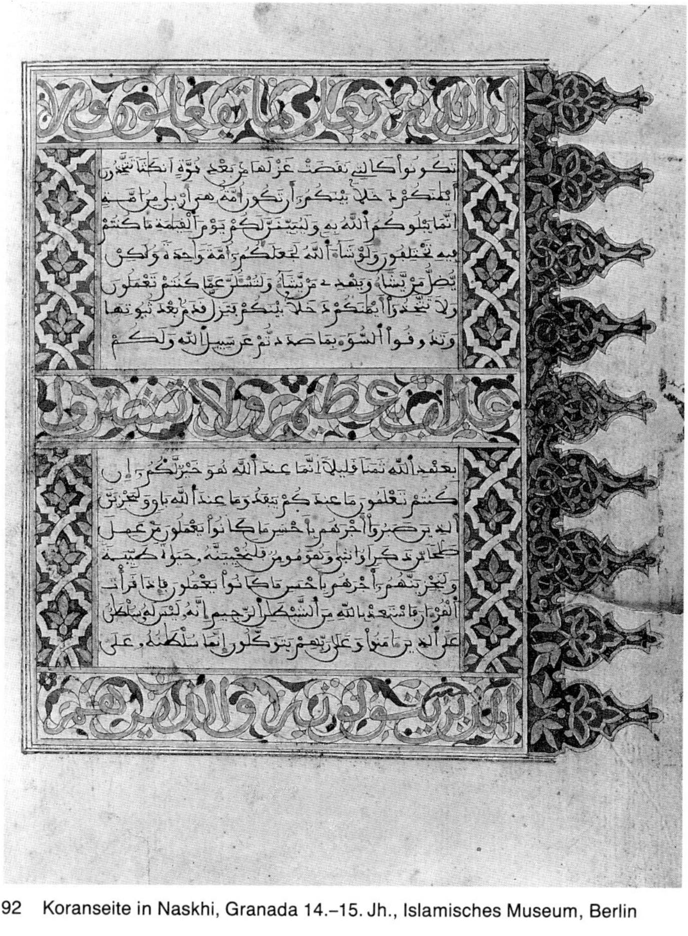

92 Koranseite in Naskhi, Granada 14.–15. Jh., Islamisches Museum, Berlin

Das 1283 entstandene »Schachzabelbuch« Alfonsos X. (reg. 1252–82) bezeugt den Bestand einer Malschule von Sevilla. Dort abgebildete Bauten sind im Mudéjar-Stil gehalten. Miniaturen dieser Handschriften stellen u. a. Schachspieler dar.

Die berühmte Handschrift der »Cantigas de Santa María«, 1283 ebenfalls für Alfonso X. gefertigt, ist eine Mudéjar-Handschrift. Mit ihr vergleichen läßt sich die Handschrift des Werks von Friedrich II. über »Die Kunst, mit Vögeln zu jagen« (»De arte venandi com avibus«). Sie enthält Miniaturen, die deutlich von islamischer Miniaturmalerei beeinflußt ist.

Auch toskanische Handschriften des 15. Jh. sind orientalisch beeinflußt. Ebenso wie Gemälde der florentinischen Schule zeigen sie Personen in orientalischer Tracht. Bibelhandschriften und Fassungen der Apokalypse des Beatus von Liébana aus Nordspanien bilden eine eigene Schule der frühmittelalterlichen Kunst (10.–13. Jh.), die eventuell auf spätantike Buchmalerei zurückgehen könnte.

Die Geschichte der maghrebinischen Buchmalerei endet mit einem arabischen Manuskript des 16. Jh. Hierbei handelt es sich um eine eigenartige Abschrift eines Werkes des 12. Jh., damals verfaßt von Ibn Zafar as-Sikilli auf Sizilien, das Fabeln aus der orientalischen Geschichte enthält. Die Illumination des 16. Jh. besteht aus 47 Miniaturen, gemalt in einem etwas naiven naturalistischen Stil. Die Gestalten tragen teils europäische, teils nordafrikanische Trachten. Die Aus-

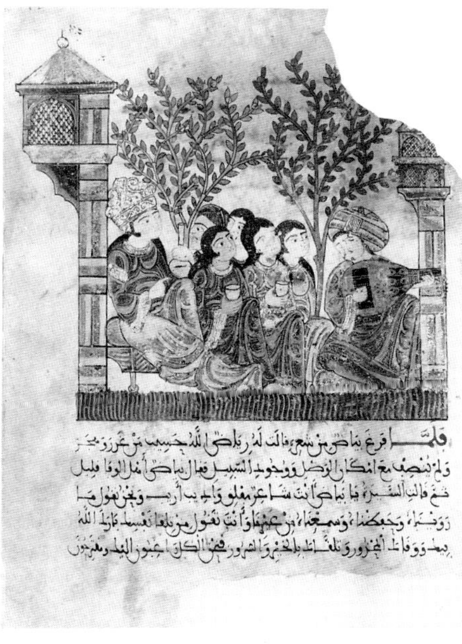

93 Maghrebinische Miniatur zu der Liebesgeschichte »Bayad wa Riyad«, 12. Jh., Biblioteca Apostolica, Vatikan

führung der Malereien könnte auf einen in Marokko arbeitenden Morisco europäischer Schulung verweisen.

Eine noch in den letzten Jahrzehnten, vor allem in Tunesien gepflegte Bildkunst ist die Hinterglasmalerei, deren Ursprünge bis in die Husseiniten-Zeit zurückreichen dürfte. Möglicherweise gelangte die Technik durch die Osmanen nach Ifrikiya, da sie in deren Balkanprovinzen Bestandteil der Volkskultur war. Die erhaltenen Bilder stammen aus dem 19. Jh. und dem frühen 20. Jh. Ihre Themen entstammen der islamischen Mystik, den Heiligenlegenden und den bekannten Liebesgeschichten. Beliebt war die Geschichte von Abd Allah Ibn Djafar und Laila Djamna, der Tochter des Großkönigs von Tunis, deren Abenteuer vielgestaltig wiedergegeben wurden. Oft erscheinen Abla und Antar oder der Mystiker Abd al-Kadir al-Kailani. Weitere Motive waren das Wunderpferd Borak, die Bismallah und andere Kalligraphien. Sogar der hl. Georg wurde zum Heros der tunesischen Legende. Wie Darstellungen von Ali, Hassan und Hussein hing auch sein Porträt als Hinterglasbild in tunesischen Wohnhäusern. Heute verschmilzt diese Kunst immer mehr mit der Photographie, da kolorierte Familienphotos integriert werden.

Wohnkultur und Lebensweise

Die Wohnkultur des islamischen Maghreb folgte, wenn möglich, den Traditionen des Alten Orient, die eine Abschließung der Frauen beinhalteten. Die Konsequenz war eine Trennung des der Öffentlichkeit zugänglichen Teils vom Harem, dem ›Verbotenen‹, soweit dies die soziale Stellung und der Besitz der Familie zuließen. Im Idealfall gruppierte sich der Harem um einen oder mehrere abgeschlossene Höfe, zu denen auch der Hauswirtschaftstrakt (Küche, Lager etc.) gehörte. Der Kontakt mit der Außenwelt beschränkte sich für die Bewohner des Harems auf weibliche Besucher oder enge Verwandte. Die Begegnungen des Hausherrn mit der Männerwelt fanden in einem anderen Teil des Hauses statt.

Die Ausstattung der Räume mit Teppichen, Raumtextilien und Mobiliar hing vom Wohlstand der Familie ab, desgleichen die baukünstlerische Gestaltung der Räume, wobei besonders ein zu einem Hof sich öffnender Saal sehr reich ausgeschmückt sein konnte.

Die Möbel beschränkten sich in der Regel auf Sitzgelegenheiten und niedrige Tische, Truhen und Stellwände, die durch Drechselarbeiten, Schnitzwerk und Malerei verziert wurden. Einfach gehalten waren im allgemeinen die Bettgestelle und die wenigen Wandschränke, letztere möglicherweise aus Europa übernommen. Bewahrt sind nur wenige Möbel aus der Zeit vor 1850, während die Mehrheit – auch des Museumsinventars – im 20. Jh. gefertigt wurde.

Teppiche und Textilien bezog man teils aus dem eigenen Land, teils aus dem islamischen Osten und Indien. Prunkgeschirr zierte die Empfangs- oder Festräume. Das Kücheninventar wurde wie die anderen Ausstattungsteile auf dem Basar gekauft oder in Auftrag gegeben. Zu den Schmuckarbeiten in Metall gehören schmiedeeiserne Fenstergitter, die von Andalusien bis Tunesien in Gebrauch waren und sind, wie auch Türbeschläge, Türklopfer und Klinken.

Bei aller politischen Gegnerschaft zum Abbasiden-Kalifat von Baghdad war der ferne Kalifenhof für die maghrebinischen Oberschichten doch das Vorbild in Mode und Lebensweise. Der arabische Schriftsteller Nafh berichtet von dem Einfluß, den der ›Sängerfürst‹ Zirjab (›Schwarzvogel‹), aus Baghdad stammend, in Sachen Kleidermode und Sangesweisen, in al-Andalus ausübte. Er schuf die fünf- statt der viersaitigen Laute, auf seine Anregungen hin veränderte man die Haartracht, die Kleiderfarben, verwendete andere Stoffe. Zirjab soll übrigens auch den Spargel nach Europa gebracht haben.

Die Bauern und Nomaden achteten nach Möglichkeit ebenfalls auf eine Trennung von Männer- und Frauenabteilung, und selbst die räumlich sehr beschränkten Zelte wurden entsprechend eingerichtet. Da Armut in der Regel jedoch zur Mitarbeit der Frauen und somit zu einem größeren Anteil der Frau am öffentlichen Leben führt, spielte und spielt die Frau bei den Berbern einen entscheidenderen Part als bei den Arabern. Andererseits wirken noch in dem seit fünf Jahrhunderten christlichen Andalusien Traditionen des Harems in der Familie und ihrem gesellschaftlichen Habitus nach.

Arabern wie Berbern war die Frau die Bewahrerin des Familienschatzes, der Rücklagen in Gold oder Silber, die sie als Schmuck an

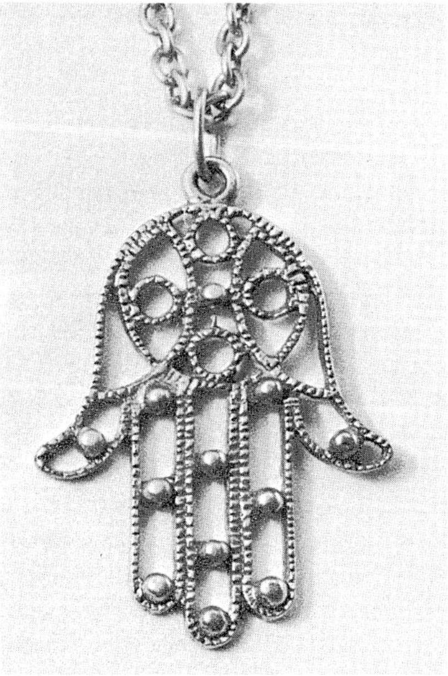

94 ›Hand der Fatima‹, unheilabwehrender Silberschmuck, Tunesien

sich, auf dem Leibe, trug. Er wurde durch Symbolzeichen magisch wirksam oder erfüllte in Gestalt von Amuletten (z. B. mit Koranversen) auch rituell-unheilabwehrende Funktionen (Abb. 94). Diese Vorstellungen sind jedoch im Verschwinden und werden von modernen Muslimen als nicht-muslimisch abgelehnt. Im Volksislam dürften sie hingegen noch sehr lebendig sein.

Jüdisches und christliches Kunsthandwerk im Maghreb

Die altjüdische Kunst, wie sie einst im Maghreb präsent war, ist heute – aufgrund des Exodus der Juden nach Gründung des israelischen Staates (1948) – nahezu erloschen und läßt sich kaum mehr erfassen. Der Legende nach ist die jüdische Kultur Ifrikiyas über 2500 Jahre alt:

Damals sollen Exilanten aus dem von Nebukadnezar II. (reg. 605–562 v. Chr.) zerstörten Jerusalem bis auf die Insel Djerba gelangt sein. Sicher aber siedelten sich Juden im späten 1. Jh. und im 2. Jh. n. Chr. im nordafrikanischen Raum an – gezwungenermaßen, da die Römer sie in dieses Gebiet deportierten.

Die heute faßbare Kunst der tunesischen Juden bildet einen wesentlichen Bestandteil maurischer Kunst. Die Juden haben diese jahrhundertelang mitgetragen. Als Kunsthandwerker stellten sie in erster Linie Schmuck und Waffen im jeweils gewünschten Stil maghrebinischer Tradition her und übernahmen andererseits die Kunstformen der Muslime zum Schmuck eigener Bauten und Gerätschaften.

Auf Djerba leben heute nur mehr 1000 bis 2000 Juden, überwiegend in dem alten jüdischen Zentrum Djerbas, Hara Seghira, dann auch in Hara Kebira, heute ein Vorort von Houmt Souk. In Hara Kebira steht die bedeutendste Synagoge Nordafrikas, al-Ghriba (›die Wundertätige‹) genannt, ein bedeutender Wallfahrtsort. Ihr Betsaal hat die Gestalt einer dreischiffigen Basilika mit umlaufenden Säulenstellungen. Polychrome, ornamentale Glasurfliesen verkleiden die Innenwände vollständig. Der Thora-Schrein ist reich mit Silber beschlagen. Silberne Weihplatten tragen Stifterinschriften und weisen Ranken- bzw. geometrischen Dekor auf. Die Synagoge besitzt eine beträchtliche Anzahl von Handschriften.

Die meisten Juden auf Djerba sind Handwerker, oft Silberschmiede. Diese fertigen einen Großteil jenes Schmucks, der auch nach Algerien verkauft wird. Im Stil folgen sie dem Geschmack ihrer Auftraggeber; neben Silber verarbeiten sie vor allem Gold und Halbedelsteine.

Auch in den Ruinenstädten Südtunesiens ließen sich einzelne Synagogen nachweisen, ohne daß genauere Datierungen möglich waren. Jene jüdischen Gemeinden bestanden mit Sicherheit aus Bauern und Hirten. In Nordtunesien existieren heute ebenfalls keine geschlossenen jüdischen Siedlungen mehr. Nur selten stellten verantwortungsbewußte Museumsdirektoren die verlassenen Synagogen und ihre Ausstattung – besonders Thora-Schreine mit floralem und geometrischem Schnitzwerk, Ampeln aus Glas mit silbernen Reifen, die die Weihinschriften tragen – unter ihren Schutz.

Nach dem Eindringen der Franzosen setzten sich etwa ab dem späten 19. Jh. im jüdischen Kunsthandwerk in steigendem Maße europäische Zierformen durch.

Das Kunstgut der algerischen Juden, die offenbar ebenfalls ihre einstige Heimat verlassen haben, ist fast völlig verloren. Unter den Berbern Südmarokkos soll es allerdings noch jüdische Gruppen geben.

Das ostmaghrebinische Christentum hat offenbar die Hilali- und Solaim-Bewegung nicht überstanden. Seine Blütezeit war die Spätantike. Es finden sich Reste von Kirchen der unterschiedlichen christlichen Konfessionen im Lande; selbst Arianergräber und Kirchen der Vandalen-Zeit sind in Ruinen erhalten. Bis in die Zeit ziridischer Herrschaft (erste Hälfte des 11. Jh.) werden für Kairouan, Gafsa, die Sahel-Zone und Nordifrikiya noch fünf christliche Bistümer genannt. Christliche Kunstwerke dieser Zeit sind bisher allerdings nicht nachgewiesen.

Schlußbemerkung

Eine Kunst von Jahrhunderten, die sich über fünf (heutige) Staaten erstreckt, in solch gedrängter Form darzustellen, wie dies hier geschehen ist, erscheint vermessen. Das Bild muß notwendigerweise subjektiv und schon von der Quellenlage her lückenhaft sein. Der Verfasser geht freilich davon aus, daß der islamische Maghreb bei allen Unterschieden im einzelnen viele gemeinsame Grundzüge aufweist, die seine Kultur einheitlich geprägt haben. Die Länder von der Syrte bis zum Atlantik sind die nächsten Nachbarn Europas, und ihre Geschichte ist unauflöslich mit der unseren verflochten – und dies nicht nur, weil Sizilien und Spanien einst Teil dieses islamischen Westens waren.

Der kleine Band möchte dem Reisenden die traditionelle Kultur jener Regionen nahe bringen, die Nähe verständlich machen, in der sie sich mit uns befinden, ihr Anderssein begreifen lassen, um die Gemeinsamkeiten erfassen zu können, die Menschlichkeit der großen Moschee von Córdoba wie den Glanz der Cappella Palatina auf halbem Weg zwischen Ifrikiya und Rom. Der Verfasser möchte die Wege zueinander erleichtern, ohne die Beredsamkeit eines Johann Wolfgang von Goethe zur Verfügung zu haben, der vor 150 Jahren im »West-östlichen Divan« schrieb:

»Herrlich ist der Orient
Übers Mittelmeer gedrungen;
Nur wer Hafis liebt und kennt,
Weiß, was Calderon gesungen.«

Zeittafel zur Geschichte

	Sizilien	Libyen	Tunesien
	Nordafrika und Spanien vor dem Einfall der Arabe		
v. Chr.	Berber	Berber	Berber
um 1000	**Phönizische Kolonisation**		
			Gründung Karthagos (814/813)
um 600	**Seeherrschaft der Punier/Karthager**		
um 500	Griechische Kolonisation		
um 300	**Römische Expansion**		1. Punischer Krieg (265–243)
um 200			2. Punischer Krieg (218–201)
			3. Punischer Krieg (149–146) mit Zerstörung Karthagos
um das Jahr 0		**Römische Provinz Africa**	
			Römisches Karthago
n. Chr.		**Römischer Limes an der Südgrenze**	
um 150	**Beginn der Christianisierung**		
			Weizenanbau Olivenanbau
um 250	**Fortschreitende Romanisierung Nordafrikas**		
um 400			
um 500			
		Byzantinische Eroberung (533–550)	
um 600		Luwata Nefzawa	Zenata

Algerien	Marokko	Spanien	
Berber	Berber	Iberer, Turdetanier	**v. Chr.**
			um 1000
		Griechische Städte Kelteneinwanderung	
Karthagische Kolonisation			um 600
			um 500
			um 300
	Mauretanien	Römische Eroberung und Einteilung in Provinzen (197)	um 200
			um das Jahr 0
			n. Chr.
		Christianisierung Romanisierung	um 150
			um 250
		Einfall der Vandalen und Sueben (409)	um 400
Einfall der Vandalen und Alanen (429)		Einfall der Westgoten (411)	
Vandalen-Reich in Afrika (429–534)		Westgoten-Reich (474–711)	um 500
		Byzantinische Eroberung der Südküste	
Berber-Staaten im Binnenland			um 600
Senhadja	Ketama		

	Sizilien	Libyen	Tunesien
	Die frühislamische Zeit bis zum Fall des Omaiyaden-Kalifats		
um 650	Byzantinische Provinz	1. arabischer Vorstoß nach Ifrikiya (646) Eroberung (647)	
		2. arabischer Vorstoß nach Ifrikiya (666/667) Eroberung Ifrikiyas (670)	
			Gründung von Kairouan (671)
		Allgemeiner Berberaufstand	
		Unterdrückung des Berberaufstands (689–699)	
um 700		**Wilaya Ifrikiya (705)**	
um 750		Berberaufstände unter kharedjitischer Führung (ab 737)	
	Aghlabiden und Omaiyaden		
um 750		**Kalifat der Abbasiden (ab 749)**	
	Byzantinische Provinz		Kharedjiten in Kairouan (759, 770)
um 800	Beginn der Eroberung durch die Aghlabiden (827) Fall Palermos (831) Eroberung Tarents (840) Angriff auf Rom (846)		Ibrahim Ibn al-Aghlab als Gouverneur Ifrikiyas Begründer der Dynastie der Aghlabiden (800–909) Abu Abd Allah erreicht den Maghreb (893)

Algerien	Marokko	Spanien	
		Vertreibung der Byzantiner (624)	um 650
rabischer Vorstoß nach Marokko (683)			
		Arabische Eroberung (710/711), Vorstoß der Araber bis nach Südfrankreich	um 700
		Schlacht bei Tours und Poitiers (732)	um 750
			um 750
Kharedjitisches Imamat in Tahert (777–909)		Abd ar-Rahman I., Emir von Córdoba, begründet die spanische Omaiyaden-Dynastie (755–1031) Einfall der Franken (778)	
	Idrisiden-Staat (789–926) Ermordung Idris I. (792/793)	Angriff der Normannen, Besetzung Sevillas (844)	um 800

	Sizilien	Libyen	Tunesien
	Die Kalifate der Fatimiden und der Omaiyaden		
um 900	**Fatimidisches Kalifat (ab 909/912)**		Hauptstadt Kairouan
			Hauptstadt Mahdia (920/921)
		Kharedjitischer Aufstand (944–947)	
um 950			Hauptstadt Kairo (975)
um 1000			Die Ziriden regieren als Gouverneure für die Fatimiden Ifrikiya (ab 1041/42 faktisch von diesen unabhängig)
	Normannen, Almorawiden und Almohaden		
um 1050			Fatimiden entsenden Beni Hilal und Beni Solaim gegen die Ziriden, Verwüstung Ifrikiyas
	Normannische Eroberung Siziliens (ab 1061–1091) Sizilien normannisch (1091)		

Algerien	Marokko	Spanien	
		Omaiyadisches Kalifat	um 900
Emirat der Ibaditen in Sedrata (909–1072)		Abd ar-Rahman III. erhebt sich zum Kalifen (929)	
Emirat der Ziriden (Senhadja; 972–1148)		Eroberungszüge al-Mansurs nach Frankreich und in die Schweiz	um 950
		Tod des al-Mansur (1002)	um 1000
		Tod Hishams II. (1013)	
		Allmählicher Zerfall des Kalifats in Taifas	
Emirat der Ziriden (Beni Hammad; 1015–1152)		Ende des Kalifats (1031)	
	Aufstieg der Almorawiden-Macht der Senhadja (ab 1039)		um 1050
(1061–1103/47)	**Sultanat der Almorawiden (1061–1147)**		
		Toledo fällt an das christliche Königreich Kastilien (1085)	
		Schlacht bei Sagrajas (1086)	
		al-Andalus wird Teil des Sultanats der Almorawiden (1090–1145)	

	Sizilien	Libyen	Tunesien
um 1100	Roger II., König von Sizilien (1101/30–54)	Wiederholte normannische Angriffe Besetzung von Küstenstädten	
um 1150		**Almohaden-Sultanat**	
		(1160–71/72)	**(1159–1207/29)**
		Unter aiyubidischer Herrschaft (1172–1202)	
um 1200	Friedrich II. (reg. 1212–50)		Hafsiden Statthalter der Almohaden (ab 1207)
	Franzosen und Spanier		**Hafsiden-Reich (1228/29–1488/1574**
um 1250			al-Mustansir (reg. 1249–77) Ludwig IX. landet in Karthago – 7. Kreuzzug (1270)
um 1350		**Beginn der Korsaren-Zeit**	
um 1400			
um 1450			

‹lgerien	Marokko	Spanien	
	Aufstieg der Almohaden (Ibn Tumart; reg. 1121–30) und Einigung der Masmuda-Berber		um 1100
‹de der Ziriden- und Almorawiden-Herrschaft			
			um 1150
1152–1235)	**(1147–1248)**	**(al-Andalus: 1147–1212/23)**	
		Schlacht von Alarcos (1195)	
	Angriffe der Zenata-Berber (Meriniden; ab 1216)	Schlacht von Las Navas de Tolosa (1212) Abzug der Almohaden und rasches Vordringen der Christen Reconquista Córdobas (1236) Reconquista Valencias (1238) etc. Emirat der Nasriden von Granada (1235–1492), tributpflichtig gegenüber dem Königreich Kastilien	um 1200
‹iyaniden-Dynastie ‹bd al-Wadiden) in ‹lemcen (1236–1555)			
	Meriniden-Dynastie (1248/69–1465)		um 1250
			um 1350
	Beginn portugiesischer Eroberungen (Ceuta 1415)		um 1400
	Wattasiden-Dynastie (1465–1549)	Abschluß der Reconquista und Vertrei- der Juden (1492)	um 1450

	Sizilien	Libyen	Tunesien
um 1500		Statthalter der spanischen Vizekönige in Tripolis (1510–30)	Spanier auf Djerba (1510)
	Aufstieg der Osmanen		
			Der Korsar Khair ad-Din Barbarossa kämpft für die Osmanen
			Kämpfe zwischen de türkischen Korsaren und den Truppen Karls V.
			Karl V. in Tunis (1535
um 1550		Osmanen erobern Tripolis (1551) Pascha-Regierung (1551/53–1607)	Beginn der osmanischen Herrschaft (1574) Pascha-Regierung (1574–87) Dey-Regierung (1587–1705)
um 1600		Dey-Regierung (1610–1711)	
um 1650			
um 1700		Angriffe der Engländer und Franzosen (1689) Karamanli-Dynastie (1711–1835) Franzosen zerstören Tripolis (1728)	Husseiniten-Dynastie (Beys; 1705–1881) Defacto-Unabhängig keit vom Osmanischen Reich

Algerien	Marokko	Spanien	
Spanier in Oran und Bujaya (1506)	Spanische Eroberung Tetouans (1497)		um 1500
Osmanische Zeit (1516–1830) Khair ad-Din in Algier (1529)	Heilige Kriege der Derwische gegen Portugiesen und Spanier, führend die saadischen Scherifen		
Karl V. scheitert vor Algier (1541)	Dynastie der Saadier beherrscht Marokko (1549–1659)		
			um 1550
Korsaren und Janitscharen			
		Ausweisung der letzten Mauren (1609)	um 1600
	Beginn der Herrschaft der Alawiten (1666)		um 1650
			um 1700

	Sizilien	Libyen	Tunesien
um 1800		Intervention der USA (1801–05) Seeschlacht bei Navarino (1827) Französische Blockade von Tripolis (1830) Osmanische Okkupation (1835)	
um 1850			Französisches Protektorat (1881–1956)
um 1900		Italien besetzt Tripolis (1911) Britische und französische Militärverwaltung (1942/43–51)	

Algerien	Marokko	Spanien	
Frankreich erobert Algerien (1830–47) Algerien unter französischer Herrschaft (bis 1962)	Spanier und Franzosen besetzen Marokko		um 1800
			um 1850
	Französisches Protektorat (1912–56) Nordmarokko spanisch		um 1900

Erläuterung ausgewählter Fachbegriffe (Glossar)

Abakus Quadratische Abdeckplatte über einem Säulenkapitell

Abbasiden Arabisch-islamische Dynastie (750–1258); entriß den → Omaiyaden das Kalifat; politisches und kulturelles Reichszentrum war Baghdad/Samarra

Abd al-Wadiden Ziyaniden; Berber-Dynastie mit der Hauptstadt Tlemcen in Westalgerien; herrschte vom 13.–16. Jh. zeitweise unter der Oberhoheit anderer Dynastien

Abu Arabisch für Vater

Agadir Gemeindespeicher der Berber Südmarokkos

Aghlabiden Islamische Dynastie; regierte im 9. Jh. das westliche Nordafrika im Namen der → Abbasiden

Aiyubiden Ägyptisch-syrisches Herrschergeschlecht kurdischer Herkunft (begründet vom späteren → Sultan Saladin), das vom späten 12. bis zur Mitte des 13. Jh. in Ägypten, Syrien/Palästina, Nordmesopotamien und dem Jemen regierte

Ajimez, Ajimeces Spanisch für → Zwillingsfenster

Akanthus Mittelmeerische Distelart mit großen, gezackten, an den Rändern leicht eingerollten Blättern; seit der Antike in stilisierter Form ein verbreitetes Dekorationsmuster

Alcazaba Maurische Zitadelle in Spanien

Alcázar Maurische Burg oder Schloß in Spanien; dann auch Bezeichnung für Residenzen christlicher Herrscher in Spanien

Alfiz, Alfices Rechteckiges Rahmenfeld um Fenster-, Nischen- oder Portalbogen

Aljibe Spanisch für Zisterne

Almohaden Berber-Dynastie (1147–1269); hervorgegangen aus gleichnamiger berberischer, islamisch-orthodoxer Reformbewegung; entmachtete die → Almorawiden, unterwarf den → Maghreb und das islamische Spanien

Almorawiden Berber-Dynastie in Marokko und Spanien; hervorgegangen aus einem islamischen Missionsorden; nach der Eroberung der Berber-Fürstentümer in Marokko und Westalgerien setzten die Almorawiden 1090 nach Spanien über und hielten dort vorerst die christliche → Reconquista auf

Aquädukt Wasserleitung mit leichtem Gefälle, die Täler und Schluchten auf oft mehrstöckigen Bogenstellungen überquert

Arabeske Ornament aus stilisiertem Laub und Ranken; oft durch eingefügte Sphingen, Masken, Figuren oder Gefäße bereichert

Archaisch Aus der Frühphase eines Stils stammend (besonders aus der vorklassischen Epoche der griechischen Kunst)

Arkade Bogenstellung über → Pfeilern oder → Säulen; meist in fortlaufender Reihung

Artesonado Reich ornamentierte, eigentlich trogförmig gewölbte Holzdecke, auch für flache Decken, etwa → Kassettendecken, gebräuchlich

Azulejo In der spanischen, portugiesischen und ibero-amerikanischen Kunst und Architektur verwendete hart gebrannte, glasierte Tonfliesen; mit pflanzlichen oder figürlichen Ornamenten geschmückt; zuweilen kombiniert zu großflächigen Azulejo-Gemälden

Bab Arabisch für Tor, Stadttor

Basar Bezeichnung für den Markt; der Basar (arab.: → Suk) ist das traditionelle Wirtschafts-, Handels- und Produktionszentrum der islamischen Stadt

Bastion Vorspringender Bauteil einer Festung

Bey Ursprünglich Titel eines türkischen Stammesfürsten; später in der osmanischen Hierarchie dann Bezeichnung für den Adligen allgemein, für Personen in der höheren Verwaltung und für Offiziere

Bib Arabisch für Moschee

Blendarkade, -bogen Zur Schmückung oder Auflockerung der Mauerflächen der geschlossenen Wand aufgelegte (vorgeblendete) → Arkaden oder → Bogen

Blendnische Zur Schmückung oder Auflockerung der Mauerfläche angebrachte Nische, die durch Mauerstruktur oder Art und Farbe des Materials deutlich betont wird

Bogen(formen) Meist auf den Kreis zurückzuführen bzw. aus zwei oder mehreren Kreisbogenstücken zusammengesetzt; in der maurischen Kunst vor allem als → Hufeisen-, → Spitz- oder → Zackenbogen

Bogenfries Fortlaufende Reihe kleiner → Blendbogen

Capilla Spanisch für Kapelle

Cappella Italienisch für Kapelle

Cuerda seca-Technik ›Trockener Faden‹; → Azulejo-Dekorationstechnik; Linien aus Manganoxyd (ohne Flußmittel) trennen die einzelnen Farben des Dekors und verhindern ihr Ineinanderlaufen

Dar Haus

Derwisch Persische Bezeichnung für fromme Gläubige → sufitischer Herkunft, die teils in Logen organisiert, teils ohne jede Organisation als wandernde Derwische die geistige Vereinigung mit Gott anstreben; die meisten Derwische waren in Orden zusammengeschlossen und lebten – geleitet von einem Scheich – im Kloster

Deys von Algier Titel der Truppenführer und Machthaber der letzten islamischen Herrschaftsperiode (1671–1830) vor der Errichtung der französischen Kolonialregierung

Djami Arabisch für Große → Freitagsmoschee

Djebel Arabisch für Berg

Eierstab Zierleiste aus abwechselnd eiförmigen Gebilden und spitzen Stegen

Emir Arabischer Titel für einen Fürsten bzw. Provinzgouverneur

Engobe Keramische Überzugsmasse aus Tonschlicker, die auch in verschiedenen Farben eingefärbt sein kann

Epigraph, epigraphisch Aufschrift, Inschrift, inschriftlich

Ermita Einsiedelei

Fatimiden Schiitisch-ismailitische Dynastie (909–1171) mit politischem und kulturellem Zentrum in Kairo; größte Machtentfaltung 973–1021

Fayence Tonware, die nach dem Brennen mit einer Blei- oder Zinnglasur überzogen und noch im feuchten Zustand mit sogenannten Scharffeuerfarben bemalt wird; bei einem zweiten Brand verschmilzt dann die Glasur mit den Farben zu einem glänzenden Überzug; → Majolika

Freitagsmoschee → Moschee für das islamische Hauptgebet am Freitag

Fries Waagerechte Mauerstreifen mit ornamentalen oder figürlichen Darstellungen als Schmuck, Gliederung oder Abschluß einer Wand

›Fünf Säulen des Islam‹ 1. Glaubensbekenntnis, 2. rituelles Gebet, 3. Almosengabe, 4. Fasten, 5. Pilgerfahrt nach Mekka

Galerie Langer, gedeckter, nach einer Seite offener Gang; 1. Laufgang mit offenen → Arkaden an einer Fassade; 2. Laufgang über den Seitenschiffen von Kirchen, der sich zum Mittelschiff hin öffnet

Gewölbe Gekrümmte Raumdecke; *Tonnengewölbe:* Gewölbe mit halbkreisförmigem Querschnitt, einfachste Gewölbeform; bei der Durchdringung zweier gleich hoher Tonnengewölbe entsteht ein *Kreuzgewölbe,* dessen Gewölbeflächen sich in Graten verschneiden (Kreuzgratgewölbe); verläuft entlang der Grate eine tragende Skelettkonstruktion, so spricht man von einem Kreuzrippengewölbe

Ghorfa Tonnengewölbe aus Lehm; über- und nebeneinander geordnet bilden sie die Ksour (→ Ksar) Südtunesiens

Hafsiden Bedeutende Herrscherdynastie berberischer Abstammung; regierte zwischen 1229 und 1574 die mittleren und östlichen → Maghreb-Länder

Hanafiten Anhänger der hanafitischen Rechtsschule; im 8. Jh. begründete Schule der islamischen Rechtsauslegung, befolgt von den → Abbasiden und → Osmanen

›Hand der Fatima‹ Unheilabwehrendes Symbol: Hand mit ausgestreckten Fingern; traditionell mit Fatima, der Tochter des Propheten → Mohammed, verbunden

Harem Der von Frauen bewohnte Teil des islamischen Hauses; auch Bezeichnung der dort lebenden Frauen

Häresie Ketzerei, Abweichung vom rechten Glauben

Hofhallen-Moschee Frühe Form des islamischen Kultbaus, bestehend aus einem weiträumigen Hof und einem oft vielsäuligen Betsaal, der zunächst breitgelagert und zumeist nach Mekka ausgerichtet ist

Hufeisenbogen Hufeisenförmig eingezogener → Rundbogen

Ibaditen Zweig der → Kharedjiten; vor allem in Algerien, Ostafrika und dem Jemen verbreitet

Idrisiden Arabische Herrscherdynastie in Marokko (789–974)

Ifrikiya Arabische Bezeichnung für die ehemalige römische Provinz Africa, Tunesien und Ostalgerien

Illuminiert Besonders bei Handschriften oder Büchern: mit gemalten Randverzierungen und prächtig gestalteten, farbigen Initialen geschmückt

Imam Bei den → Sunniten Vorbeter während des Gemeinschaftsgebets; bei den → Schiiten ferner oberste religiöse Autorität und Lehrer der Gläubigen; der letzte Imam (bei den Schiiten der zwölfte, bei den → Ismailiten der siebente) wird eines Tages als → Mahdi wiederkehren

Ismailiten Angehörige einer → schiitischen Gemeinschaft, die nach dem Tode des sechsten → Imam Djafar as-Sadik seinen von ihm zum Imam ernannten, aber vor ihm verstorbenen Sohn Ismail (daher die Bezeichnung) für den rechtmäßigen Imam halten

Iwan In der orientalischen Baukunst gewölbte Halle, die sich mit großem Bogen zu einem Innenhof öffnet; gebräuchlich in der → sassanidischen Palastarchitektur, schon früh vom Islam übernommen; findet sich bei der → Moschee als Eingangs-Iwan

Janitscharen Osmanische Elitegarde; die Janitscharen (›Neue Truppe‹) kamen aus den Beständen der Knabenlese (d. i. die Verschleppung von christlichen Jugendlichen, die dann von ihren religiösen, sozialen sowie kulturellen Wurzeln abgetrennt wurden und eine Ausbildung für den Palast-, Militär- und Staatsdienst erhielten), wurden in Kriegstechniken geschult und bildeten eine gefürchtete – aber schwer zu disziplinierende – Truppe

Joch Gewölbeabschnitt in Längsrichtung

Kaaba Zentrales Heiligtum des Islam; das rechteckige Gebäude mit den Maßen 13 × 11 × 16 m steht in der Mitte der Großen Moschee von Mekka und enthält den ›Schwarzen Stein‹, einen Meteoriten, der bereits in vorislamischer Zeit verehrt wurde

Kabbala ›Überlieferung‹; die geheime jüdische Mystik

Kadi Muslimischer Richter

Kalaa Arabisch für Festung, Zitadelle

Kalif ›Stellvertreter‹, ›Nachfolger‹; Bezeichnung für den Nachfolger → Mohammeds als oberste politisch-religiöse Autorität der islamischen Gemeinschaft

Kalligraphie Schönschreibkunst (besonders im Islam, China und Japan ausgeübt)

Kämpfer Steinlage, auf der ein Bogen oder ein Gewölbe ansetzt

Kanneluren Senkrechte, konkave Rillen an → Säulen-, → Pfeiler- oder Pilasterschäften

Kapitell Oberer Abschluß von → Säule, → Pfeiler oder Pilaster mit ornamentaler, figürlicher, pflanzlicher oder – in der islamischen Baukunst – auch → epigraphischer Dekoration; *ionisches Kapitell:* Volutenkapitell, ein beiderseits eingerollter Volutenkörper liegt zwischen einem Wulstkörper (mit → Eierstab) und → Abakus; *korinthisches Kapitell:* bestehend aus zwei übereinandergeordneten → Akanthusblattkränzen, je zwei diagonal gestellte → Voluten bilden die Ecken, tragen den Abakus (konkav eingezogen, Blume auf jeder Seitenmitte); *Kompositkapitell:* vereint ionische und korinthische Merkmale

Kartusche Ornament oder Rahmen, der eine glatte Fläche für Büsten, Wappen, Inschriften usw. umschließt

Kasbah Arabisch für Burg; meist eine ausgedehnte Burganlage als Teil einer arabischen Stadtbefestigung

Kasr Arabisch für Schloß, palastartiger Komplex

Kassettendecke Flache oder gewölbte, mit eingetieften runden oder eckigen Feldern gegliederte Decke; die Felder selbst sind oft mit → Reliefs oder pflanzlichen Ornamenten verziert

Kelim Webteppich

Kharedjiten Islamische Sekte; spalteten sich von den → Schiiten ab; wichtigster Glaubensinhalt und Kriterium für die Unterscheidung von Gläubigen und Ungläubigen ist das vorschriftsmäßige und gottgefällige Handeln

Kibla Die Gebetsrichtung gen Mekka; in der → Moschee durch den → Mihrab gekennzeichnet

Kibla-Wand Die Wand einer → Moschee, an der sich der → Mihrab befindet; gibt die Richtung nach Mekka an

Koran Die Heilige Schrift des Islam

Korsaren Muslimische Piraten

Ksar, Ksour Befestigte berberische Dorfsiedlung in Südmarokko

Kufi Besondere, monumentale Form der alt-arabischen Schrift mit steilen, eckigen Buchstaben (benannt nach der Stadt Kufa bei Baghdad)

Kuppel Wölbeform über runder oder ovaler Basis

Laibung Innenseite eines → Bogens

Levante ›Morgenland‹; Bezeichnung für die Länder um das östliche Mittelmeer (Kleinasien, Syrien, Palästina, Ägypten)

Limes Grenzwall

Lüster Glänzende Glasur (meist feine Metalloxyde) auf Glas, Porzellan oder Keramik

Maghreb ›Ort des Sonnenuntergangs‹ = Westen; arabische Bezeichnung für das westliche Nordafrika (Marokko, Algerien, Tunesien)

Maghrebi Westislamische Zierform des → Kufi

Mahdi ›Messiasfigur‹; bei den → Schiiten grundlegender Bestandteil des Glaubens; der verborgene → Imam wird eines Tages als Mahdi zurückkehren und frei von Irrtum und Sünde den Glauben erneuern und die Welt erlösen

Majolika Zinnglasierte, gebrannte Keramik; → Fayence

Maksura Abgeschlossene Herrscherloge in der → Moschee (meist vor dem → Mihrab); auch das sie absperrende Gitterwerk

Malekiten Anhänger der malekitischen Rechtsschule, im 8. Jh. begründete Schule der islamischen Rechtsauslegung, die Tradition wie den Nutzen des Rechts für die Gemeinschaft der Gläubigen zu beachten suchte

Mamluken Militärsklaven, die nach ihrer Ausbildung in Kriegstechniken freigelassen und der Armee eingereiht wurden; übernahmen ab dem 13. Jh. die Macht in Ägypten und Syrien (bis 1517)

Mauren 1. Bezeichnung für Mohammedaner arabisch-berberischer Abkunft, die 711–1492 in Spanien herrschten; 2. nordafrikanische Volksgruppe, entstanden aus einer Vermischung von Arabern und Berbern

Mausoleum Prächtig ausgestattetes, monumentales Grabmal

Medina Altstadt arabischer Städte

Medrese Islamische Moschee-Hochschule oder theologische Lehranstalt mit Schul- und Beträumen

Meriniden Muslimische Dynastie aus dem Berberstamm der Zenata; beherrschte Marokko mit der Hauptstadt Fès von der Mitte des 13. Jh. bis zur Mitte des 15. Jh.

Mexuar Audienzsaal oder Gerichtssaal eines Palastes

Mezquita Spanisch für → Moschee; insbesondere die Bezeichnung für die Große Moschee von Córdoba

Mihrab Nische in der nach Mekka gerichteten Wand (→ Kibla-Wand) einer → Moschee; heiligster Ort innerhalb des islamischen Gotteshauses

Minarett Der einer Moschee angegliederte Turm für den Gebetsrufer

Minbar Die Kanzel in einer → Moschee, von der herab die Freitagspredigt gehalten wird

Mohammed (um 570–632) Begründer des Islam und nach islamischer Auffassung letzter der mit Adam beginnenden Reihe der Propheten Allahs; aus visionären Offenbarungserlebnissen des Mohammed verdichtete sich der → Koran

Morisco ›Kleiner Maure‹; pejorative Bezeichnung für die nach 1492 (vollständige Rückeroberung Spaniens durch die Christen) zwangsgetauften spanischen Muslime, die dann 1609 endgültig von der Iberischen Halbinsel vertrieben wurden

Moro Spanisch für ›Maure‹

Moschee Islamischer Kultbau für das öffentliche und private Gebet der Gläubigen, aber auch für Versammlungen

Mozaraber Die im islamischen Spanien lebende christliche, von orientalischer Kultur beeinflußte Minderheit

Mozarabischer Stil Baustil christlicher Architekten im islamischen Spanien; verbindet islamisch-omaiyadische Stilelementen mit römischen und westgotischen

Mudéjar Bezeichnung für jene → Mauren, die nach der → Reconquista unter christlicher Herrschaft lebten

Mudéjar-Stil Spanisch-maurischer Bau- und Dekorationsstil im 12.–16. Jh.; verbindet maurische und gotische Stilelemente (charakteristisch sind → Hufeisenbogen, prunkvolle → Stuck- und → Majolika-Ornamente)

Mukarnas In der islamischen Baukunst vorkragende, konkave, zellenartige Dekorationselemente (Stalaktiten), die die Trompennischen einer → Kuppel ausfüllen; → Stalaktitengewölbe

Mukkadima ›Einleitung‹ zum Werk des maghrebinischen Gelehrten Ibn Khaldun (1332–1406)

Mulay Westarabisch für Mawlawi; islamischer religiöser Titel

Naskhi Kursiver Schrifttyp in der arabischen → Kalligraphie

Nasriden Letzte islamische Dynastie Spaniens; 1231–1491 Emire von Granada

Nekropole Gräberfeld der Antike

Odaliske Bewohnerin des → Harems; Dienerin

Omaiyaden Kalifen-Dynastie in Syrien (Damaskus 661–750), dann selbständiges Reich in Spanien (Córdoba; 765–1031)

Orthodoxie Rechtgläubigkeit

Osmanen Türkische Dynastie, deren → Sultane zwischen 1516 und 1918 (–1925) von Istanbul aus Anatolien, Teile des Balkan und den Nahen Osten, zeitweise (bis etwa 1830) auch Nordafrika und Algerien beherrschten

Palmette Ornamentmotiv in Form eines stilisierten Palmwedels
Patio Innenhof
Pendentif Sphärisches Dreieck, das vom Quadrat des Grundrisses zum Kreis der → Kuppel überleitet
Pfeiler Stützglied über rechteckigem oder polygonalem Grundriß; → Säule
Polychrom Vielfarbig
Puerta Tor, Tür, Eingang

Querschiff In der islamischen Baukunst quer zur → Kibla-Wand verlaufendes → Schiff in einer → Moschee

Reconquista Rückeroberung des islamischen Spanien durch die christlichen Heere (722–1492)
Relief Aus einer Fläche herausgearbeitete Form, die jedoch stets mit dem Hintergrund (Reliefgrund) verbunden bleibt
Reliquiar Behälter zur Aufbewahrung von Gegenständen oder der sterblichen Überreste religiöser Autoritäten oder Heiliger
Reyes de Taifas ›Könige der Teile‹; Herrscher über die spanischen muslimischen Kleinreiche (Taifa), die mit dem Zerfall des Omaiyaden-Kalifats (1031) entstanden
Ribat Wehrkloster; eine durch Türme geschützte Hofanlage mit Nutzräumen und einer → Moschee
Rippe Tragende Konstruktionsteile bei → Gewölben, die das Gerüst für nicht tragende Gewölbeteile bilden
Rosette Stilisiertes, blütenförmig rundes Ornament
Rundbogen Bogen, dessen → Laibung einen Halbkreis formt (Halbkreisbogen)

Sala Spanisch für Saal
Sarazenen Seit der Kreuzfahrer-Zeit die Bezeichnung für alle Muslime des Mittelmeerraums (ursprünglich lediglich der Araber Nordwest-Arabiens und des Sinai)
Sassaniden Vorislamische persische Herrscherdynastie, welche 224 n. Chr. die Parther ablöste und der stärkste östliche Konkurrent des römischen Reiches wurde; die Sassaniden gingen im 7. Jh. im ›Arabersturm‹ unter
Satteldach Das Sattel- oder Giebeldach besteht aus zwei schräg gestellten Dachflächen

Säule Senkrecht stehendes, sich nach oben verjüngendes Stützglied mit kreisförmigem Querschnitt, meist gegliedert in Basis, Schaft, → Kapitell

Schah In der Regel der iranische Herrschertitel; jedoch führten auch die Moghuln sowie Fürsten kleinerer Dynastien diese Bezeichnung

Scherif ›Edler‹; bei den Muslimen Titel der Nachkommen Hassans und Husseins, der Enkel des Propheten → Mohammed

Schiiten Angehörige der Schia; Bezeichnung für diejenigen Muslime, die Ali, den Vetter und Schwiegersohn → Mohammeds, als dessen legitimen Nachfolger anerkennen; dieses Bekenntnis unterscheidet u. a. die Schiiten von den → Kharedjiten und → Sunniten

Schiff Der Innenraum von Langbauten, vor allem Kirchen oder → Moscheen; bei mehrschiffigen Anlagen sind Mittelschiff und Seitenschiffe durch → Säulen und/oder → Pfeiler voneinander getrennt

Sebka-Dekoration Reliefiertes Rautenmuster

Seladon Chinesisches Porzellan mit meist grüner Glasur in unterschiedlichen Nuancen

Seldschuken Nach ihrem Anführer Seldschuk benanntes türkisches Volk und Herrschergeschlecht, das im 11. Jh. ein vorderasiatisches Großreich errichtete (11.–13. Jh.)

Senmurve Hundsköpfige Fabeltiere im iranisch-sassanidischen Kulturkreis

Sharia Das islamische Recht

Spitzbogen Bogen mit spitzer Kontur

Spolie Bei Neubauten wiederverwendetes Werkstück älterer Gebäude

Stalaktitengewölbe In der islamischen Baukunst ein → Gewölbe, dessen Form an herabhängende Tropfsteine (Stalaktiten) erinnert; → Mukarnas

Stuck Gut formbares und schnell härtendes Gemisch aus Gips, Kalk, Sand und Wasser; zur Dekoration von Innenräumen, aber auch als Werkstoff für Skulpturen und → Reliefs verwendet (in die Form gegossen oder handgeformt)

Sufismus Islamische Mystik; in der Frühzeit eher asketische Weltflucht (Suf = Wollgewand der Eremiten); in späteren Zeiten entstanden subtile mystische ›Pfade‹ mit dem Ziel, die geistige Vereinigung mit Gott zu erlangen; ab dem 12. Jh. bildeten sich Orden; in den folgenden Jahrhunderten wurde der Sufismus zu einer Massenbewegung, die exklusive Mystik verlor dadurch an Tiefe, andererseits gewannen nun die Gläubigen gefühlsmäßig belegte Elemente wie Tanz, Poesie, Musik hinzu, die dem offiziellen, stark ritualisierten Islam fehlten

Suk Arabische Bezeichnung für den Markt; → Basar

Sultan Der Titel bezeichnete ab dem 11. Jh. unabhängige Herrscher

Sunna Die Tradition, die Lebensführung und Handlungsweise des Propheten → Mohammed, überliefert in Form von Aussprüchen, Sentenzen des Propheten

Sunniten Anhänger der → Sunna; erkennen im Gegensatz zu den → Schiiten nicht allein Ali als den legitimen Nachfolger des Propheten an, sondern die vier sogenannten Rechtgeleiteten → Kalifen Abu Bakr, Omar, Uthman und dann erst Ali

Synagoge ›Versammlung‹; Gottesdienstgebäude der jüdischen Gemeinde und zugleich deren profaner Versammlungsort

Taifa → Reyes de Taifas

Talmud Die mündliche Lehre; Auslegung der → Thora; in Palästina und dem Irak schriftlich fixiert

Tambour Runder oder vieleckiger Unterbau der → Kuppel

Tighremt, Tighermatim ›Familienburg‹; aus Lehm errichtetes bis zu siebengeschossiges Gebäude, turm- und zinnenbewehrt; Wohnburg einer oder mehrerer verwandter Familien in Südmarokko

Tiraz Arabisch für Hofwerkstatt

Thuluth Monumentalschrift in der arabischen → Kalligraphie

Torre Spanisch für Turm

Transept → Querschiff

Trompe Halb-hohlkegelförmige Bauglieder, die vom quadratischen Unterbau in das Rund der → Kuppel oder des → Tambours überleiten

Tympanon Bogenfeld über einem Portal, meist mit plastischem Schmuck

Vielpaßbogen → Zackenbogen

Vier-Iwan-Schema Traditionelles Schema der parthisch-sassanidischen Baukunst, bei der sich vier überwölbte Hallen an den vier Seiten eines Zentralraums öffnen; von der islamischen Baukunst übernommen

Volute Spiraliges oder schneckenförmiges Ornament an ionischen → Kapitellen

Wasserspeier Ende eines wasserableitenden Rohres; oft figürlich gestaltet

Wilaya Arabische Provinz

Zackenbogen Bogen, dessen → Laibung sich in mehrere kleine Bogen unterteilt

Zawiya Derwischkloster einer mystischen Bruderschaft im Islam

Zeltdach Das Zeltdach setzt sich aus vier gleichen Dreiecken zusammen

Zwickel 1. Dreieckige, manchmal sphärische Fläche zwischen zwei → Bogen einer → Arkade, der ›Restraum‹, der sich um ein kreisförmiges Ornament bildet; 2. dreieckiges Teilgewölbe, das zu einer → Kuppel überleitet; → Pendentif

Zwillingsfenster Fenster, das durch eine eingestellte Mittelsäule in zwei Öffnungen geteilt wird

Literaturauswahl

anonym: De Carthage à Kairouan 200 ans d'art et d'histoire en Tunisie. Paris 1983

anonym: Mudejar-Wood-Carvings in the Collection of the Hispanic Society of America. New York 1928

Adams, J. A.: Wohn- und Siedlungsformen im Süden Marokkos. München 1981

Arenas, F. I.: Die mozarabische Baukunst. Barcelona 1971

Arie, R.: Miniatures Hispano-Musulmanes. Leiden 1969

B. L. T. (Leopoldo Torres Balbas): Miniatures Medievales espanolas de Influjo islamico. In: Al-Andalus, Bd. XV, Madrid 1950, S. 191–202

Balbas, L. T.: Arte Almohade, arte nazari, arte mudejar. In: Ars hispanicae, Bd. 4, Madrid 1959

Berchem, M. van: Le Palais de Sedrata dans le Désert Saharien. In: Studies in Islamic Art and Architecture. In Honour of Professor K. A. C. Creswell. Kairo 1965, S. 8–29

Besancenot, S.: Bijoux arabes et berbères du Maroc. Casablanca (o. J.)

Beylie, L.: La Kalaa des Beni Hammad. Paris 1909

Boukoubza, A.: Poteries et céramiques marocaines. Casablanca 1974

Bourguiba, M. und A.: Les Mosques en Algérie. Algier 1974

Brentjes, B.: Die Mauren. Der Islam in Nordafrika und Spanien. Leipzig 1989

Brentjes, B.: Die Söhne Ismaels. Leipzig 1973

Brentjes, B.: Chane, Sultane, Emire. Leipzig 1974

Brisch, K.: Die Fenstergitter und verwandte Ornamente der Hauptmoschee von Cordoba. Berlin 1966

Burckhardt, T.: Die maurische Kultur in Spanien. München [2]1980

Cambazard-Amahan, C.: Le décor sur bois dans l'architecture de Fès à époques almoravide, almohade et début mérinide. Paris 1989

Champdor, A.: L'Alhambra de Granade. Paris 1952

Cott, P. B.: Siculo-Arabic Ivories. Princeton 1939

Crespi, G.: Die Araber in Europa. Stuttgart-Zürich 1983

Ewert, C. und J. P. Wisshak: Forschungen zur almohadischen Moschee. Mainz 1981

Ferro, W.: The Unity of Islamic Art. King Faisal Center for Research and Islamic Studies. Kent 1985

Frothingham, A. W.: Hispanic Glass. New York 1963
Frothingham, A. W.: Lustreware of Spain. New York 1951
Gabrielli, F. (Hrsg.): Mohammed in Europa. 1300 Jahre Geschichte, Kunst, Kultur. München 1983
Gabrielli, F. und U. Scerrato: Gli Arabi in Italia. Mailand 1929
Golang, G. S.: Earth-Sheltered Dwellings in Tunesia. Newark–London–Toronto 1988
Gomez-Moreno, M.: Ars Hispanicae, Bd. 3. Madrid 1951
Gosciniak, H.-T. (Hrsg.): Kleine Geschichte der islamischen Kunst. Köln 1991
Grabar, O.: Die Alhambra, Köln 1981
Grabar, O.: Die Entstehung der islamischen Kunst. Köln 1977
Gruner, D.: Die Berber-Keramik, Wiesbaden 1973, Studien zur Kulturkunde, Bd. 33
Hakenjoes, B.: Marokkanische Keramik, unter Mitarbeit von C. Ebert und J. Kalter. Stuttgart-London 1988
Hassar-Benslimane, J./C. Ewert/A. Touri/J. P. Wisshak: Tinmal 1981. Grabungen in der Almohadischen Moschee. In: Madrider Mitteilungen, Bd. 23. Mainz 1982, S. 440–466
Helfritz, H.: Marokko. Köln [10]1990
Jones, D.: Qallaline Tile Panels: Tile Pictures in North Africa. Paris 1978
Jones, O. und J. Goury: Plans, Elevations, Sections, and Details of the Alhambra. London 1842, 1845
Kalter, J.: Aus marokkanischen Bürgerhäusern. Stuttgart 1977
Kühnel, E.: Maurische Kunst. Berlin 1924
Kühnel, E.: Die islamischen Elfenbeinskulpturen, 8.–13. Jahrhundert. Berlin 1971
Kühnel, E.: Islamische Schriftkunst. Graz [2]1972
Lacam, J.: Les Sarrazins dans le Haut Moyen Age Français. Paris 1927
Lambert, E.: Tolédo, Paris 1925
Lazine, A.: Le ribat de Sousse. Tunis 1956
Lazine, A.: Mahdiya. Paris 1985
Lazine, A.: Architecture d'Ifriqiya. Paris 1966
Lisse, P. und A.: Les poitiers de Nabeul. Tunis 1956
Louis, A.: Tunisie du sud. Ksars et villages de Crètes. Paris 1975
Maldonado, B. P.: El Arte Hispano-Musulmanes en su decoration Floral. Madrid 1981
Maldonado, B. P.: Arte Toledano Islamico y Mudejar. Madrid 1988
Marçais, W. und G.: Les monuments arabes de Tlemcen. Paris 1903
Marçais, G.: Algérie medievalle. Paris 1957
Marçais, G.: L'Art Musulman. Paris 1962
Masmoudi, M.: La peinture sous verre en Tunisie. Tunis 1972
May, F. L.: Silk Textiles of Spain. Eigth to fifteenth Century. New York 1957

Murphy, J. C.: The Arabic Antiquities of Spain, London 1815
Neumann, W.: Die Berber. Vielfalt und Einheit einer alten nordafrikanischen Kultur. Köln ²1987
Neuss, W.: Die Apokalypse des hl. Johannes in der altspanischen und altchristlichen Bibel-Illustration. In: Spanische Forschungen der Görresgesellschaft, 2. Reihe, 2. und 3. Bd. I. Münster-Westfalen 1931
Paccard, A.: Le Maroc et l'artisanat traditionnel islamique dans l'architecture. Saint-Jorioz 1980
Petersen, T. C.: Early Islamic Bookbinding and their coptic relations. In: Ars orientalis, Bd. I. London 1954, S. 41–48
Pita, J. M.: Spanien und seine Kunstschätze. Gent 1967
Put, A. van de: Hispano-Moresques Ware of the Fifteenth Century. London (o. J.)
Rackow, E.: Beiträge zur Kenntnis der materiellen Kultur Nordwest-Marokkos. Wiesbaden 1958
Revault, I.: Palais et demeures de Tunis. Paris 1980, 1983
al-Samman, T.: Arabische Inschriften auf den Krönungsgewändern des Heiligen Römischen Reiches. In: Jahrbuch der Kunsthistorischen Sammlung in Wien, 78. Bd. (N. F. XLII). Wien 1982, S. 7–34
Soulier, G.: Les Influences orientales dans la peinture Toscane. Paris 1922
Soustiel, J.: La céramique islamique. Paris
Steiger, A.: Alfonso el Sabio. Libros de Acedrex, Dados e Tablas. Das Schachzabelbuch König Alfons des Weisen mit 51 Miniaturen auf Tafeln. Genf–Zürich–Erlenbach 1941
Strelocke, H.: Tunesien. Köln 1978
Terrasse, H.: La mosquée al-Qarawiyyin à Fès. Paris 1960
Vilchez, C. V.: La Alhambra de Leopoldo Torres Balbás. Granada 1988
Warfalli, M. S. (ed.): Islamic Art and Architecture in Libya. London 1976

Zitatnachweis

S. 36 aus: Titus Burkhardt. »Die maurische Kultur in Spanien«. München ²1980, S. 107, 152

S. 44 f. aus: Wilhelm Hoenerbach. »Islamische Geschichte Spaniens«. Zürich/Stuttgart 1970, S. 221 f. © Artemis Verlag

S. 220 f. aus: Tarif al-Samman. »Arabische Inschriften auf den Krönungsgewändern des Heiligen Römischen Reiches«. In: Jahrbuch der Kunsthistorischen Sammlung Wien. 78 Bd., CNFXLII, 1982, S. 7–34 (S. 8)

S. 245 aus: Johann Wolfgang von Goethe. »West-östlicher Divan«. Unter Mitwirkung von Hans Heinrich Schaeder hrsg. und erläutert von Ernst Beutler. Leipzig 1943, S. 6

Abbildungsnachweis

Farbabbildungen

Hans-Joachim Aubert, Bonn 4, 6
Bilderberg, Hamburg 2 (K. D. Francke)
IFA-Bilderteam, München 1, 3 (Welsh)
Inge und Arved von der Ropp, Köln Titelbild, 7–10
Hans Weber, Lenzburg 5

Schwarzweißabbildungen

A. M. Begsteiger, Gleisdorf 32
Biblioteca Apostolica, Vatikan 93
Bilderberg, Hamburg 25 (E. Grames); 29–30, 45 (K. D. Francke); 47 (R. Drexel)
Burchard Brentjes, Berlin 27, 56, 58, 70, 80
Jasmin Carnabuci, Taormina 72
Sterling and Francine Clark Art Institute, Williamstown, Massachusetts 3
Cooper-Hewitt Museum, New York 86
Deutsches Archäologisches Institut (DAI), Madrid 15 (J. P. Wisshak); 20 (R. Friedrich); 44 (J. P. Wisshak); 51 (R. Friedrich); 54 (C. Ewert); 74 (J. P. Wisshak)
Ursula Didoni, Stuttgart 39
Wolfgang Fritz, Köln 41, 49
Gabinetto Fotografico Nazionale 31
Islamisches Museum, Berlin 42, 82
Kunstgewerbemuseum, Berlin 83, 84, 88
Landesbildstelle Württemberg, Stuttgart 2, 4
aus: Hans Licht. »Architekten der Gegenwart«. 1892 1
Louvre, Paris 89
Musée d'Afrique et d'Océanie, Paris 81
Museo de Ejército, Madrid 90
Museo de Prehistoria de Valencia 5
Photo Service Culture, Tunis 21, 28 (P. Olivier)
Inge und Arved von der Ropp, Köln 71
Scala, Mailand 73
Heinz Schmitz, Köln 94
Service touristique, Marokko 13
Bruno Sperber, Gießen 23
Staatliche Museen zu Berlin 46, 48, 79, 92
Hans Strelocke, Wanfried-Altenburschla 6a/b–8, 34, 36, 68
Werner Stuhler, Herzogenweiler 57, 59, 60, 62–64, 66, 75, 78
Klaus Thiele, Warburg 26
Victoria and Albert Museum, London 87
aus: W. Wrage. »Die Straße der Kasbahs«. Radebeul o. J. 50

Grundrisse und Karten sowie die Zeichnungen 76, 77, 79, 85: DuMont Buchverlag, Köln (Vorlagen siehe die jeweilige Abbildungslegende)
Alle übrigen Abbildungen aus den Archiven des Verlags oder des Autors

Register

Ortsregister

Personenregister

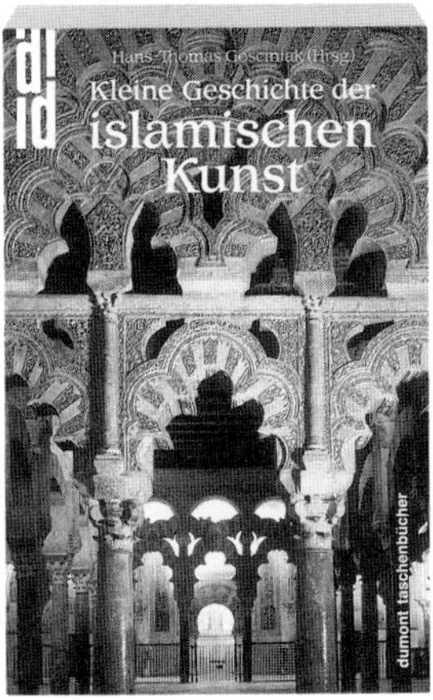

Kleine Geschichte der islamischen Kunst

Herausgegeben von Hans-Thomas Gosciniak. 438 Seiten mit 149 einfarbigen Abbildungen, 18 Plänen und Grundrissen, Glossar, Bibliographie, Register, kartoniert (DuMont Taschenbücher, Band 235)

»Zehn Autoren haben in 18 Beiträgen die Essenz ihres Spezialwissens eingebracht, um den Irritationen faszinierter Nordafrika- oder Orientreisender entgegenzuwirken, wenn sie sich mit islamischer Architektur und Kunst konfrontiert sehen. Allgemeine Aufklärung über Grundlagen, Botschaft, Geschichte und Wandel dieser Kulturzeugnisse ist das erklärte Ziel, Allgemeinverständlichkeit und Sachkundigkeit der folgerichtig eingeschlagene Weg. Für den interessierten Laien ein kleines Standardwerk mit Karten, Plänen, Illustrationen, alphabetisch geordneten Fachbegriffen und allem, was sonst dazugehört.«

Westfälische Nachrichten

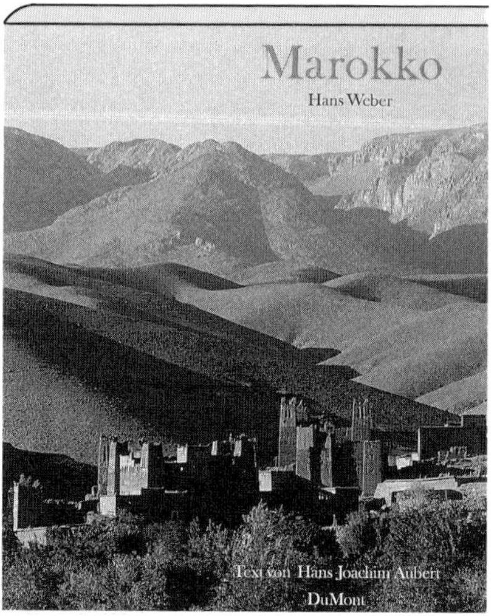

Marokko

Land zwischen Meer und Wüste

Von Hans Weber. Mit einem einleitenden Essay von Hans-Joachim Aubert. 192 Seiten mit 95 Farb- und 62 Schwarzweiß-Fotos sowie 2 Karten, Leinen mit Schutzumschlag

»Der Bildband vermittelt auf eindrucksvolle Weise die landschaftliche und kulturelle Vielfalt Marokkos. Webers Aufnahmen wollen mehr als dokumentieren, sie führen tief in die fremde Welt des Orients und machen zuweilen nachdenklich. Hans-Joachim Auberts Text ergänzt die überzeugenden Farbbilder durch profunde Information.« *Foto-Magazin*

Andalusien

Spaniens maurischer Süden

Von Inge und Arved von der Ropp. Mit einem Text von Rolf Blaeser. 224 Seiten mit 82 Farbfotos und 13 Zeichnungen, Zeittabelle, Karte, Bibliographie, Leinen mit Schutzumschlag

»Die Fotos dieses Buches vermitteln dem Betrachter die Faszination, der er in Andalusien erliegt – es sind Aufnahmen, die so überzeugend die maurische Kunst widerspiegeln, daß ihre Eigenständigkeit, ihr nicht von abendländischem Denken bestimmtes Wesen anschaulich und verständlich wird. Dem eindrucksvollen Bildteil entspricht der Text.« *Salzburger Volksblatt*

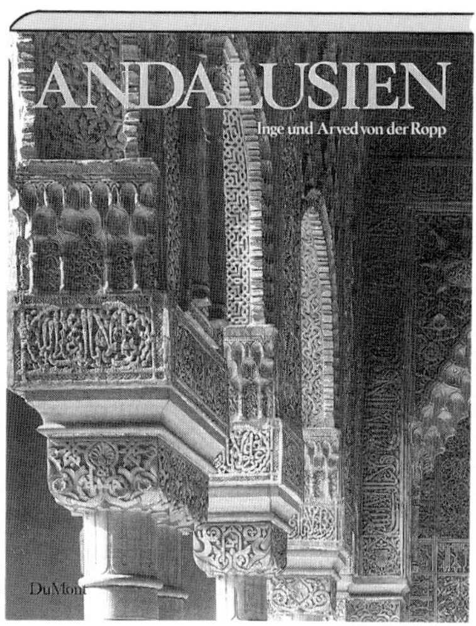

Bitte beachten Sie auch folgende Veröffentlichungen aus unserem Verlag:

»Richtig reisen«: Spanien – Das Festland

Reise-Handbuch

Von Maria Anna Hälker und Thomas Fischer. 520 Seiten mit 30 farbigen und 112 einfarbigen Abbildungen, 61 Karten und Plänen, 48 Seiten praktischen Reisehinweisen, Register, kartoniert

»Richtig reisen«: Andalusien

Von Hans-Peter Burmeister. 342 Seiten mit 31 farbigen und 155 einfarbigen Abbildungen, 21 Karten und Plänen, 15 Seiten praktischen Reisehinweisen, Glossar, Register, kartoniert

Andalusien

Von Maria Anna Hälker. Etwa 250 Seiten mit etwa 12 farbigen und etwa 60 einfarbigen Abbildungen, Karten und Plänen, praktischen Reisehinweisen, Register, kartoniert (DuMont Reise-Taschenbücher, Band 2030)

»Richtig reisen«: Marokko

Reise-Handbuch

Von Michael Köhler. 388 Seiten mit 38 farbigen und 107 einfarbigen Abbildungen, 21 Zeichnungen, 63 Karten und Stadtplänen, 69 Seiten praktischen Reisehinweisen, Register, kartoniert

Marokko

Berberburgen und Königsstädte des Islam

Von der Küste über den Atlas zum Rand der Sahara

Von Hans Helfritz. 268 Seiten mit 47 farbigen und 86 einfarbigen Abbildungen, 58 Zeichnungen, Karten und Plänen, 51 Seiten praktischen Reisehinweisen, Übersichtskarte und Zeittafel, Register, kartoniert (DuMont Kunst-Reiseführer)

»Richtig reisen«: Tunesien

Von Michael Köhler. 406 Seiten mit 47 farbigen und 205 einfarbigen Abbildungen, 58 Seiten praktischen Reisehinweisen, Register, kartoniert

DuMont Taschenbücher

Stand Frühjahr 1992

Band 2 Horst W. und Dora Jane Janson
Malerei unserer Welt

Band 3
August Macke – Die Tunisreise

Band 4 Uwe M. Schneede
René Magritte

Band 6 Karin Thomas
DuMont's kleines Sachwörterbuch zur Kunst des 20. Jahrhunderts

Band 8 Christian Geelhaar
Paul Klee

Band 13 Joseph-Émile Muller
DuMont's kleines Lexikon des Expressionismus

Band 14 Jens Christian Jensen
Caspar David Friedrich

Band 15 Heijo Klein
DuMont's kleines Sachwörterbuch der Drucktechnik und grafischen Kunst

Band 18 Horst Richter
Geschichte der Malerei im 20. Jahrhundert

Band 23 Horst Keller
Marc Chagall

Band 25 Gabriele Sterner
Jugendstil

Band 26 Jens Christian Jensen
Carl Spitzweg

Band 28 Hans Holländer
Hieronymus Bosch

Band 30 Johannes Pawlik (Hrsg.)
Malen lernen

Band 31 Jean Selz
DuMont's kleines Lexikon des Impressionismus

Band 32 Uwe M. Schneede
George Grosz

Band 33 Erwin Panofsky
Sinn und Deutung in der bildenden Kunst

Band 35 Evert van Uitert
Vincent van Gogh

Band 37 Bob Haak
Rembrandt

Band 38 Ingeborg Tetzlaff
Romanische Kapitelle in Frankreich

Band 39 Joost Elffers (Hrsg.)
DuMont's Kopfzerbrecher
TANGRAM

Band 40 Walter Pach
Auguste Renoir

Band 44 Fritz Baumgart
DuMont's kleines Sachlexikon der Architektur

Band 47 Paul Vogt
Der Blaue Reiter

Band 56 Ingeborg Tetzlaff
Romanische Portale in Frankreich

Band 59 Hugo Munsterberg
Zen-Kunst

Band 65 Harald Küppers
Das Grundgesetz der Farbenlehre

Band 66 Sam Loyd/Martin Gardner (Hrsg.)
Mathematische Rätsel und Spiele

Band 69 Erich Burger
Norwegische Stabkirchen

Band 70 Ernst H. Gombrich
Kunst und Fortschritt

Band 73 Gabriele Sterner
Barcelona: Antoni Gaudi

Band 74 Eckart Kleßmann
Die deutsche Romantik

Band 77 Wolfgang Hainke
Siebdruck

Band 78 Wilhelm Rüdiger
Die gotische Kathedrale

Band 83
Ekkehard Kaemmerling (Hrsg.)
Ikonographie und Ikonologie

Band 84 Hermann Leber
Plastisches Gestalten

Band 85 Sam Loyd/Martin Gardner (Hrsg.)
Noch mehr mathematische Rätsel und Spiele

Band 88 Thomas Walters (Hrsg.)/
Gabriele Sterner
Jugendstil-Graphik

Band 90 Ernesto Grassi
Die Theorie des Schönen in der Antike

Band 91 Hermann Leber
Aquarellieren lernen

Band 93 Joost Elffers/Michael Schuyt
Das Hexenspiel

Band 95 Karl Hennig
Japanische Gartenkunst

Band 99 Bernd Fischer
Wasserburgen im Münsterland

Band 101 Felix Freier
Fotografieren lernen – Sehen lernen

Band 103 Kurt Badt
Die Farbenlehre van Goghs

Band 112 Alexander Adrion
Die Kunst zu zaubern

Band 114 Peter-T. Schulz
Der Kuckuck und der Esel

Band 115 Angelika Hofmann
Ton – Finden, Formen, Brennen

Band 117 Rosario Assunto
Die Theorie des Schönen im Mittelalter

Band 123 Fritz Winzer
DuMont's Lexikon der Möbelkunde

Band 124 Walter Dohmen
Die Lithographie

Band 127 Peter-T. Schulz
Rapunzel

Band 128 Lu Bro
Wie lerne ich Zeichnen

Band 130 Bettina Gruber/Maria Vedder
DuMont's Handbuch der Video-Praxis

Band 131 Anneliese und Peter Keilhauer
Die Bildsprache des Hinduismus

Band 133 Barbara Salberg-Steinhardt
Die Schrift:
Geschichte – Gestaltung – Anwendung

Band 135 Karlheinz Schüssler
Die ägyptischen Pyramiden

Band 137 Nikolaus Pevsner
Wegbereiter moderner Formgebung

Band 139 Peter-T. Schulz
Guten Tag! Eine Gulliver-Geschichte

Band 142 Rudolf Wittkower
Allegorie und der Wandel der Symbole in Antike und Renaissance

Band 143 Martin Warnke (Hrsg.)
Politische Architektur

Band 144 Miriam Magall
Kleine Geschichte der jüdischen Kunst

Band 145 James F. Fixx
Rätsel und Denkspiele mit Seitensprung

Band 146 Rose-Marie und Rainer Hagen
Meisterwerke europäischer Kunst
als Dokumente ihrer Zeit erklärt

Band 148 Renée Violet
Kleine Geschichte der japanischen Kunst

Band 149 Lawrence Treat
Detektive auf dem Glatteis

Band 150 Alexandra Lavizzari-Raeuber
Thangkas Rollbilder aus dem Himalaya

Band 156 Herbert Alexander Stützer
Kleine Geschichte der römischen Kunst

Band 157 Paul Maenz
Die 50er Jahre

Band 159 Anita Rolf
Kleine Geschichte der chinesischen Kunst

Band 160 Felix Freier / Norbert Sarrazin
Fotos: Selbst entwickeln – Selbst vergrößern

Band 163 Harald Küppers
Die Farbenlehre der Fernseh-, Foto- und Drucktechnik

Band 164 Nora Gallagher
Wohnzimmerspiele – alt und neu

Band 167 Eckhard Neumann (Hrsg.)
Bauhaus und Bauhäusler

Band 170 Hans Sedlmayr
Die Revolution der modernen Kunst

Band 171 Ernst H. Gombrich
Eine kurze Weltgeschichte für junge Leser

Band 173 Eve-Marie Helm
555 Teekessel

Band 174 Abbie Salny / Marvin Grosswirth
m. d. Mitgliedern von Mensa
Phantastische Mensa-Rätsel

Band 177 Vittorio Lampugnani
Architektur als Kultur

Band 178 Michael Koulen **Go**

Band 181 Stephan Schmidt-Wulffen
Spielregeln

Band 182 Martin Schuster
Kunsttherapie

Band 184 Wilfried Hansmann
Balthasar Neumann

Band 185 Manfred Görgens
Kleine Geschichte der indischen Kunst

Band 188 Ralph Tegtmeier
Tarot

Band 190 Peter Bolz / Bernd Peyer
Indianische Kunst Nordamerikas

Band 191 Abbie Salny / Marvin Grosswirth
m. d. Mitgliedern von Mensa
Das endgültige Mensa-Quiz-Buch

Band 193 Gerald Kahan
$E = mc^2$

Band 194 Bernhard Streck (Hrsg.)
Wörterbuch der Ethnologie

Band 195 Wolfgang Hautumm
Die griechische Skulptur

Band 197 Andreas Mäckler (Hrsg.)
Was ist Kunst ...?

Band 198
Veruschka Bódy / Peter Weibel (Hrsg.)
Clip, Klapp, Bum

Band 199 Ingeborg Tetzlaff
Romanische Engelsgestalten in Frankreich

Band 200 Peter-T. Schulz
Ein Glück!

Band 201 Ernst Kitzinger
Kleine Geschichte der frühmittelalterlichen Kunst

Band 203 Wolfgang Müller
Kleine Geschichte der altamerikanischen Kunst

Band 205 Joachim Knuf
Unsere Welt der Farben

Band 206 Peter Sager
Unterwegs zu Künstlern und Bildern

Band 211 Marion Milner
Zeichnen und Malen ohne Scheu: Ein Weg zur kreativen Befreiung

Band 213 Scot Morris
Rätsel für Denker und Tüftler

Band 214 Karlheinz Schüssler
Kleine Geschichte der ägyptischen Kunst

Band 218 Joachim Petsch
Eigenheim und gute Stube

Band 219 Till Förster
Kunst in Afrika

Band 220 H. A. Ripley
»Wer ist der beste Detektiv?«

Band 221 Johannes Stahl
An der Wand

Band 222 H. A. Stützer
Ravenna und seine Mosaiken

Band 223 Rolf Harris
Cartoon-Zeichnen leicht gemacht

Band 224 Jochen Maes
Fahrradsucht

Band 225 Erwin Panofsky
Gotische Architektur und Scholastik

Band 226 Richard Kostelanetz
John Cage im Gespräch

Band 227 Oskar Bätschmann
Entfernung der Natur

Band 228 Otto J. Brendel
Was ist römische Kunst?

Band 229 Uwe Springfeld
Schreibspiele

Band 230 Kasimir Malewitsch
Suprematismus – Die gegenstandslose Welt

Band 231 Andreas Mäckler/
Christiane Schäfers (Hrsg.)
Was ist der Mensch . . .?

Band 232 Martin Kuckenburg
Die Entstehung von Sprache und Schrift

Band 233 Peter-T. Schulz
Erleben ist alles

Band 234 Gerhard Kebbel
DuMont's verblüffendes Fremdwörterbuch

Band 235 Hans-Thomas Gosciniak (Hrsg.)
Kleine Geschichte der islamischen Kunst

Band 236 Klaus Eid/Hakon Ruprecht
Collage und Collagieren

Band 237 Andreas Verstappen
Waechters Erzählungen

Band 238 Michael Jäger
Die Theorie des Schönen in der Italienischen Renaissance

Band 239 William C. Seitz
Claude Monet

Band 240 Cristina Perincioli/Cillie Rentmeister
Computer und Kreativität

Band 241 Internationales Design Zentrum Berlin (Hrsg.)
Energien gestalten

Band 242 Dan Ritchard/Kathleen Moloney
Die Kunst des Bauchredens

Band 243 Michael Holt
3 x 3 = 9?

Band 244 Felix Thürlemann
Vom Bild zum Raum

Band 245 Ralph Tegtmeier
Sternenglaube – Sternenzauber

Band 246 Günter Spitzing
Athos

Band 247 Esther und Klaus Gallwitz (Hrsg.)
Rußlandbilder

Band 248 Kai-Uwe Hemken
El Lissitzky

Band 249 Andreas Franzke
Dubuffet

Band 250 Evi Melas
Delphi

Band 251 Ulrich Vielmuth
Lexikon für Videofilmer

Band 252 Andreas Mäckler
Anthroposophie und Malerei

Band 253 Marco Meirovitz/Paul I. Jacobs
Visuelles Denken

Band 254 Christian W. Thomsen (Hrsg.)
Aufbruch in die Neunziger

Band 255 Franziska Ehmcke
Der japanische Tee-Weg

Band 256 Johann N. Schmidt
Wolken-Kratzer

Band 257 Edith Decker/Peter Weibel (Hrsg.)
Vom Verschwinden der Ferne

Band 258 Friedhelm W. Fischer
Max Beckmann

Band 259 Winfried Hönes
Was ist Glück . . .?

Band 260 Walter Kugler
Rudolf Steiner und die Anthroposophie

Band 261 Herbert Alexander Stützer
Frühchristliche Kunst in Rom

Band 262 Horst Gatermann
Die Osterinsel

Band 263 Hajo Düchting
Franz Marc

Band 264
Joachim Heusinger von Waldegg
James Ensor

Band 265 Jutta Ströter-Bender
Zeitgenössische Kunst der ›Dritten Welt‹

Band 266 Wolfgang Walenski
Der Offsetdruck

Band 267 Christa Murken-Altrogge
Paula Modersohn-Becker

Band 268 George Michell
Der Hindu-Tempel

Band 269 Klaus Urbons
Copy Art

Band 270 Hans Gekeler
Taschenbuch der Farbe

Band 271 Gustav Vriesen
Robert Delaunay

Band 272 Burchard Brentjes
Die Kunst der Mauren

Band 273 Hermann Bauer/
Hans Sedlmayr
Rokoko

Band 274 Harald Küppers
Schule der Farben